상처입은
가족을 위한
심리학

Children of Divorce by John Harvey&Mark Fine

This Korean translation published by arrangement with
Routledge, through Milkwood Agency.
Authorized translation from English language edition published
by Routledge, part of Taylor&Francis Group LLC.

이혼가족을 위한 상실과 성장의 이야기

상처입은 가족을 위한 심리학

존 H. 하비, 마크 A. 파인 지음 | 문희경 옮김

북하우스

자신의 가슴속 깊은 곳 이야기를 생생하게 들려줌으로써
이 책을 만드는 데 기여한 1,000여 명의 학생들에게 이 책을 바친다.
상실과 성장의 이야기를 생생하게 들려준 이 학생들 덕분에
이혼과 그 커다란 영향에 관심 있는 모든 사람들에게
귀중한 지식과 정보를 제공하는 책이 마침내 나올 수 있었다.

상실에서 희망으로,
아이들의 생생한 목소리

"부모님은 두 번 별거했다. 나는 버림받은 기분이 들었고, 아버지와의 관계도 서먹해졌다. 아버지는 말도 없이 집을 나가서 6개월간 전화 한 통 없고 어디서 지내는지 소식도 전하지 않았다. 나는 철저히 버림받은 아이라서 세상 누구도 나를 원하지 않을 것만 같았다. 하물며 나를 낳아준 아버지가 나를 자기 삶에 들여놓을 생각이 없지 않는가?" —22살 제시카

"나는 부모님이 이혼할 때 막 4살이었다. 다른 사람들은 '아버지' 하면 모두 어떤 이미지가 떠오를 것이다. 그런데 나는 아무것도 떠오르지 않는다. 그저 '아버지'란 단어뿐, 아무런 이미지도 얼굴도 음성도 나는 떠올릴 수 없다. 그것이 어떤 기분인지 과연 남들은 알까?" —20살 여학생

"나는 누구나 힘들수록 더 강인해진다는 사실을 배웠다. 또 내가 생각하고 느끼는 방식이 보통의 청소년이 인생을 보는 방식과 크게 다르지 않다는 것도 깨달았다. 많은 사람들처럼 나는 '완벽한 인생'이라는 꿈의 최후를 지켜보았고, 그래도 삶은 계속되고 때로는 가슴 아픈 일을 겪어봐야 더 강해질 수 있다는 사실을 깨달았다." —22살 남학생

"이제 나는 대학 3학년이지만 깊은 슬픔은 한 번도 사라진 적이 없다. 학교생활이 바쁘고 할 일도 많아서 부모님의 이혼을 생각하지 않을 때도 있지만 문득문득 어떤 계기로 예전의 가족이 떠오르면 불현듯 슬퍼져서 울음을 터트린다." —23살 여학생

"동생들은 내게 집안의 기둥이 되어달라고 했다. 하지만 나도 머리가 뒤죽박죽이었다. 불안에 시달리며 매일 눈물로 살았다. 부모님은 이혼과

정에서 나를 제3자로 취급했다. 그래서 나는 여느 10대들과 달리 이혼의 추잡한 내막을 다 알았다. 그들은 나를 아주 빨리 철들게 하고 내 어깨에 무거운 짐을 올려놓았다." —22살 여학생

"엄마는 내가 대학에 들어갈 즈음이면 자식들을 다 독립시키고 아빠와 오붓하게 여행도 다니고 즐겁게 살 거라고 기대했다. 하지만 엄마는 가족의 추억이 고스란히 배어 있는 집에 홀로 남아 앞으로 혼자 살아갈 수 있을지 불안해하며 심각한 우울증에 시달렸다. 나는 혼자 떠나서 죄책감이 드는 동시에 새로운 삶을 개척하고 싶은 마음도 간절했다." —23살 여학생

"나는 늘 아무도 날 챙겨주지 않아도 된다고 말해왔고, 정말 그렇게 됐다. 나는 아주 독립적인 사람이라 내 세계에 영영 다른 사람을 들여놓지 못할 것 같다는 생각이 들고, 그래서 죽을 것같이 두렵다." —20살 여학생

"학교나 사회생활이나 중요한 모든 분야에서 다 성공했으면서도 나는 허무주의에 빠져 있다. 빌어먹을 상을 받을 때마다 내가 아무리 잘해도 부모님이 행복해지는 데는 전혀 보탬이 되지 않는다는 생각이 들었다. 부모님과의 경험으로 인해 결국 연애관계도 망쳐왔다. 이리저리 생각해보고 관계에 관한 강의를 많이 들어도 결국에는 아무것도 모르겠다는 결론에 도달했다." —21살 남학생

"엄마 밑에서 컸다는 점에서 나는 전형적인 이혼가정 아이이다. 나는 2주에 한 번씩 주말에 아버지를 만나러 갔다. 7살 때부터 그랬다. 아버지는 점차 내 삶에서 멀어졌다. 내게는 인생의 방향을 물어볼 아버지 상이 없다. 지금은 아버지가 잔소리를 하려고 하면 듣고 있기가 힘들다. 예전에는 옆에 없었으면서 왜 이제 와서 내게 이래라저래라 한단 말인가?" —22살 여학생

"내가 졸업반이 될 무렵, 엄마는 실성한 사람처럼 변했다. 한마디로 부모님의 이혼은 '우리 가족'의 이혼이었고, 모두가 큰 타격을 입었다. 이혼은 힘

든 과정이다. 아무리 구구절절하게 말하고 글로 쓴다 해도 그저 수박 겉핥기일 뿐이지, 그 상실감의 깊이를 온전히 전하지는 못한다." —21살 여학생

"1991년 여름, 나는 '진짜 세상'에 막무가내로 내팽개쳐졌다. 그해 7월, 나의 하나뿐인 형제가 자살했다. 부모님은 대부분 그렇듯이 각자의 방식으로 슬퍼했다. 서로에게 기대지 않았고 아버지는 다른 여자에게 도움을 구했다. 부모님은 형이 죽고 6개월 만에 별거에 들어갔다가 1년 만에 이혼했다. 그렇게 26년간의 결혼생활에 종지부를 찍었다. 부모님의 이혼은 내 한계를 넘는 일이었다." —24살 남학생

"새아빠는 지금까지 11년 혹은 12년간 내게 '아빠'가 되어주었다. 새아빠는 오늘의 나를 있게 해준 중요한 분이다. 친아버지는 잃었지만 진짜 아빠를 만났다." —22살 여학생

"나는 강의에서 다룬 일부 학자들의 주장에는 동의하지 않는다. 그들은 아이에게는 부모가 이혼하는 것보다는 매일 싸우더라도 결혼을 지키는 편이 낫다고 주장한다. ……부모님이 재혼해서 얻은 또 하나의 좋은 점은 새로운 사람과 친구들을 많이 만났다는 점이다. 가정불화가 심하다면 자식을 위해서라도 함께 살지 '말기'를 권한다." —22살 남학생

"소도시에 살고 있어서 우리 집에 일어난 일을 동네 사람들이 다 안다는 사실에 몹시 부끄러웠던 기억이 난다. 내 친구들 중에서 부모님이 이혼한 집 자식은 나 하나였다. 나는 힘들게 헤쳐 나왔지만 덕분에 더 건강하고 강인한 사람으로 성장했다." —21살 여학생

"내가 부모의 이혼에서 회복됐다는 말은 완전히 '극복'했다는 뜻이 아니다. 언제까지나 '극복'할 수 있을 것 같지 않다. 어떻게 극복할 수 있겠는가? 그것은 내 사춘기 시절의 비극이고 나라는 사람을 영원히 바꿔놓은 경험이었다. 하지만 삶이 끝난 것도 아니고, 나는 계속 내 앞에 펼쳐진

길을 따라갈 것이다." —21살 남학생

"그때 난 4학년이었다. 아빠는 엄마가 앞으로 따로 살 거라고 말했고, 그 말은 내 가슴에 비수로 꽂혔다. 나는 내 방으로 뛰어가서 온종일 울었다. 나 자신이 불쌍했다. 나는 이혼한 집의 '그런 애들'이 되고 싶지 않았다. 며칠 동안 나는 어떻게 해야 할지 몰랐다. 슬프기도 하고 내 삶이 구렁텅이에 빠져 회복될 가망이 없다고도 생각했다. 앞으로는 나 혼자 알아서 커야 한다는 생각이 머릿속을 떠나지 않았다. 몇 년이 지나도록 상처가 아물지 않아서 부모님이 가까이 있다는 느낌을 받지 못했다. 그런데 처음엔 책임이 버거웠지만 덕분에 의젓하게 성장한 것 같다." —22살 남학생

"나도 상처를 입었지만 결국 극복했다. 나는 부모님의 이혼 덕분에 훨씬 현명해졌다. 나는 친구들보다 빨리 성숙해져야 했다. 현재 나는 건강하고 행복하게 꿈을 키우면서 대학교 3학년에 다니고 있고, 앞으로 임상심리학 박사과정을 밟을 예정이다. 아마도 부모님의 이혼을 경험해서가 아닐까?" —20살 남학생

"나도 이혼이 싫다. 다들 '결혼'의 의미를 심사숙고하지 않고, 함부로 결혼을 결정하는 것 같다. 결혼을 진지하게 생각하지 않아서 불필요한 이혼이 양산된다. 나는 부모님과 같은 실수를 저지르고 싶지는 않지만 그들의 선택을 원망하지도 않는다." —20살 여학생

"이혼은 아이들에게 가장 힘든 경험 가운데 하나다. 이혼은 상상을 넘어선 다양한 방식으로 아이의 삶에 충격을 가한다. 가족구조 전반에 영향을 미칠 뿐 아니라 아이의 사회적 생활과 자존감에도 큰 타격을 준다. 얼마 지나지 않아 내 삶이 완전히 달라졌다는 사실을 깨달았다. 지금까지 살아오면서 이혼은 내가 겪은 일들 가운데 가장 힘든 경험이었다. 이혼의 영향은 앞으로도 사라지지 않고 계속 남겠지만, 이혼으로 얻은 경험은 오늘의 나로 성장하도록 이끌어준 엄청난 자산이기도 했다." —21살 남학생

차례

3장
절망의 목소리

4장
희망의 목소리

5장

이혼으로 인한 '부모 부재'

6장

가족의 혼란과 '회복탄력성'

7장

최근의 다양한 사례와 '새로운 관점'

8장

결론—생각과 감정을 표현하는 것의 중요성

들어가며

"지금으로선 나는 영영 결혼하지 않을 거라는 확신이 든다. 내가 결혼할 확률은 0.5퍼센트에 불과하다. 나는 진실로 결혼 자체에 환상이 없다. 부모님의 이혼이 아주 부정적인 영향을 끼친 것 같지는 않다. 그러나 두 분의 결혼은 생각보다 훨씬 심각하게 내 삶을 망가뜨렸다."
—이 연구에 참여한 20살의 이혼가정 자녀

이 책의 주저자 존 H. 하비는 위의 학생과 같은 사례에 자극받아 이 연구를 시작했다. 그는 10년 넘게 강의에 참여한 학생들로부터 사례를 수집했고, 이후 수년에 걸쳐 추가로 더 많은 사례를 수집했다. 학생들의 사례가 고통의 목소리로 시작해서 안도와 희망의 목소리로 누그러지는 예가 적잖은 것을 보면, 이혼가정 학생들이 자신의 이야기를 하고 그것을 통해 그들의 경험을 깊고 폭넓게 이해하는 방법이 효과가 있다는 것을 알 수 있다. 존 하비는 다행히 나중에 부저자인 마크 파인을 만나, 파경과 이혼에 관해 오랫동안 연구하고 강의하면서 세운 자신의 관점을 설명할 기회를 만들었다. 이렇게 해서 자기 자신의 개인적인 이야기를 들려준 수많은 학생들과 두 저자가 함께 이뤄낸 진정한 의미의 공동작, 바로 이 책이 출간될 수 있었다.

이 책은 '이혼가정의 아이들'이란 주제를 다루면서 아이들의 목소리와 경험에 주목한다는 점에서 특히 독보적이다. 우리가 아는 한, 이 책만큼 사례를 풍부하게 발췌하고 어린 자녀들이 부모의 이혼에 어떻게 대처하는지에 관해 학술자료를 연결해서 제시한 예는 없다. 학생들의 사례와 이혼연구를 접목시키는 이 작업은 이혼연구 분야에서 획기적인 시도로서 이혼가정 아이들의 경험에 관한 독특한 관점을 제시한다.

이 책은 가족학, 사회심리, 발달심리, 임상/상담심리, 커뮤니케이션, 사회복지 분야의 강의는 물론, 친밀한 관계, 가족연구, 결혼과 가족, 이혼과 재혼, 대인관계, 상실과 외상(트라우마)에 관한 강의에서도 교재로 활용할 수 있다. 또한 학자와 전문가뿐 아니라 일반인에게도 유용한 정보로 구성되어 있다. 이 책이 21세기의 이혼에 관한 다양한 목소리 중 일부를 대변하길 바란다. 이혼은 우리 사회에 큰 타격을 입힌다. 반면 이혼을 겪으면서 나이에 비해 훨씬 성숙하고 공감능력이 뛰어난 사람으로 성장하는 경우도 많다. 우리는 사람들이 이 책에 실린 학생들의 이야기를 통해 이해를 더욱 넓히기를 바란다.

우리가 이 책을 쓴 이유는 누구나 가깝고 친밀한 관계를 잃으면 큰 충격에 빠지고, 누구나 살면서 직접적이든 간접적이든 상실을 경험하기 때문이다. 1980년 이래 미국에서 이혼과 파경은 매우 높은 비율로 발생하고 있다. 즉, 미국인 대다수가 간접적으로라도 이혼으로 인한 문화적 변화에 영향을 받는다는 뜻이다.

또 하나의 출간 이유는 저자들 역시 이혼을 경험했고, 여러 번 관계를 잃어보았다는 점 때문이다. 그리고 친밀한 관계에 대해 연구하는 대학교수이자 연구자로서 우리가 학생들로부터 관계상실에 관한 경험담을 무수히 들어왔기 때문이다.

이 책에서는 우선 이혼에 관한 학계의 논의를 선별한 뒤 우리의 의견을 덧붙이고, 그다음엔 부모의 이혼을 경험한 학생들의 다양한 사례를 소개했다. 사례는 대부분 주저자인 존 하비가 수년간 학생 1천여 명에게 수집해 그중 선별하여 허락을 받고 실은 것이다.

이 책은 이혼과 파경의 극심한 고통에 빠진 사람들이 이혼과정이나 이혼 후 몇 년간 경험하는 '고통'과 '희망'을 낱낱이 보여준다. 이혼의 고통이 어떤 것인지 알 수 있다면 이혼이 장기적으로 얼마나 광범위하게 영향을 미치는지도 확인할 수 있다. 또한 무엇보다 이것은 고통스런 환경에서도 희망을 잃지 않고 삶의 의지를 불태우는 사람들의 이야기다.

아울러 이 책은 '이혼가정의 아이들 대다수가 부모의 이혼으로 씻을 수 없는 상처를 입는다'는 통상적인 주장에 이의를 제기하고 있다. 그 과정에서 학생들의 다양한 목소리를 실어 아이들마다 이혼에 반응하는 태도가 얼마나 다른지 보여준다. 나아가 아이들이 부모의 이혼으로 인한 고통과 혼란을 극복하면서 얻는 용기와 회복탄력성을 보여줄 것이다. 학생들의 사례에서는 장차 자신은 친밀한 관계를 원만하게 맺기를 바라는 마음과 더욱 탄탄한 가정을 꾸리겠다는 굳은 의지가 변함없이 드러난다.

또한 1장과 2장에 걸쳐 설명한 대로, 중요한 상실을 경험한 사람에게 '이야기하기'storytelling가 얼마나 중요한지, 그 이론적 근거를 제시한다. 하나하나의 사례에는 어조나 내용 면에서 다듬어지지 않은 생생한 감정이 담겨 있다. 가급적 학생들의 거침없는 이야기를 그대로 실어 생생하고 사실적으로 전달하고자 했다. 이런 접근법의 주된 이유는 이혼가정의 아이들을 이해하는 동시에, 이혼 후 자녀의 행복을 위해 노력하는 부모들 역시 아이들을 이해하고 공감할 수 있도록 하기 위해서다.

또한 이 개정판에서는 새로 7장을 추가하여, 이혼의 까다로운 측면(배우자의 외도, 역기능적 상호작용, 여러 차례의 결혼이나 연애, 경제적 비용), 이혼의 낙인이 옅어지는 현상, 최근의 이혼율, 평균 초혼연령 상승, 한 사람에게 얽매이지 않으려는 세태를 반영하는 최근의 즉석 만남 연애풍토 등에 관해 설명한다. 더불어 최근의 인구통계 자료, 관련 분야 최고 연구자들의 새로운 연구성과, 최근의 개입intervention 프로그램도 소개한다. 그리고 이혼 적응력의 변동성을 예측하는 데 도움 되는 '이혼 변동성과 유동성 모형'(DVFM)을 검토한다. 아울러 아이들이 이혼에 잘 적응하도록 돕는 방법도 제안한다. 예를 들어 부모교육 프로그램에 관한 정보나 이혼절차를 돕는 이혼조정제도에 관한 도움이 될 자료도 제시한다. 추가로 참고할 만한 웹사이트와 권장도서를 소개하고, 핵심개념을 표와 도표 등으로 요약했다. 이 책이 많은 이들에게 도움이 되기를 바란다.

이혼은 많은 사람의 가슴을 아프게 한다. 상실을 경험하게 하기 때문이다. 무엇보다도 우리는 특히 아이들의 마음에 상처를 주는 일을 두려워한다. 그럼에도 불구하고 이혼에는 또 하나의 확고한 진실이 있다. 동전의 뒷면인 '성장'을 이룬 학생들의 목소리에 귀를 기울이면 알 수 있는 진실이다. 바로 친밀한 관계라는 어려운 주제에는 쉬운 답이 없다고 깨달은 사람들의 이야기다.

1
만연하는 이혼과 학계의 다양한 관점

왜 이 책인가?

우리 저자들은 왜 이 책을 썼을까? 우선 가깝고 친밀한 관계를 잃는 일은 앞으로도 우리들의 인생에서 두렵고 때로는 파괴적인 경험이 되기 때문이다. 1980년 이후로 이혼은 미국사회에서 유행처럼 번져왔고, 지금도 서구 전역으로 퍼져나가고 있다. 사람은 누구나 사랑하는 사람과 헤어지면서 상실을 경험하고, 직접적으로 이혼의 영향을 받게 되는 사람도 무수히 많다. 게다가 누구나 적어도 간접적으로는 이혼으로 인한 문화적 변화에 영향을 받는다(가령 21세기에 들어 점차 더 많은 조부모가 손자손녀에 대한 1차적 양육의무를 떠맡는 세태를 보라).

우리는 또한 이 책을 쓰면서 이혼을 비롯해 다양한 관계를 잃어본 개인적 경험을 살리고, '친밀한 관계'를 연구하는 대학교수이자 연구자로서의 관점도 반영했다. 연구자로서 우리는 관계상실에 대한 이야기를 무수히도 들어왔다. 사실 이 책의 핵심은 이혼에 관한 담론이다. 우선 21세기의 이혼에 관한 학문적 연구를 선별해서 살펴본 후 우리의 의견을 덧붙였다. 그다음 이혼으로 직접 영향을 받은 대학생들의 무수한 사례를 중심으로 본문을 구성했다. 사례는 존 하비가 1990년대 중반부터 가르친 학생 1천여 명으로부터 수집해서 그중 일부를 허락을 구하고 수록한 것이다. 익명성을 보장하기 위해 필요에 따라 이름과 세부정보를 변경했다.

친밀한 관계를 잃는 고통은 사회적으로 여러 사람에게 무거운 짐을 떠안긴다. 관계를 끝낸 당사자는 물론, 자녀와 부모, 가까운 친구들까지 힘들어진다. 이 책을 쓴 또 하나의 이유는 존 하비의 10대 아들과 마크 파인의 20대 초반의 딸 둘이 부모의 이혼을 꿋꿋이 견디고 그 경험을 밑거름 삼아 성장할 수 있도록 돕고 싶어서다. 이것은 이 책에서 특히 주목하는 주제이기도 하다. 학자나 저술가들 가운데는 이혼이 자녀에게 미치는 영향에 관심을 두는 사람이 많다. 우리 역시 학생들의 경험담과 현재까지 발표된 최고의 연구들을 검토하면서 이 주제에 주목했다.

무엇보다도 부모의 이혼과정과 이후 수년간 극심한 혼란 속에서 자녀가 경험하는 '고통'과 '희망'을 모두 담아내고자 한다. 우선 학생들의 경험담을 통해 그들의 '고통'을 보여줌으로써, 이혼이 장기간에 걸쳐 광범위하게 미치는 영향도 밝힐 수 있을 것이다. 관계는 한번 어긋났더라도 다시 좋아질 수 있다. 관계를 다시 다지기 위해서는 최선을 다해야지, 자칫 관계가 깨지면 이 책의 사례들에서도 나타나듯이 모두가 엄청난 타격을 입고 고통에 시달릴 수 있다.

하지만 이 책은 고통만큼의 '희망'도 이야기한다. 또한 상실을 견뎌내고 얻는 용기를 이야기한다. 진실하게 살려는 의지를 전달하고, 인생이 실망과 고통과 절망의 연속일 때도 있다는 것을 이해하는 관대한 자세를 이야기한다. 이 책의 사례들은 희망과 고통을 비슷한 정도로 보여준다. 사례를 읽다보면 인간관계에 광풍이 몰아칠 때 그들이 얼마나 엄청난 용기를 끌어내서 맞서 싸우는지 알 수 있다. 그리고 그 싸움에서 승리하는 예를 심심치 않게 볼 수 있다. 학생들의 이런 경험담은 비슷한 처지에 놓인 사람들에게 귀감이 될 것이다.

이혼의 만연

아마토(Amato, 2010)의 연구에 따르면 인구 1,000명당 한 해 이혼하는 건수를 나타내는 조이혼율(粗離婚率)은 1960년과 1980년 사이에 2배 이상 증가했다. 하지만 1980년대 초반부터 서서히 줄어들어 31퍼센트까지 감소했다. 이혼율이 줄어든 원인은 결혼 평균연령이 높아지고 교육수준이 높아진 탓으로 보인다. 결혼을 늦게 하고 교육을 많이 받을수록 이혼율이 낮아진다(Heaton, 2002; Martin, Hurley, 2005에서 재인용). 아마토(2010)는 이혼자의 백분율을 구했는데, 2006년에는 10명 중 3.5명이 이혼한 것으로 나타나 20세기 말부터 이혼율이 소폭 감소한 것을 알 수 있다. 크라이더(Kreider, 2007)는 이혼율은 결코 41퍼센트를 넘은 적이 없고 아마토의 연구결과처럼 최근 들어 감소추세라고 지적했다(Amato & Irving, 2006). 아마토는 이혼이 아닌 영구별거라는 형태로 헤어지는 부부들도 상당수 있기 때문에, 일반적 예상처럼 전체 결혼부부 가운데 절반 정도가 자발적으로 결혼생활을 끝낸다고 보는 편이 옳다고 결론지었다.

이혼율은 1980년대 초반부터 급증하기 시작해 21세기에도 여전히 높았던 추세라 사회 전체가 여러 면에서 예상치 못했던 영향을 받았다(Demo & Fine, 2010; Whitehead, 1996). 자연히 이혼이 자녀에게 미치는 영향에 사회적 관심이 쏠렸다. 미국의 인구조사통계에 따르면 해마다 약 100만 명의 아동이 부모의 이혼을 경험한다. 가령 2004년에는 이혼가정의 자녀가 약 110만 명(아동 1,000명당 15명)이나 발생했다(Kreider, 2007). 분명 훨씬 더 많은 아동이 18살이 되기 전 부모의 이혼을 경험한다. 이 책은 아동과 성인 초기 대학생들에게 초점을 맞추지만 한편으로 이혼이 부모에게도 심리, 사회경제, 사교 면에서 해로운 영향을 미치고(Braver, Shapiro, & Goodman, 2006; Demo & Fine, 2010) 다시 자녀에게도 부정적인 영향이 돌아간다는 점도 간과하지 않는다. 예를 들어 경제적인 면에서, 부부가 헤어지면 두 사람 모두 어려워지지만 특히 여자가 받는 고통이 크다(Hetherington & Kelly, 2002; McLanahan, 1999; Sayer, 2006). 이혼한 여자는 대부분 혼자 자녀를 키우거나 전남편과 공동으로 양육을 책임지기 때문에 경제적 난관에 부딪히고, 결국에는 자녀를 비롯한 가족 전체가 심각한 타격을 입는다.

한 가정의 결혼이 해체되면 가족 구성원 모두가 영향을 받지만, 한 사회의 이혼율이 높아지면 그 영향이 가족의 울타리를 넘어 정부정책, 결혼과 이혼에 대한 사회적 태도와 규범, 정신건강과 교육에 관한 규정을 비롯해 사회 전체에 미친다. 비교적 이혼율이 높은 미국에서는 연방정부가 양육비 지원을 늘리는 문제를 포함해, 이혼가정에 관한 갖가지 정치적 사안을 해결하기 위해 노력해왔다(Bogenschneider, 2000; Bogenschneider & Corbett, 2010). 더불어 지난 25년간 부부관계 및 이혼 문제를 연구하는 정신건강 전문가, 교육 전문가, 기타 전문가들이 늘었고, 이혼부모를 위한 이혼조정 프로그램이나 부모교육 프로그램 등 각종 이혼 관련 프로그램이 도입되고 법제화됐다(Blaisure & Geasler, 2006; Fine, Ganong, & Demo, 2010).

이혼이 자녀에게 미치는 영향

특히 이혼이 자녀에게 미치는 영향은 뉴스에 심심치 않게 나오는 주제로서 1980년 이후 큰 관심을 받아왔다. 아이들은 특히 명절에 심각한 상실감에 시달릴 수 있다. 가족은 찢어지고, 부모는 이혼하고 나서도 걸핏하면 싸우고, 자녀는 부모에 대한 믿음을 골고루 분배해줘야 한다. 따라서 이혼한 부모는 어느 때보다도 명절 때 자녀에게 무엇이 필요할지 각별히 신경 써야 한다. 어느 상담사는《시카고트리뷴》(2000. 12. 24)과의 인터뷰에서 이렇게 말했다.

> 제가 하는 말은 20년 전이나 지금이나 똑같습니다. ……사람들이 아직도 제 말을 이해하지 못하다니 놀라울 따름입니다. …… 크리스마스에는 먼저 철저히 아이의 입장에 서보고 나서 휴가 계획을 세우라는 겁니다. 지금 부모가 어떻게 하느냐에 따라 미래에 자녀가 휴가를 대하는 태도가 달라집니다.(C2면)

이 상담사가 만난 부모들 중에는 자녀의 비참한 심정을 공감하지 못하고 힘든 시기에 자녀에게 관심을 갖지 않는 사람들이 있었다.

이혼이 자녀에게 미치는 영향이라는 주제가 다른 무엇보다도 중요하며, 현재 시점에 꼭 논의해야 하는 이유 중 하나는 부모의 이혼이 성인자녀의 이혼과 강한 상관관계를 보이기 때문이다(Amato & Booth, 1997). 흔히 이런 현상을 '이혼의 세대간 전이'라고 부른다. 아마토와 드보어(Amato & DeBoer, 2001)는 이혼가정의 자녀는 나중에 성인이 된 후 이혼할 가능성이 2배 정도 높다는 결과를 얻었다.

이혼의 세대간 전이에 관해서는 연구가 풍부하게 이루어졌다. 교육과 수입, 가족과 사회적 지지, 개인의 태도와 기대 같은 요인들은 이혼가정의 자녀가 나중에 이혼할 가능성이 높아지는 이유를 설명해준다(Feng, Giarrusso, Bengtson & Frye, 1999). 예를 들어 초혼가정의 자녀에 비해 이혼가정의 자녀는 수입과 교육수준이 낮고, 결혼연령이 낮고, 혼전동거 가능성이 높은 경향이 있는 것으로 나타났다(Furstenberg & Teitler, 1994). 아마토와 드보어(2001)는 이혼가정의 자녀는 '결혼은 평생 지켜져야 한다는 사회적 규범에 상대적으로 얽매이지 않는 편이기' 때문에 이혼가능성도 높은 편이라고 봤다. 철린

(Cherlin, 2004)도 비슷한 입장에서 결혼제도가 갈수록 약화되는 이유는, 사람들이 이전 세대보다 배우자에게 동료애를 기대하는 편이고 결혼을 가족의 이익보다 개인의 이익을 충족시키는 수단으로 인식하기 때문이라고 제시했다.

이혼이 자녀에게 미치는 부정적 영향은 다양하고 사례도 많다. 1999년 8월, AP통신의 한 뉴스에 따르면, 10대 소년이 이혼으로 인해 아버지를 자주 만나지 못하거나 아버지와 부정적 관계를 맺는 경우에는 한부모가정에서 어머니와 특별히 좋은 관계를 유지하는 또래보다 흡연이나 음주, 불법약물을 남용할 가능성이 높다고 한다. 우리는 30여 년간 대학에서 학생들을 가르치면서 이혼이 대학생들에게 미치는 영향을 직접 보고 들었다. 그들은 흔히 부모가 심하게 다툴 때 중간에 끼어본 적이 있다고 보고한다. 주로 돈 문제나 새로 만나는 이성, 이혼 당시의 외도와 같은 문제로 부부싸움이 일어난다.

부모가 결혼을 유지하는 가정의 자녀에 비해 이혼가정의 자녀(성인자녀 포함)는 내현화 행동(불안이나 우울)이나 외현화 행동(품행 문제)을 보이고 건강 문제나 학업성적 부진(특히 학교중퇴 문제)을 겪을 가능성이 있다(Amato, 2010; Demo & Fine, 2010; Emery, 1999). 이혼가정의 자녀가 성인이 되면 교육수준이 낮고, 심리적 안정감이 떨어지고, 결혼생활은 순탄하지 않으며, 부모와의 관계가 멀어지고, 결국 이혼으로 끝날 가능성이 상대적이긴 하나 다소 높다(Amato, 2010).

지난 10여 년간 일반인을 위한 이혼 관련 도서가 다수 출간됐다. 월러스틴, 루이스, 블레이크슬리(Wallerstein, Lewis, Blakeslee, 2000b)와 헤더링턴과 켈리(Hetherington&Kelly, 2002)를 비롯한 저명한 연구자들의 책이다. 이들은 이혼이 아동과 성인에게 미치는 영향에 관한 연구자료와 관점을 제시했다. 그런데 이혼이 자녀에게 미치는 영향에 관해 헤더링턴과 월러스틴의 입장은 상이하다. 이들의 반대 입장은《뉴스위크》와《타임》 같은 잡지에 실려서 미국 전역에서 지대한 관심을 끌어냈다.

사실 헤더링턴-월러스틴 '논쟁'은 이혼 관련 연구문헌의 부족한 측면을 드러내준다. 실제로 연구자마다 이혼이 자녀에게 얼마나 해로운 영향을 미치는지에 관해 상반된 결론에 도달하는 예가 많다. 예를 들어 헤더링턴 등(Hetherington & Kelly, 2002)은 '자녀도 부모가 이혼하면 처음엔 혼란스러워하지만 그 이듬해부터는 원래대로 돌아가고 장기적으로는 이혼가정의 자녀와 초혼가정의 자녀 사이에 차이가 크지 않다'고 밝혔다. 반면에 월러스틴 등(2000b)은 성인 초기의 남녀 가운데 무려 절반 정도가 부모의 이혼을 경험하고 나서 걱정이 많고 제 능력을 충분히 발휘하지 못하고 자기비하를 하며 때로는 분노하는 사람으로 성장했다고 결론짓고 있다.

파인과 데모(Fine & Demo, 2000)는 이혼이 미치는 영향에 관해 연구자마다 상이한 결론에 도달하는 이유를 알아내려고 시도한 결과, 각자 이론적 관점과 가치관도 다르고 전공과목과 훈련수준도 제각각이라 연구방향이 달라지고 심지어 같은 자료를 놓고도 다르게 해석한다고 그 한계를 밝혔다.

이혼이 자녀에게 미치는 영향에 관한 논쟁, 그에 대한 새로운 접근

연구마다 방향이 극단적으로 다른 이유를 어떻게 해석할 수 있을까? 어떤 연구자는 장기적인 고통과 슬픔에 주목하는 반면에 다른 연구자는 힘과 회복탄력성을 부각시키는 이유는 무엇일까? 연구문헌을 종합한 에머리(Emery, 1999)의 분석을 보면, 연구마다 전혀 다른 결론에 도달하는 이유를 이해할 수 있다. 에머리는 이혼이 자녀에게 미치는 영향에 관해 다섯 가지 '사실'을 제시했다. (1) 이혼은 자녀에게 막대한 스트레스를 준다. (2) 이혼으로 심리 문제가 발생할 위험이 높아진다(연구 차원에 따라 다르지만 대체로 2배 정도 높다). (3) 위험이 커지기는 하지만 이혼가정의 자녀 대다수는 초혼가정의 자녀와 다름없이 잘 지낸다. (4) 부모의 이혼을 경험한 아이들은 극심한 아픔과 불행한 기억, 끝나지 않는 심리적 고통을 보고한다. (5) 이혼 후 아동의 적응력은 이혼 후 가정환경, 특히 자녀를 보호하는 부모가 자녀와 맺는 관계, 이혼한 부모 사이의 갈등, 가족의 경제형편, 따로 사는 부모와 자녀의 관계유형 등에 영향을 받는다.

에머리(1999)는, 월러스틴을 비롯한 일부 연구자는 다른 요인들을 적절히 고려하지 않고 네 번째 요인만 부각시킨 반면, 다른 연구자들은 아동과 청소년이 경험하는 스트레스와 고통을 축소하려는 경향을 보인다고 지적한다. 말하자면 연구자들이 장님 코끼리 만지기 식으로 한두 가지 특징만 치중한다는 뜻이다. 이 책은 이혼이라는 코끼리를 더 넓은 시각으로 이해하고자 한다. 이 책의 주제는 여러 면에서 에머리의 분석과 상당히 유사하다. 여기서는 고통과 상실감뿐만이 아니라 힘과 회복탄력성까지, 이혼과정과 경험의 다양한 측면을 다룬다. 그러면 지금부터 중요한 연구 몇 편을 더 검토하겠다. 예리한 독자라면 각 연구마다 에머리가 정리한 위의 다섯 가지 '사실'

에 주목하는 정도가 다르다는 사실을 알아챌 것이다.

예상치 못한 이혼의 유산

월러스틴과 루이스(Wallerstein & Lewis, 1998)는 별거/이혼가정의 아동과 청소년을 25년간 추적조사하여 종적 연구를 완성했다. 응답자는 부모가 별거하기로 결정한 시기부터 시작해서 주기적으로 인터뷰를 했다. 연구자들은 연구대상 중에서 가장 어린 응답자들(현재 20대 후반에서 30대 초반)에 관한 결과를 보고했다. 이들이 떠올리는 이혼의 기억은 버림받음, 두려움, 외로움이다. 이들은 청소년기에 남보다 일찍 성을 경험하고 약물이나 알코올을 접했다. 성인 초기에는 대학 등록금을 낼 여력이 부족하고, 친밀한 관계를 두려워하고, 부모와의 관계 중에서도 특히 아버지와의 관계가 원만하지 않았다.

월러스틴 등(2000b)은 이혼이 자녀에게 미치는 영향을 분석한 연구로 언론의 주목을 받았다. 월러스틴 등은 『예상치 못한 이혼의 유산The Unexpected Legacy of Divorce』이라는 책을 출간하여 1970년대 이혼가정의 자녀들을 대상으로 시작해 30여 년에 걸쳐 조사한 연구를 정리했다. 캘리포니아에 거주하는 80가구의 아동 131명(이혼가정의 아이들이 매년 100만 명씩 발생하는 데 비하면 표본이 작고 무작위 표본도 아니다)을 연구한 그 결과에 따르면, 이 아이들은 부모가 이혼한 후 몇 년 사이에 인간관계에서 큰 변화를 경험했다. 월러스틴 등(2000b)은 이혼가정의 자녀들이 성인 초기에 줄곧 관계를 협상하면서 보낸다고 설명했다. 많은 아이들이 결혼하지 않거나 결혼에 관심이 없었다. 자식을 낳을 생각이 없는 아이들도 많았다. 그중 절반 이상이 자식에게 힘든 어린 시절을 똑같이 물려줄까봐 두려워서 아예 자식을 가지지 않기로 마음먹었다고 답했다. 대다수 응답자가 이혼가정에서 자라지 않은 다른 성인에 비해 버림받는 것에 대한 두려움이 컸다.

월러스틴 등(2000b)에 따르면 이혼가정의 자녀들 가운데 한 번도 결혼하지 않은 사람의 비율은 40퍼센트인데 비해 초혼가정의 비교집단에서는 24퍼센트에 불과했다. 이혼가정의 자녀들이 결혼한 경우에는 40퍼센트 정도가 이혼으로 끝나는 데 반해, 비교집단에서는 9퍼센트가 이혼했다. 하지만 전국 통계에 따르면, 이혼가정의 자녀가 아닌 사람들 중에서 약 35퍼센트가 이혼하는 것으로 나타났다(Amato & Booth, 1997). 월러스틴의 연구에서 이혼하지 않은 가정 자녀들의 이혼율이 상대적으로 아주 낮게 나온 이유는 정확히 알 수 없지만, 덕분에 월러스틴 연구의 비교집단이 미국 전체의 이혼하지 않은 가정을 과연 대표하는지에 의문을 갖게 된다.

월러스틴 등(2000b)은 '부모가 비교적 원만한 결혼생활을 유지하거나 다소 불행하더라도 결혼을 지키는 가정의 자녀가 이혼가정의 자녀에 비해 대부분의 적응차원에서 훨씬 좋은 결과를 보였다'고 분석했다. 이들은 원하는 배우자상이 더 건강할 뿐 아니라 가까운 사람들과 안정적 관계를 유지하고 장차 어떤 가정을 꾸리고 싶은지 더 명확하게 그렸다. 더불어 모범적인 결혼의 모습에 대한 기억을 가지는 것으로 나타났다. 부모가 어떻게 다투고 차이를 극복했는지, 위기를 맞아서 어떻게 협력했는지 떠올렸다. 결과적으로 이런 부모 모델이 자녀에게 모범이 되어주고 자녀가 결혼해서 자식을 낳아 기르도록 이끌어주고 확신을 심어준 셈이다.

월러스틴 등(2000b)이 보고한 '이혼가정 성인자녀의 특징'이다.

표 1.1 이혼가정 성인자녀의 특징

- 연구대상 중 60퍼센트는 사회적 관계를 맺는 데 문제를 느낀다.
- 평균적으로, 인생에서 실패하리라고 예상한다.
- 전반적으로 부모의 이혼이 최선의 선택이 아니라고 생각하기 때문에 변화에 대한 두려움이 크다.
- 배신당할까봐 두려워하는 경향이 있다.
- 혼자 있는 것을 두려워하는 경향이 있다.
- 한 사람에게 얽매이고 사랑에 빠질까봐 경계하면서도 사랑과 결혼, 자녀양육에 높은 가치를 둔다.
- 동정심이 많고 남의 기분을 잘 알아채는 편이다.
- 형제자매와 친하게 지내는 편이다.
- 대체로 약물남용에 잘 빠지고 남보다 일찍부터 약물을 시작한다.
- 대학에 다닐 형편이 되지 않고 부모로부터 대학에 들어가라는 격려도 듣지 못하는 편이다.
- 결혼하거나 자식을 가지는 사람이 많지 않다. 반대로 결혼을 일찍 해서 이혼할 가능성이 높은 경향이 있다.

출처: 월러스틴, J. S., 루이스, J. M., 블레이크스리, S, 『예상치 못한 이혼의 유산-25년의 획기적인 연구』 중에서, Hyperion, New York, 2000.

논쟁의 여지가 있는 '그저 괜찮은 결혼'이라는 용어

월러스틴 등(2000b)이 제기한 한 가지 개념은 열띤 논쟁을 불러일으켰다. 이를테면 '부모의 결혼생활이 불행하면 자식도 불행해진다는 믿음은 진실이 아니다'라는 이들의 주장이다. 나아가 아이들은 집안이 잘 굴러가고 부모가 자식을 돌봐주기만 한다면 부모가 각방을 쓰든 아니든 신경 쓰지 않는다고 주장했다. 폭력이나 희생, 심각한 정신장애 없는 '그저 괜찮은' 결혼만 유지되면 아이들은 전혀 문제를 느끼지 않는다고 본 것이다. 다시 말해, 이것은 어떤 식으로든 결혼을 유지하는 집 아이들이 원만하게 이혼한 집 아이들보다 성인이 된 후 관계를 잘 발전시킬 수 있다는 뜻이다. 이들에 따르면, 역설적으로 이혼이 부모 문제의 '해결책'이지만 동시에 자녀 문제의 '원인'이 된다고 보는 것이다.

월러스틴 등(2000b)은 더 이상 서로를 견딜 수 없고 같이 살기 힘들다는 생각이 들더라도 가정을 깨서 일어날 파장을 심사숙고한 다음에 자식에게 알려야 한다고 강조했다. 장기적으로 보면 이혼의 가장 큰 희생은 결국 자식들이 치러야 한다는 것이다. 월러스틴은 언론과의 인터뷰에서 자신은 이혼 자체를 반대하는 것이 아니라 우리 시대의 부부들이 더 노력해야 한다는 입장이라고 밝혔다. 심지어 배우자의 외도, 우울, 성적 권태감, 외로움, 거부 따위로 고통스러워도 끝까지 노력해야 한다고 강조했다. 우리 시대에는 무리한 요구다.

위의 입장에 대한 비평

물론 월러스틴 등(2000b)이 제시하는 증거와 결론은 비평가들의 논의에 불을 지폈다. 월러스틴이 장기간의 연구를 바탕으로 발표한 여러 편의 논문은 표본 크기가 상대적으로 작고 선별적이라는 점에서 비판을 받아왔다. 이들은 1971년에 처음 연구를 시작할 당시의 응답자 131명 가운데 93명에게만 추후 연구로 인터뷰를 실시해 『예상치 못한 이혼의 유산』에서 보고했다. 게다가 이혼가정 자녀들의 표본을 초혼가정 자녀들 중에서 무작위로 선발한 통제집단과 대조하지 않았다. 엄밀히 말해, 이 연구의 비교집단인 성인 초기의 학생 44명은 주로 이혼집단의 응답자가 다니던 고등학교 동문회에서 선발해서 모집한 사람들이었다. 모두가 만족할 만큼 엄격한 방법은 아니지만 소중한 비교집단을 얻을 수 있었다. 사실 종단 연구에서 추후 정보를 수집하려면 연구자가 장기간에 걸쳐 응답자를 추적조사해야 하기 때문에 웬만큼 부지런해서는 안 된다.

대중매체에는 월러스틴 등(2000b)의 연구자료와 결론에 대한 온갖 비평이 실렸다. 《네이션》의 저자 겸 칼럼니스트 카타 케이시 폴리트 Katha Kathy Pollitt는 2000년에 《타임》에 이렇게 기고했다.

> 미국은 더 이상 '그저 괜찮은' 결혼을 지키면서 우울하고 고통스러워하는 사람들로 넘쳐날 필요가 없다. 더욱이 '가정'을 파탄 낸 죄를 여자에게 물으면서 평등과 자기계발에 대한 여자들의 정당한 요구를 비난하는 권위자는 더 이상 필요 없다. 똑똑하고 적응력이 뛰어난 아이로 키우는 방법은 무수히 많고, (월러스틴의 소규모 표본보다는 대표성을 띤 대규모 표본으로 연구한 거의 모든 가족학 연구자에 따르면) 이혼가정의 자녀 대다수가 똑똑하고 적응력이 뛰어난 아이로 성장하는 것이 사실

이다. 우리 사회는 1971년 이래로 이혼하는 법에 대해서 충분히 배웠다. 엄마에게 충분히 재산이 있고 아빠와 자주 연락하고 지내며 이혼한 후에도 부모가 서로 예의를 지키고 악담을 퍼붓지만 않는다면 아이들은 잘 자란다. '충분히 좋은' 이혼이 존재하는데 어째서 이런 얘기는 표지 기사로 실리지 않을까?(82쪽)

『이혼한 아빠들—신화 깨트리기Divorced Dads: Shattering The Myths』(1998)를 쓴 샌포드 브레이버Sanford Braver는 현재 많은 연구자가 더 발전한 형태의 실험설계로 이혼가정 아이들의 삶을 연구하는데도 월러스틴 등(2000b)은 그런 노력을 인정하지 않는다고 지적했다(2001. 1. 14.《댈러스뉴스》, AP통신 기사, D1면). 또 월러스틴 연구의 표본에서는 이혼집단과 비교집단의 차이가 크지 않다고 지적했다. 같은 기사에서 월러스틴의 옛 동료(Wallerstein & Kelly, 1980) 조안 켈리Joan Kelly가, 월러스틴 등(2000b)의 결론에서 이혼의 부정적 측면에 치중한 데 대해 의문을 표했다는 내용도 인용했다. 이혼가정 아이들의 병리적 측면 중에서 어느 정도를 부모의 이혼 때문으로 보고 어느 정도를 아동 자신의 태도나 가치관, 신념이나 행동 때문으로 볼 수 있을까?

브레이버와 켈리를 비롯한 비판적인 연구자들은 월러스틴을 비롯한 연구자들이 제시하는 자료만으로는 이혼이 자녀에게 부정적인 영향을 미친다고 추론하기 어렵다고 지적했다. 게다가 브레이버와 켈리 모두 월러스틴 등(2000b)의 연구가 좋은 남편과 아버지가 되는 능력을 편견을 가지고 바라본다고 우려했다. 그리고 이들의 연구에서는 자녀양육에서 아버지의 역할이 어머니보다 중요하지 않다는 입장(1990년 이래로 다수의 심리학자 사이에 논쟁을 일으킨 주장)을 취한다고 지적했다. 월러스틴의 연구에 대한 브레이버와 다른 연구자들의 비판을 자세히 알고 싶으면 월러스틴의 작업과 이혼연구에 헌정된 《가족관계Family Relations》(2003년 10월호)를 참조하라.

퍼스텐버그와 철린(Furstenberg & Cherlin, 1991)이나 에머리(Emery, 1999) 같은 연구자들은 '이혼이 장기간 부정적인 영향을 미치는 경우는 소수'라는 주장을 지지하는 증거가 더 강력하다고 주장한다. 이들 연구자들도 젊은이들이 부모의 이혼을 고통스럽게 기억한다는 점은 인정했다. 다만 고통의 기억이 성인이 된 후 결혼이나 삶의 전반적인 영역까지 손상시킨다는 데는 동의하지 않았다. 오히려 부모가 이혼하지 않았다면 불화가 끊이지 않는 가정환경을 더 고통스럽게 기억했을지 모른다고 보았다. 퍼스텐버그와 철린(1991)은 부모의 결혼생활에 문제가 불거질 때마다 자녀가 고통을 받는다고 지적하면서, 꼭 부모가 함께 살아야만 자녀의 고통이 줄어드는 것은 아니라고 지적했다. 이들에 따르면 가정생활의 중요한 문제를 두고 늘 부딪히기만 하는 부모 밑에서 자라는 아이들은 이혼가정의 아이들보다 심리적 고통과 품행 문제 수준이 심각했다. 최근 여러 연구에서는 이 문제에 관해 다소 엇갈린 결과를 내놓고 있다. 어떤 연구에서는 이혼가정이 부부 사이에 불화가 심한 가정보다 자녀에게 부정적인 영향을 미치는 것으로 나타났고, 어떤 연구에서는 자녀에게 미치는 부정적인 영향은 이혼가정과 불화가 심한 결혼가정에서 비슷한 수준이거나(Demo & Barber, 2006; Demo & Fine, 2010) 불화가 심한 결혼가정에서 더 높게 나타났다(Amato & Booth, 1997과 이 책의 이후 논의를 참조하라).

불화가 심한 관계에 관한 논의를 넘어서 '일부' 이혼가정 아이들은 초혼가정에서 자란 또래에 비해 성숙함, 자존감, 공감능력 같은 영역에서 높은 수준을 보여준다는 연구 결과가 있다(Demo & Fine, 2010; Wallerstein 등, 2000b). 왜 어떤 아이들은 부모가 이혼하고 나서 부쩍 성숙할까? 이혼하면 아이들은 그동안 연습해왔거나 적어도 마음의 준비를 해온 책임(동생 돌보기)을 떠안는다. 책임을 완수하면 자연히 자존감이 높아지고 나아가 타인의 문제를 세심하게 알아채는 공감능력도 길러진다. 그뿐만 아니라 이혼의 역경을 이겨내면서 스스로 위기에 대처할 수 있다는 사실을 깨닫고 나면 스스로 힘과 용기를 길러서 나중에 다른 문제가 생겨도 당당히 맞설 수 있다.

『좋을 때나 나쁠 때나』, 헤더링턴의 분석

헤더링턴과 켈리가 쓴 『좋을 때나 나쁠 때나For Better or For Worse』(2002)라는 대중서에서는 세 가지 중요한 종단 연구의 피험자인 1,400가구의 아동 2,500명을 대상으로 실시한 이들의 대규모 연구 결과를 요약하고 있다. 헤더링턴과 켈리는 이혼에 관한 사회적 시각이 '부정적이기만 한' 이유는 과거의 연구들이 여러 가지 방법론적 한계를 지녔기 때문이라고 지적했다. 과거 연구에서는 이혼 후 짧은 기간 동안에만 조사하고 이혼을 경험하지 않은 개인이나 가족을 비교집단으로 대조하지 않았다. 반면에 헤더링턴과 켈리는 자신들이 폭넓고 심도 깊게 연구를 진행했기 때문에 참신하고 좀더 균형 잡힌 결론을 내릴 수 있었다고 말한다.

헤더링턴은 이렇게 밝혔다.

> 40년 동안의 연구 끝에 더 이상 나는 이혼의 파괴력에 전혀 의심을 품지 않게 되었다. 이혼은 인생을 나락으로 이끌 수 있고 실제로 그런 일이 벌어진다. 내 경험상 그런 경우는 생각보다 많이 발생한다. 그렇다손 치더라도 대중서와 학술서를 막론하고 이혼을 다룬 최근의 서적에서는 이혼의 부정적 영향을 과장하고 때로는 이혼의 상당한 긍정적인 영향을 간과하는 듯하다. 이혼은 의심의 여지 없이 많은 성인과 아동을 가정폭력의 공포에서 구해주지만 단순한 예방조치로 끝나지 않는다. 이혼은 특히 여성과 여자아이들에게 삶을 변화시키는 놀라운 성장의 기회를 제공한 예가 적지 않다.(5쪽)

헤더링턴과 켈리(2002)의 책에서 또 하나의 새로운 특징은 현대사회에서 이혼 후 가족 구성원이 겪는 다양한 경험을 명확히 짚어냈다는 점이다. 이들에 따르면 1960년대의 '이혼혁명'으로 인해 이후 남녀 관계의 양상이 크게 달라졌을 뿐 아니라 삶의 방식을 선택할 기회가 훨씬 다채로워졌다. 미국의 가정, 특히 이혼 후 가정의 모습은 지난 40년에 걸쳐 훨씬 복잡하고 다양해졌다. 이렇게 복잡다단한 실상을 고려하면 단순하게 '이혼이 자녀에게 해롭다'거나 혹은 '이혼이 장기적으로 부정적 영향을 미치지 않는다'는 식으로 추론하려는 시도 자체가 잘못이다. 앞으로의 사례에서는 다양한 가정환경의 모습을 제시해, 자녀의 이혼 적응력이 지닌 복잡성과 맥락적 특징을 살펴볼 것이다.

헤더링턴(2006)은 최근 논문에서 이혼의 다양한 결과를 다시 한 번 강조했다. 헤더링턴은 이혼으로 인해 빈곤, 성인기의 심리 문제와 건강 문제, 서투른 자녀양육 같은 생활 스트레스가 늘어나긴 하지만 이혼 덕분에 갈등과 학대가 심한 환경에서 벗어나 새로운 사람들과 화목한 관계를 맺으면서 한 개인으로서 성장하고 개성을 찾을 수도 있다고 강조했다.

슈탈의 『그들이 잃어버린 사랑』

슈탈Stahl은 『그들이 잃어버린 사랑The Love They Lost』(2000)에서 이혼이 21세기의 사회 전반에 침투했다고 주장했다. 이 책에는 슈탈이 인터뷰한 이혼가정의 성인자녀 120명(20대에서 40대까지)의 경험담이 실려 있다. 슈탈은 본격적인 분석에 앞서 자신이 13살에 그녀의 부모가 이혼한 개인사를 밝히고 있다.

> 여느 이혼한 집 아이들처럼 나는 사춘기 내내 서로 싫어하는 부모님 사이에 끼어서 날마다 타협하면서 살았다. 나는 뭐가 뭔지 모르는 채 그 시절을 헤쳐 왔다. 그리고 한부모가정에서 살면서 양쪽 부모를 동등하게 신뢰하는 삶에 점차 익숙해졌고, 사람들의 의식에도 그런 삶의 방식이 조심스럽게 자리 잡았다. 집을 떠나고 나서야 깨달은 사실이지만 그사이 내 마음속에는 나름의 심리적 지형이 형성됐다. 내가 아무리 과거로부터 도망치려고 해도 그런 심리를 떨쳐낼 수는 없다.(2쪽)

슈탈(2000)의 주장에서 한 가지 중요한 핵심은 이혼이 아이들뿐 아니라 사회의 모든 구성원에게 영향을 미친다는 점이다. 이 문제는 6장에서 자세히 다루겠다. 여기서 학생들은 주변의 다른 가족들에게서도 목격되는 혼란에 대해서도 말한다. 슈탈은 이혼문화가 확산되면서 무엇보다도 불확실성이 커져서 일단 같이 살아보고 결혼하거나, 언제 할지 모른 채 마냥 결혼을 기다리는 사람이 늘어났다고 지적했다. 30대 초반일 때 슈탈은 자신이 미국의 이혼자녀 1세대였고, 이혼은 자기 세대의 삶의 모든 영역에 영향을 미치면서 그 세대의 일부로 굳어졌다고 강조했다. 슈탈은 "이혼은 우리 세대의 정신에 가시를 박아 놓아서 우리는 이혼을 중심으로 정체성을 확립한다"(9쪽)고 말했다.

슈탈(2000)의 책에서 응답자들의 다양한 의견의 핵심은, 이혼으로 인해 그들의 삶에 공백이 생겼다는 점이다. 이 책에서는 희망과 회복탄력성에 관한 사례를 4장에서 소개한다. 하지만 슈탈은 성장과 힘의 영역에는 별다른 관심을 두지 않았다. 슈탈은 응답자의 의견을 검토한 후 그들이 화목하게 잘사는 부부를 접한 적이 없다고 결론냈다. 모범적인 부부 모델을 아이가 보고 자라면 성인이 된 후 친밀한 관계를 맺는 것으로 보인다. 그런데 부모가 화목하지 않은데도 결혼생활을 유지한다면 아이는 어떤 부부의 모델을 보고 자라게 될까?

슈탈(2000)의 응답자가 보고한 수많은 부정적인 주제들과 부모의 이혼으로 인한 결과로 해석한 주제들을 표 1.2로 정리했다.

긍정적으로 보면 슈탈(2000)의 응답자 대다수가 남보다 일찍 철이 든 것은 분명하다. 자율성과 경제적 독립을 중시하는 태도 역시 그런 결과다. 이혼가정의 자녀들 가운데는 비록 자신도 이혼했지만 배우자에게 예의를 갖추고 자녀들의 요구와 감정을 존중하면서 이혼하는 법을 일찍이 터득했다고 대답한 사람도 많았다. 이들은 부모가 이혼하면서 보여준 안 좋은 모습을 거울삼아 교훈을 얻었다고 했다.

표 1.2 이혼이 성인자녀에게 미치는 부정적인 영향

- 감정을 느끼는 것을 두려워한다. 이런 심리적 무감각이 성인기까지 지속되는 경우가 많고, 간혹 이혼 덕분에 긍정적인 영향만 받았다고 거짓말하기도 한다.
- 사랑하는 사람에게 버림받을까봐 두려워한다. 부모가 헤어질 때 실제로 경험한 일들 때문에 생기는 두려움으로, 주로 부모가 몹시 고통스러운 방식으로 집을 떠났을 때 유기 공포를 느낀다.
- 이혼으로 가족에게 거는 기대가 무참히 무너지면서 혼란과 두려움, 분노를 느낀다. 특히 한쪽 부모가 외도하거나 가족에게 수치스러운 잘못을 저질렀다면 아이는 부모에게 비난과 분노를 터트린다.
- '어린 시절과 너무 빨리 작별해야 했다'고 느낀다.
- 권위에 반항하면서 품행 문제를 보이고, 학교에서 말썽을 피우고, 법적 문제를 일으키고, 성적인 관계에서도 문제를 일으킨다.
- 자율성과 경제적 자립을 중시한다.
- 사랑에 관해서 우유부단한 태도를 보인다.
- 부모 모두, 특히 성장기에 함께 살지 않은 부모를 받아들이기 힘들어한다.

출처: 슈탈, 『그들이 잃어버린 사랑』 중에서. New York: Delacourt Press.

아마토와 부스의 연구 그리고 『위기의 세대』

아마토와 부스(1997)는 둘 다 사회학자로 동료 연구자들과 함께 이혼가정의 아이들에 관해 귀중한 연구 결과를 내놓았다. 예를 들자면 아마토와 키스(Amato & Keith, 1991)는 일찍이 97편의 연구를 메타분석해 미취학아동부터 성인 초기까지 13,000명을 대상으로 한 연구를 바탕으로, '평균적으로' 이혼가정의 자녀가 초혼가정의 자녀에 비해 다소 불행하다고 밝혔다. 이혼가정의 아이들은 다른 아이들보다 학교생활에 제대로 적응하지 못하고 품행 문제를 보이고 부모와 갈등을 일으킨다. 하지만 이번에도 두 집단의 차이는 비교적 크지 않았다. 이혼 이외에 다른 요인이 아이의 적응에 강력한 영향을 미쳤을 가능성이 있다는 뜻이다. 2장에서 자세히 다루겠지만, 여기서는 다소 바람직하지 않은 아동발달의 가장 중요한 예측요인으로 부모의 무관심이나 부재, 경제적 결핍과 빈곤, 스트레스가 큰 생활 변화를 꼽을 수 있다. 자녀가 부모의 이혼과 재혼에 얼마나 잘 적응하는지를 알려주는 중요한 예측요인으로는 재혼으로 생긴 혼합가족이 자녀가 얼마나 이혼 스트레스에 대응하도록 도와주는가의 정도다(Coleman, Ganong, Fine, 2000; Lansford, Ceballo, Abbey & Stewart, 2001). 비록 쉽지는 않지만 의붓부모는 이제 그들의 새로운 가정에서 자기 역할을 찾아가는 법을 배울 수 있다. 시간이 오래 걸릴지 몰라도 좋은 예를 보여주는 혼합가족이 많다.

『위기의 세대 A Generation at Risk』(1997)라는 책에서 아마토와 부스는 무작위 선발한(연구자가 일반인구에 관해 결론을 끌어낼 수 있기 때문에 강력한 연구방법이다) 부모와 자녀 2,000명을 대상으로 종단 연구를 실시한 결과를 제시했다. 연구는 1980년부터 시작해서 추후연구를 실시한 1992년과 1995년까지 진행됐다. 응답자 정보는 전화 인터뷰로 수집했다. 부모 연령은 30대 후반~60대 초반이고, 자녀 연령은 19세~40세까지였다.

아마토와 부스의 연구(1997)에서는 화목하지 않은 결혼(응답자들이 정의한 개념으로, 항상 불화가 심하고 관계가 소원한 결혼)이 여러 면에서 자녀에게 해로운 것으로 나타났다. 아직 이혼하지는 않았지만 화목하지 않은 집에서 자라는 아이들은 부모와의 관계에서 문제가 많았다. 애정, 합의, 지지를 적게 보여주고, 연애에 어려움이 많고(데이트 횟수가 적고 관계에 문제가 많다), 결혼 후에는 결혼생활의 만족도가 떨어지고, 연애관계나 부부관계가 깨질 가능성이 비교적 높은 편이다.

불행한 결혼생활만큼 자녀에게 미치는 영향이 크지는 않지만 이혼가정의 아이들도 비슷한 양상을 보였다(Amato & Booth, 1997). 예를 들어 12~15년 후 이혼할 확률이 커지고 부모와의 관계가 원만하지 않고 학력과 직업수준이 낮으며 경제적 어려움이 생길 가능성이 증가하는 것으로 나타났다. 어느 정도 연령 효과도 나타나서 대체로 어릴수록 이혼이나 불행한 결혼생활에 상처받기 쉬웠다. 부모의 결혼만족도와 자녀가 성인이 돼서 느끼는 전반적인 행복도의 관계는 이 연구에서 볼 때 대체로 일치했다.

아마토와 부스(1997)는 어느 집단에서든 아버지가 자녀에게 관심이 많을수록 성인이 된 후 자녀와 아버지의 관계가 돈독할 뿐 아니라 자녀가 보다 통합된 모습을 유지한다는 결과를 얻었다. 두 연구자는 1993년에 가족휴가법Family Leave Act이 제정되면서 노동조건이

유연해지고 부모에게 여유시간이 생겨서 자녀양육에 힘쓸 수 있게 되어 바람직한 방향으로 한 단계 발전하고 있다고 강조했다. 나아가 이혼하더라도 부모가 협조적 관계를 유지하면 자녀가 성인이 돼서도 행복도가 높다고 설명했다.

한편 아마토와 부스(1997)는 협약혼인법Convention marriage legislation(일부 주에서 통과된 법안으로 이혼하기 어렵게 만든 제도. Hawkins, Nock, Wilson, Sanchez, & Wright, 2002 참조)을 비롯해 결혼제도를 강화하기 위해 마련된 공공정책이 이혼율을 낮추는 데 그다지 효과적이지 않다고 지적했다. 아무리 법을 어렵게 만들어도 불행한 부부를 함께 살도록 강제하지는 못한다. 이혼할 사람은 무슨 수를 써서라도(배우자의 불륜이나 학대를 거짓으로 꾸며서라도) 이혼하려 한다는 것이다. 나아가 결혼한 부부들 중 극소수(약 5퍼센트)만이 기회가 생기면 협약혼인제도를 이용한다는 연구 결과가 있다(Hawkins 등, 2002).

부스와 아마토(Booth & Amato, 2001)는 앞선 연구를 자세히 설명하면서 부모의 결혼생활이 향후 자녀의 삶에 영향을 미치기 때문에 결혼생활의 질이 중요하다고 강조했다. 두 연구자는 새롭게 시작한 종단 연구의 결과를 제시하면서 불화가 심하지 않은 결혼이 깨지면 자녀에게 여러 가지 부정적인 영향을 미친다고 지적했다. 이를테면 연애관계에 부정적인 영향을 미치고, 친구와 친지의 사회적 지지가 줄어들고, 전반적으로 심리적 안녕감도 떨어진다고 했다. 반면 불화가 심했던 부부가 이혼하면 자녀는 상대적으로 긍정적 영향을 받는 것으로 나타났다. 두 저자는 불화가 심한 결혼생활이 끝나면 피하고 싶고 스트레스가 심한 가정환경이 사라지기 때문에 자녀에게 되려

유리하다고 가설을 세웠다. 반면 오랫동안 불화가 겉으로 드러나지 않은 상태에서 이혼하면 아이들은 이혼을 예상하지 못한 터라 이혼을 반갑지 않고 통제하기 어려운 사건으로 여기고 엄청난 스트레스에 시달리는 것으로 보인다. 두 연구자는 이런 이혼은 자녀 입장에서는 안전하고 원만한 가정에 중대한 변화가 일어난 것으로 받아들인다고 지적했다.

그렇지만 부스와 아마토(2001)는 부모가 허구한 날 싸울 때 자녀가 받는 스트레스가 한부모가정에서 자라는 스트레스보다 훨씬 크다고 결론지었다. 이들의 결론은 이렇다. "요컨대 우리의 연구 결과에 따르면 이혼으로 인해 자녀가 받던 스트레스가 줄어드느냐 늘어나느냐에 따라 이혼이 유익할 수도, 해로울 수도 있다."(210쪽) 따라서 대체로 '위기의 세대' 개념은 한부모가정이나 일부 의붓부모가정에서 자라는 아이들만이 아니라, 불화가 심하고 결혼만족도가 낮은 가정에서 자라는 아이들에게도 적용된다.

앞서 언급한 에머리(1999)의 주장과 마찬가지로 아마토(2000) 역시 이혼가정 아이들에 관한 연구를 개관한 논문에서 이러한 결론에 도달했다.

> 결국은 1990년대 내내 끊임없이 논란을 불러일으킨 이혼논쟁으로 돌아오게 된다. 한쪽에서는 이혼이 온갖 사회문제에 중요한 영향을 미친다고 본다. 반면 다른 한쪽에서는 이혼이 대체로 바람직한 역할을 하면서 부모에게는 행복해질 수 있는 두 번째(혹은 더 나은) 기회를 주고 아이에게는 역기능적이고 회피하고 싶은 가정환경에서 벗어나도록 도

와준다고 본다. 1990년대와 그 이전에 수십 년 동안 축적된 연구를 종합해 보면, 양쪽 입장 모두 현실을 극단으로 몰아붙인다고 보는 편이 적절하다. 다시 말해 불안정한 결혼이 늘어나서 사회가 혼란에 빠지지도 않았지만, 반대로 자유와 자기실현의 황금기로 접어든 것도 아니다. 이혼으로 혜택을 보는 사람도 있고, 잠깐 불행해졌다가 시간이 지나면서 극복하는 사람도 있고, 인생의 내리막길에 접어들어 다시는 제자리로 돌아오지 못하는 사람도 있다. 이혼이 장기적으로 부모와 자녀에게 긍정적 영향을 미칠지, 중립적 영향을 미칠지, 부정적 영향을 미칠지 결정하는 요인을 꾸준히 연구해야 한다.(1282쪽)

학계의 다양한 목소리

이혼이 자녀에게 미치는 영향에 관한 학문적 연구에서는 그야말로 불협화음이 일어나고 있다. 앞에서 학계의 다양한 목소리를 선별해서 소개하고, 연구 결과와 결론에서 몇몇 중요한 차이를 살펴보았다. 앞으로도 이처럼 복잡한 주제를 참신하고 다양한 방식으로 접근하는 연구자가 늘어나면서 이런 혼란이 지속될 추세이다.

앞으로 소개하는 학생들의 사례에서도 드러나겠지만, 이혼이 자녀에게 미치는 영향에 관해 확실하고 모두가 동의하는 입장은 없다. 에머리(1999)나 부스와 아마토(2001)의 결론처럼 '상황에 따라 다르다'는 개념이 앞으로 소개하는 연구 자료나 사례에도 적용된다. 아마토(2000)가 마지막으로 제안하는 것처럼, 이혼이 부모와 자녀에게 미치는 영향의 강도와 유형을 확인하는 연구가 시급하다. 21세기의 첫 10년간 연구가 활발히 이루어질 것으로 보았지만 일단 연구를 시작해도 마무리하려면 더 오래 걸릴 것이다. 그 이유 중 하나는, 이혼의 효과는 상황에 따라 달라지므로 한 개인이 다양한 상황 변인(자녀의 성별, 부모가 관심을 보이는 정도, 방문권 합의, 사회경제적 지위, 이혼 후 변화)에 어떤 영향을 받는지 확인하려면 몇 년씩 걸리기 때문이다. 우리 연구에서 표본으로 선정된 이혼가정의 자녀 대다수는 부모의 이혼을 겪은 후 시간에 따라서 그로 인한 영향, 관심사, 불안의 대상을 제각각 다양하게 받아들였다. 어떤 학생들은 이혼의 영향을 떨쳐내고 진부한 과거로 치부했고, 어떤 학생들은 이혼의 영향과 기억에서 오랫동안 헤어나지 못했다. 또 어떤 학생들은 기억의 연속선에서 띄엄띄엄 기억했다. 현재로서는 젊은이나 30대 이상이 친밀한 이성관계에 적용할 수 있는 모범적인 결혼과 가족의 개인적 모델에 대한 연구가 시급하다. 이 책에 실린 사례에서도 이런 필요성이 엿보인다.

위험요인과 회복탄력성

이혼가정 자녀의 위험요인에 관해서는 광범위한 연구가 이루어지고 있다. 앞서 언급한 연구처럼 나이에 상관없이 자녀가 다양한 이혼 상황에서 어떻게 적응하는지에 관해서는 의견이 엇갈린다. 일반적인 연구문헌(예를 들어, Egeland, Carlson, & Stroufe, 1993; Luthar, 1991)에서는 이혼 초기에 상담을 비롯한 다양한 방법으로 개입하면 자녀가 부모 이혼으로 인한 예측불허의 변화에 적응하는 데 도움이 된다고 제안한다. 이는 대부분 아동과 청소년의 회복탄력성을 키워주는 데 관심 있는 부모나 교육자, 상담사에게 희망을 준다. 우리 연구에서도 응답자들이 보고하듯이, 아이한테는 긍정적 자산이 많으므로 보호자가 자녀의 이런 자산을 끌어내 이혼이라는 두려운 상황을 잘 헤쳐 나가도록 도와줄 수 있다.

아동과 청소년의 위험요인과 회복탄력성에 관한 희망의 목소리가 나온 배경에는 행동과학 분야에서 긍정적 결과를 강조하는 유명한 운동(긍정심리학적 접근; Snyder & Lopez, 2002)이 있다. 우리도 이런 접근법에 힘을 보태고자 한다. 우리는 이야기하기, 이야기 만들기의 가치에 주목해서 젊은 사람들이 이혼의 고통을 이야기하고 이혼으로 인한 상실감에 적응하는 특별한 여정을 털어놓도록 돕고 있다.

왜 상실과 성장에 주목하는가?

이 책에서는 이혼, 특히 이혼가정의 아이들에 관한 사회적 논의를 소개한다. '상실과 성장의 이야기'라는 하위 주제는 우리가 수집한 사례 전반을 아우르는 중요한 주제다. 이혼은 많은 사람의 가슴을 아프게 한다. 상실을 경험하게 하기 때문이다. 무엇보다도 우리는 특히 아이들의 마음에 상처를 주는 일을 두려워한다. 그럼에도 불구하고 이혼에는 또 하나의 확고한 진실이 있다. 동전의 뒷면인 '성장'을 이룬 학생들의 목소리에 귀를 기울이면 알 수 있는 진실이다. 바로 친밀한 관계라는 어려운 주제에는 쉬운 답이 없다고 깨달은 사람들의 이야기다. 이들의 이야기에는 주어진 능력을 십분 발휘하고 주어진 상황에서 최선을 다하려는 젊은 세대의 모습이 생생히 드러난다.

우리는 '이혼가정의 아이들이 부모의 이혼으로 씻을 수 없는 상처를 입는다'는 일반적인 주장에 도전한다. 이를 위해 젊은 학생들의 다양한 목소리를 소개하고, 사람마다 이혼에 대한 반응이 천차만별이란 사실을 보여주려고 한다. 또한 이혼으로 인한 고통과 혼란을 극복하면서 힘과 회복탄력성을 기르는 모습을 보여준다. 더욱 단단한 가족을 만들겠다는 희망과 의지는 학생들의 사례에서 꾸준히 드러나는 주제다.

> "한때는 내가 전처를 목숨보다 더 사랑한다고 생각했던 적이 있었어. 하지만 지금 나는 그녀 생각만 하면 욕지거리가 나올 만큼 그녀를 미워하고 있어. 그걸 어떻게 설명할 수 있겠나? 그 사랑은 도대체 어떻게 된 거지? ……난 그게 알고 싶어. 누가 속시원히 나한테 설명을 좀 해주면 좋겠단 말이야."
>
> (레이몬드 카버, 「사랑에 대해서 말할 때 우리들이 하는 이야기」 중에서, 1989)

이야기하기는 상호소통하는 행위로서
효과적인 사회적 사건이자, 앞서
언급했듯이 말하는 사람과 듣는
사람 모두에게 중요한 영향을 미친다.
이 책에서 제안하듯이, 의미를 찾고
이야기를 만들고 가까운 사람들에게
슬픔을 고백하는 행위는 상실을
자각하고 이해하며 직면하고 해결하기
위한 가장 중요한 방법 중 하나다.

2
이론적 관점 그리고 방법론

이 장에서는 학생들의 사례가 의미 있고 중요한 이유를 이해하는 데 도움이 되는 이론적 접근법을 살펴본다. 그리고 수많은 사례들 중에서 특정 사례를 선택한 근거를 제시하고, 사례를 수집, 분석, 보고하는 데 사용된 방법론을 설명한다.

또한 사례를 통해 추론하는 것과 관하여 몇몇 주의사항을 제시할 것이다.

이혼 변동성과 유동성 모형

이 책의 초판(한국어판은 개정판을 번역했다—옮긴이)이 출간된 후 마크 파인은 동료 연구자 데이비드 데모David Demo와 함께 부모-자녀가 이혼에 적응하는 몇 가지 양상을 설명하기 위한 이론적 모형을 개발했다. 그림 2.1에 제시한 이혼 변동성과 유동성 모형(DVFM 모형; Demo & Fine, 2010)은 이혼 적응력에서 두 가지 중요한 특징에 주목한다. (1) 아동, 청소년, 성인이 이혼을 경험하고 적응하는 방식에는 변동성이 크다. (2) 이혼 적응력은 시간이 흐르면서 달라질 수 있고 실제로 크게 달라진다는 점에서 유동적이다.

그림 2.1 이혼 변동성과 유동성 모형

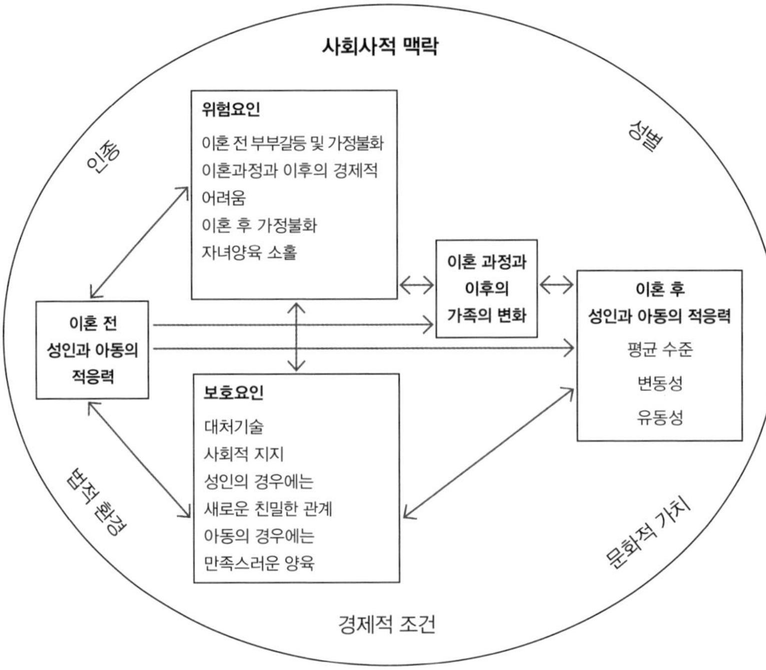

출처: Demo & Fine, 2009. *Beyond the average divorce.* Thousand Oaks, CA: SAGE Publications, Inc. SAGE Publications, Inc. 의 허가로 재인용함.

이혼 경험과 적응력의 변동성

이혼이 가족 구성원에게 미치는 영향에 관한 다양한 결론은 이혼 경험 집단과 이혼 미경험 집단을 대상으로 적응력을 측정하는 몇 가지 척도에서 얻은 평균값을 비교해서 추론한 것이다. 데모와 파인(2010)이 검토한 것처럼 대다수 '평균비교' 연구에서는 이혼을 경험한 아동, 청소년, 성인집단이 이혼을 경험하지 않은 집단보다 긍정적 적응 척도에서 유의미하게 뒤떨어진다는 결과를 얻었다. 하지만 그 차이는 상대적으로 적었다. 데모와 파인은 적응 점수에서 변동성(표준편차)이 나타나는 척도를 면밀히 검토하고, 사람들이 이혼에 적응하는 방식은 변동성이 크다고 밝혔다. 이를테면 원만하게 대처하고 이혼 후 심리적 고통을 크게 느끼지 않는 사람도 있고, 이혼하기 이전의 적응수준을 유지하는 사람도 있으며, 처음에는 적응하지 못하다가 시간이 지나면서 부쩍 좋아지는 사람도 있고, 단기간이건 장기간이건 끝내 적응하지 못하는 사람도 있다.

이 책에서 가장 중요한 주제이기도 한데, 데모와 파인(2010) 또한 질적 연구에서는 사람마다 이혼에 얽힌 경험이 천차만별로 나타난다고 밝혔다. 이 책에서 우리는 이런 수준의 변동성을 거듭 제시하면서 대학생들의 이혼 경험담을 분석해서 부각되는 주제를 차근차근 논의하겠다.

이혼 적응력의 유동성

DVFM의 두 번째 특징은 개인이 이혼에 적응하는 동안 발생하는 갖가지 변화를 반영한다는 점이다. 여기서 유동성이란 그저 시간에 따라 직선적으로 변화하는 양상을 의미하지는 않는다. 다시 말해, 처음에는 적응에 어려움을 겪지만 몇 년 사이에 이혼 이전(혹은 '기준치')의 적응수준을 회복하는 일반적인 양상만을 의미하지는 않는다. 오히려 우리는 이혼을 유동적인 과정으로 본다. 즉, 이혼에 적응하는 수준은 좋아졌다 나빠지기를 반복하고, 함께 사는 부모(와 그밖의 성인)에 대한 태도도 자주 변하고, 다른 지역이나 다른 집으로 이사하기도 하며, 가족들 사이의 역동dynamics과 관계가 달라지고, 사회적 지지망의 크기와 질이 떨어지기도 하고 강화되기도 하며, 이혼을 바라보는 관점이 달라지고(이혼의 '원인'에 대한 귀인 태도), 그밖에 삶의 여러 측면(이혼을 개인 정체성을 결정하는 중요한 요인으로 보는 정도)에서 변화가 일어난다. 한마디로 이혼과 무관한 사람에 비해 이혼을 경험한 사람 앞에는 훨씬 복잡한 삶의 궤도가 놓여 있다.

이혼 적응력의 변동성과 유동성에 영향을 주는 요인

이혼 적응력에 영향을 미치는 요인들 중에는 위험요인과 보호요인이 있다. 이혼 전의 불화가 심한 가족관계나 이혼 전, 이혼과정, 이혼 이후의 경제적 어려움 같은 위험요인은 아동, 청소년, 성인자녀에게 바람직하지 않은 결과를 초래할 가능성을 높인다. 반면에 높은 자존감, 능숙한 대처기술, 든든한 사회적 지지 같은 보호요인은 이혼으로 인한 스트레스에 원만하게 적응할 가능성을 높인다. 이혼의 변동성과 유동성 모형을 비롯한 스트레스에 관한 다양한 이론적 모형에서 나타나듯이, 이혼 적응력을 결정하는 것은 위험요인과 보호요인이 어느 정도 균형 잡혀 있느냐지, 위험요인이나 보호요인 중 어느 한쪽의 절대적 강도가 아니다.

이 책에 실린 학생들의 사례는 위험요인과 보호요인의 다양한 예를 보여준다. 앞으로 우리는 이혼 관련 경험이나 적응에 영향을 주는 위험요인과 보호요인에 주목한다.

맥락의 중요성

DVFM의 마지막 특징은 맥락에 주목한다는 점이다. DVFM에 따르면 이혼 적응력은 진공상태에서 생기는 것이 아니라 개인과 직계 가족을 둘러싼 외부의 다양한 맥락에 직접 영향을 받는다. 그림 2.1처럼 법적 환경, 문화적 가치, 성별이나 인종, 경제적 조건, 사회사적 맥락이 작용한다. 가령 학생들은 부모세대와 전혀 다른 법적 환경에서 이혼을 경험한다. 현재는 '쌍방무책임 이혼' 제도가 마련되어 과거보다 훨씬 이혼하기 쉬워졌다. 게다가 한쪽 배우자에게 지급하는 '이혼수당'이나 '배우자 부양비'가 과거에 비해 훨씬 적은 경우가 많아서 모자가정의 경제적 어려움은 더욱 가중된 듯하다.

이 책의 사례에서는 이혼이 발생한 사회적 맥락보다는 학생들이 부모의 이혼에 적응하면서 경험한 힘겨운 싸움과 극복의 이야기를 자세히 소개한다. 하지만 예리한 독자라면 사례를 통해 학생들의 이혼 경험에 영향을 미치는 요인과 환경에 대한 언급을 찾아낼 수 있을 것이다. 맥락은 이혼에 적응하는 경험에 중요한 영향을 미치므로 각 사례에 간략한 설명을 덧붙이겠다.

'이야기 만들기'의 이론적 관점

DVFM는 대학생들의 이혼 경험을 이해하는 데 도움이 되는 이론적 틀을 제공한다. 하지만 이 모형을 효과적으로 활용하려면 모형에 포함된 각 변인에 관한 정보를 얻기 위한 방법론적 접근이 필요하다. 학생들의 경험을 평가하는 데 효과적인 방법론적 전략은 무엇일까? 우리는 존 하비와 동료들이 '이야기 만들기account-making'라고 지칭한 접근법을 택했다(예: Harvey, Weber, & Orbuch, 1990; Orbuch, 1997). 하비 등(1990)은 '이야기 만들기'를 삶에서 중요한 사건을 이야기 형식으로 설명하고 기술하고 정서적으로 반응하는 행위(4쪽)라고 정의했다. 이야기 만들기는 대개 혼자 생각하는 데서 시작해서 마음 맞는 상대에게 이야기 형식으로 전달하는 과정이다.

이야기 만들기 방법을 정확히 파악하려면 우선 사람은 누구나 이야기꾼이라는 사실을 알아야 한다. 이야기는 인간의 기본 능력이다(Coles, 1989). 보흐너, 엘리스, 틸만-힐리(Bochner, Ellis, & Tillmann-Healy, 1997)가 지적하듯이 우리는 이야기를 통해 살아가면서 경험하는 사건들을 이해한다. 나아가 이야기는 우리가 경험하는 '객관적' 현실을 반영하고 경험의 해석틀을 제공한다. 즉, 이야기는 경험을 묘사하는 동시에 경험을 이해하는 틀을 제공한다(Bochner 등, 1997).

누구나 기억의 저장소에 수많은 이야기를 간직한다. 사람은 남들에게 자신의 이야기를 하면서 독특한 경험에 이름을 붙이고 의미를 찾는다. 그리고 친한 친구에게 이야기의 유산을 물려주기도 한다. 친구나 이야기를 들어주는 상대는 다시 새로운 이야기꾼이 되어 자기가 들은 이야기를 재구성하면서 사건에 대한 나름의 문제의식과 해석을 결합한다. 따라서 어떤 이야기도 다시 전달될 때는 처음과 똑같지 않다.

스트레스에 대처할 때 특히 중요한 방법으로 상실의 경험을 이야기로 만들어서 가깝게 지내는 친근한 사람들에게 털어놓는 방법이 있다. 이혼을 비롯한 관계 상실에 관해 이야기하는 방법에 관해서는 학계의 중요한 연구들이 있다(Ellis, 1995; Orbuch, 1997; Weiss, 1975). 중요한 상실을 경험할 때 친한 사람들에게 속내를 털어놓는 행위는 상실에 대처하고 적응하는 데 반드시 필요한 방법이다. 대개 말하는 사람과 듣는 사람 모두 상실에 관한 이야기를 털어놓으면서 서로를 위로한다. 이야기하기는 상호소통하는 행위로서 효과적인 사회적 사건이자, 앞서 언급했듯이 말하는 사람과 듣는 사람 모두에게 중요한 영향을 미친다. 이 책에서 제안하듯이, 의미를 찾고 이야기를 만들고 가까운 사람들에게 슬픔을 고백하는 행위는 상실을 자각하고 이해하며 직면하고 해결하기 위한 가장 중요한 방법 중 하나다. 실제로 이 책에서도 학생들이 개인사를 털어놓으면서 시도한 방법론이다.

학생들의 이야기는 외부 현실을 있는 그대로 반영하지 않는다. 그 내용은 개인의 가치관이나 태도, 관점이나 성향에 영향을 받는다. 가치관이나 태도 같은 요인들은 어떻게 생길까? 보흐너 등(1997)은 규범의 이야기canonical narrative와 개인의 이야기personal narrative를 분류했다. 규범의 이야기는 특정 문화에서 사회적으로 용인되는 이야기로, 일례로 한번 결혼하면 평생 행복하게 살아야 한다고 강조한다. 반면에 개인의 이야기는 개인이 만들고 사람들과 나누기로 선택한 이야기다. 보흐너 등(1997)에 따르면 개인의 이야기는 일반 규범의 제약에 저항하는 방식으로 서술된다. 보흐너 등(1997)은 이렇게 설명했다. "개인의 이야기에서는 사소하거나 이례적이거나 특별한 경험에 권위를 주고 정당성을 부여하려고 시도한다. 대립적인 이야기의 역할을 자처하면서 규범의 이야기를 개혁하거나 전복하려고 시도한다."(315쪽) 우리는 이 책에 학생들 개인의 이야기를 실으면서 이것은 학생들이 정전이나 규범의 교훈에 저항해 서술한 이야기라는 사실을 충분히 이해하고 있다. 따라서 그들은 개인의 이야기 속에서 사회적 규범에 관해 나름의 해석을 가하고 있다. 이를테면 강의시간에 초청 강연자에게 들은 이야기, 주디스 월러스틴Judith Wallerstein의 저서를 비롯한 유명한 연구문헌들, 가족이 어떻게 굴러가야 하는지에 대한 나름의 시각, '좋은' 이혼이란 어떤 것인지에 관한 나름의 의견을 제시한다. 따라서 학생들의 사례를 읽을 때는 그들의 이야기가 관계나 관계 상실, 가족의 상호작용이나 이혼처럼 가족에 얽힌 현상에 관한 문화적 틀에 영향을 받은 이야기라는 사실을 기억하길 바란다.

학생들의 목소리—이야기를 어떻게 수집하고 분석했는가?

3장부터 소개하는 사례나 발췌문은 1990년대 중후반에서 2008년까지 존 하비의 강의실에서 수집한 1,200여 편의 사례에서 선별한 것이다. 즉, 1995년에서 2002년 사이에 수집한 900여 편의 이야기에서 선별해서 이 책의 초판에 수록했고, 2002년에서 2008년 사이에 수집한 300여 편의 이야기를 다시 선별해서 이 개정판에 추가했다.

존 하비는 아이오와대학교에서 '친밀한 관계'와 '상실과 외상'에 대한 두 개의 강의를 진행하면서 학생들에게 이혼이 모든 당사자에게 미친 장단점에 관해 원하는 만큼 글을 써서 제출하게 했다. 또 이혼이 학생 본인과 형제자매들에게 어떤 영향을 미쳤는지 구체적으로 설명해달라고 요구했다. 강의시간에 75분간 글을 쓰고 강의가 끝난 후에도 원하는 만큼 이야기를 완성할 수 있었다. 이야기 만들기 작업은 (각 강의에서 어느 정도 다룬 주제인) '이혼가정의 아이들' 강의의 참고문헌에 관해 토론한 다음에 진행된다. 대략 학기가 시작하고 한 달 정도 지난 후에 시작된다.

존 하비는 처음 900편의 사례를 정리하기 위해 대학원생 4명과 13년 이상 수집한 사례를 분류하여 네 개의 범주를 찾아냈다. (1) 부정적 주제를 부각시킨 사례(3장의 '절망의 목소리'), (2) 긍정적 주제를 부각시킨 사례(4장의 '희망의 목소리'), (3) '한쪽 부모를 잃는 문제'를 부각시킨 사례(5장의 '아버지 부재'에 관한 이야기), (4) 가족의 역기능과 적응에 주목한 사례(6장의 '가족의 혼란과 회복탄력성'에 관한 이야기)가 있다. 존 하비와 대학원생들은 범주마다 대표적인 사례 10~20편을 골라 각 범주의 주제와 관련성이 높은 순서로 배치했다. 사례를 검토한 사람들 사이에 의견이 엇갈리면 충분한 토의를 거쳐 합의를 끌어냈다. 이 책에는 각 범주를 대표하는 사례들을 각 장에 실었다.

2002년에서 2008년 사이 존 하비는 강의에 참여한 학생들에게서 가족의 이혼에 관한 사례 300여 편을 추가로 재수집했다. 지난번처럼 학생들은 대학교 2학년~4학년까지, 나이로는 19세~22세까지 분포했다. 자료수집 전반에 해당되지만 추가된 사례에도 중요한 한계가 있다. 이혼이란 주제를 명시한 강의계획표를 보고 나서 강의에 등록한 학생들에게서 수집한 정보라서, 같은 연령대의 출생동기집단보다 이혼가정의 아이들이라는 강의 주제를 잘 알고 민감하게 반응한다는 점이다. 그뿐만 아니라 학생들 대다수가 백인 중산층이라 전체 모집단에는 드러나지 않는 인종과 계층 편향이 나타날 수도 있다.

존 하비는 추가수집한 300여 편의 사례를 내용 분석해서 1차 사례들에서 찾아낸 주제에 들어맞는 사례인지 결정했다. 내용 분석 결과, 지난번처럼 희망과 절망, 가족의 혼란이라는 주제가 재확인됐고, 아버지 부재는 변형된 형태로 나타났다. 과거에 비해 어머니와 접촉이 적거나 아버지 손에서 자란 집단이 커졌기 때문에 '아버지 부재' 범주를 '부모 부재'로 변경했다. 3~6장에서는 각 주제를 순서대로 자세히 소개하고, 300여 편의 추가사례를 분석한 결과를 기준으로 주제와 양상에서 몇 가지 변경된 사항을 반영했다. 7장에서는 300편의 추가사례에서 얻은 새로운 통찰을 집중적으로 다루었다.

다시 강조하지만 사례는 이 책에 실릴 수 있다는 사실을 미리 알리고 학생들의 동의를 구한 다음에 수집했다. 그리고 이름이나 신분을 노출시킬 만한 정보를 모두 바꾸어서 학생들의 신분을 보호했다. 또한 이 책에 실린 사례는 존 하비의 강의에서 대학당국의 승인을 얻은 연구를 실시하면서 학생들이 선택할 수 있는 보조과제 형식으로 수집한 것이다. 가급적이면 보고서 원본을 그대로 실었다. 장문의 사례를 하나도 손대지 않고 싣거나, 짧게 축약해서 싣기도 했다.

학생들의 사례에서 주의할 점

이혼 경험에 관한 사례에서 추론할 때 몇 가지 주의할 점이 있다. 1장에서 밝혔듯이 이 책은 대체로 에머리(1999)의 결론에 동의한다. 에머리는 이혼으로 인해 아이는 스트레스를 받고, 적응에 문제를 보일 가능성이 높아진다는 것, 대다수 아이들이 이혼을 경험하면서 회복탄력성을 보이고, 이혼은 엄청난 고통을 불러일으키며 불쾌한 기억을 남기고, 이혼 후 가족관계의 성질이 아이가 이혼에 얼마나 잘 대처하는지를 결정하는 데 중요한 역할을 한다고 결론 내리고 있다.

에머리의 결론에 동의한 결과, 몇 가지 주의할 점이 생겼다. 첫째, 이혼은 본질적으로 상실 경험과는 불가분의 관계다. 따라서 이 책의 중요한 주제가 고통, 비탄, 슬픔 가운데 하나라는 점이 놀랍지는 않다. 이혼의 '긍정적' 측면에 주목한 사례에도 대부분 불쾌하거나 불행한 경험이 배경에 깔린다. 하지만 유쾌하지 않은 기억과 고통을 보고한다고 해서 그 학생이 반드시 심각한 적응 문제를 보일 것으로 추론해서는 안 된다. 오히려 에머리(1999)가 지적한 회복탄력성을 고려해서, 이혼으로 인한 고통을 보고한 학생들 대부분은 비교적 건강하게 적응한다고 예상해야 한다.

둘째, 학생들의 사례에 의미와 중요성이 담겨 있긴 하지만 한 개인이 특정 시점에 이해한 경험만 반영하는 이야기라는 사실을 잊지 말아야 한다. 다른 가족 구성원은 전혀 다른 시각으로 이혼을 바라보고 기억할지도 모른다. 학생들의 기억이 '객관적' 현실을 정확히 반영한다고 단정해서는 안 된다. 따라서 사례를 읽으면서 실제로 무슨 일이 있었는지 판단하려 들지 말고 학생들 고유의 현상학적 경험 자체를 이해하려고 시도해야 한다.

셋째, 학생들이 부모의 이혼에 관해 이야기한 시점은 20대 초반이다. 앞으로 10년, 20년, 30년이 지나도 똑같이 생각하고 똑같은 의견을 내놓을까? 그럴 것 같지는 않다. 생각은 시간이 지나면서 바뀔 가능성이 크다. 새로운 경험이 추가되면서 이혼에 관한 일부 기억과 견해를 재구성하기 때문이다. 하지만 얼마나 변하고 어떤 방향으로 달라질지 가늠하기는 어렵다. 이 문제에 관해서는 아직 확실한 증거가 없다. 그럼에도 학생들의 사례는 이혼을 이해하려는 사람들에게 여전히 도움이 된다. 이혼한 시점에서의 학생들의 생각이 담겨 있고, 그런 중대한 순간에 그들이 이혼 경험에 부여한 의미가 평생에 걸쳐 (그들 자신과 다른 사람들에게) 중요한 영향을 미치기 때문이다.

넷째, 이 책에서 소개하는 학생들이 부모의 이혼을 감당하는 세상 모든 젊은이를 대변하는 것은 아니다. 여기 실린 사례는 주로 백인 중산층 자녀들의 사연이다. 문화적 배경이 다른 집단의 사례에서도 동일한 주제와 결론을 끌어낼 수 있을지는 알 수 없다. 다른 인종이나 소외계층, 저소득층 자녀들은 이혼을 어떻게 경험하고 어떤 영향을 받는지에 대한 구체적인 정보가 꼭 필요하다. 더욱이 이 책의 학생들은 아이오와대학교에서 '친밀한 관계'와 '상실과 외상'을 다루는 존 하비의 강의를 들으며 이 주제로 공부한 학생들이다. 그것만으로도 부모의 이혼을 겪은 보통의 젊은이들과는 처지가 다르다. 한편 마크 파인은 미주리대학교에서 '이혼과정'을 가르치면서 구체적인 경험담을 수집하지는 않았지만 학생들의 보고서나 강의실 토론에서

들은 이야기 몇 가지를 이 책에 수록했다. 이들 역시 부모의 이혼을 경험한 모든 사람을 대변하지 못할 수 있다.

마지막으로 학생들이 경험담을 들려달라는 요청을 받는 순간, 부모의 이혼에 관해 평소에 생각하지 않는 통찰(결국에는 이야기)을 떠올렸을 수도 있다. 특히 비교적 최근에 보고서를 제출한 응답자들은 월러스틴 등(2000b)의 주장을 미리 접했을 가능성이 있다. 다시 말해, 이혼가정 아이들한테는 부모가 불행하더라도 불화가 심하지 않은 결혼을 유지하는 편이 낫다는 주장을 배웠을 수 있다. 결과적으로 응답자들의 반응이 외부 의견에 의해 오염됐을 가능성이 있다. 한편 학생들은 사례를 쓰면서 강의시간 토론에서 가족의 이혼에 관해 나눈 이야기를 바탕으로 자기 견해를 밝혔다. 다른 사람의 생생한 경험담을 듣고 그에 반응하여 사례를 쓴 학생도 적지 않았다.

이상의 몇몇 중요한 주의사항을 고려하더라도 이들의 사례를 통해 아이가 부모의 이혼과정에서 어떤 경험을 하는지 충분히 파악할 수 있다. 우리가 아는 한 이혼가정 아이들의 사례를 이만큼 방대하게 수록한 책은 없다. 책의 주제가 상당히 보편적이긴 하지만 사례에서 드러나는 미묘한 차이를 보면 우리의 연구에 경험담을 제공한 수많은 젊은이의 경험이 얼마나 다채로운지 알 수 있다.

어느 날 갑자기 이 학생의 가족은
더 이상 한 덩어리가 아니게 되었다.
이 학생 앞에는 새롭게 감당해야 할
현실이 놓였는데, 완벽하기는커녕
정상이지도 않은 모습이었다. 그리고
뜻밖의 일들이 벌어졌다. 양육권을
넘겨준 한쪽 부모를 만나기 위해
먼 길을 여행하고, 경제적 어려움에
처하고, 친구들이나 남들이 손가락질
할 것이라는 수치심에 시달렸다.

3
절망의 목소리

"내게 이혼은 법적인 가족해체 이상의 의미가 있다.
이혼은 심리적 고통, 변화, 부정적 생각과 감정을 의미한다."
—어느 남학생의 이야기

여기에서는 다양한 혼란의 양상, 상실의 과정, 전반적으로 절망적인 사례들, 육성들을 소개한다. 각 사례에 대한 해설이 표현한 절망, 혼란스런 감정, 분노는 월러스틴 등(2000b)이 언급한, 사람들이 인지하는 상실의 유형에 비견할 만하다. 응답자들은 부모가 이혼을 결정한 이후 그들의 삶에 스며든 혼란과 광기의 행동양상을 말하고 있다. 이 3장의 사례는 '부모의 부재'를 다루는 5장과 밀접히 연결되어 있다. 대다수의 학생들이 한쪽 부모의 부재를 강렬하게 체험하기 때문이다.

아래 항목을 보면 알 수 있듯이, 이 장의 주제는 대체로 음울한 이야기로, 쓰라린 고통을 절감한 이야기부터 관계에 대한 신념과 생각에 변화가 일어난 이야기(예를 들어, 낭만적인 사랑을 비웃거나 완벽한 가정을 믿지 않는다)까지 실로 다양하다.

표 3.1 학생들의 사례에서 드러나는 절망에 관한 주요 주제

- 충격과 환멸.
- '완벽한 가족'의 최후.
- 이혼 후 가족에게 몰아친 혼란과 광풍.
- 경제적 어려움과 방문권 문제.
- 화가 난 부모 사이에 자신이 끼어 있다는 느낌.
- 가족이 찢어지는 것에 대한 깊은 슬픔.
- 전반적인 인간관계와 친밀한 관계에 대한 냉소적인 태도.
- 이혼가정 아이들의 숨길 수 없는 고통.

첫 번째 사례는 21살 남학생의 이야기로, 부모의 이혼으로 인한 충격과 환멸의 감정이 생생하게 드러난다.

충격 그리고 환멸

어렸을 때 적어도 내가 살던 지역에서는 아직 이혼이 금기시됐다. '정상적인' 아이들은 부모와 함께 한집에서 살았다. 우리 부모님은 15년 동안 결혼을 이어갔는데 그중 8년은 행복했다고 엄마는 말한다. 형과 나는 부모님의 결혼생활을 속속들이 알지는 못하고 그저 두 분이 행복했다고 생각했다. 20살이 되고 부모님이 이혼한 지도 8년 가까이 지난 지금에야 조금 선명해졌다.

엄마는 임신하고 곧바로 결혼했다. 엄마가 19살, 아버지가 20살이었다. 두 분은 만나서 2달 만에 임신하고 6개월 만에 결혼식을 올렸다. 말 그대로 전형적인 '속도위반 결혼', 임신해서 마지못해 하는 결혼이었다. 하지만 어릴 때는 그런 줄 몰랐고 짐작도 못했다. 부모님은 내가 아는 한 누구보다도 행복한 한 쌍이었다. 두 분이 떠밀려서 결혼한 줄은 꿈에도 몰랐다.

부모님이 이혼했을 때 나는 뒤통수를 맞은 기분이었다. 아이마다 이혼으로 받는 영향은 다르다. 가령 형은 엄마와 거리를 두고 차갑게 대했다. 속마음을 꽁꽁 숨겨두기로 한 것이다. 형은 우리 집 상황에서 한 발 벗어나 있었다. 반면에 나는 몹시 슬펐다. 아까도 말했듯이 부모님의 결혼이 완벽해 보였던 터라 도무지 납득되지 않았다. 나는 친구도 만나지 않고 잠도 제대로 못 자면서 밤낮 울기만 했다.

부모님의 이혼을 겪고 배운 것이 있다면 관계란 노력해야 유지된다는 사실이다. 나는 부모님께 몇 번이나 "조금만 더 노력해보시면 안 돼요?"라고 애원했다. 그러다 결국 부모님으로부터 이미 5년 전부터 온갖 노력을 다 해보았다는 말을 들었다. 살다보면 언젠가 노력은 넘치고 사랑은 모자라는 때가 온다. 그러면 서로가 인정하는 관계가 되지 못한다.

이혼가정의 아이들은 은연중에 부모의 이혼을 연애나 다른 인간관계와 결부시킨다. 나는 부모님이 이혼했을 때 나라면 자식을 낳은 후에는 절대 이혼하지 않겠다고 맹세했다. 요즘의 높은 이혼율을 생각하면 지나치게 순진한 생각일 수 있지만 꼭 그렇지만은 않을지도 모른다. 가령 나는 연애할 때 최대한 신중하게 결정할 것이다. 내가 누굴 만난다면 함께 살면서 내가 의지할 만한 사람일 것이다. 진심으로 원하고 평생 함께하고 싶은 사람이라는 확신이 들지 않으면 결혼식장에서 "네, 그렇게 하겠습니다"라고 서약하지 않을 것이다. 상황에 떠밀리거나 즉흥적으로 결혼을 결정하지 않고 심사숙고해서 결정할 것이다. 나도 이혼할지는 모르지만 적어도 이혼을 막으려고 최선을 다했다고 자신할 수는 있을 것이다.

반면에 형은 요즘 혼자 살까봐 두려워하면서 동시에 한 사람에게 얽매일까봐 겁낸다. 형은 사랑하는 사람과 헤어지기 전에 또 다른 사람을 만나기 시작한다. 부모님의 이혼으로 큰 충격을 받은 것 같다. 그런데 내 하우스메이트는 3번 이혼한 엄마 밑에서 자랐지만 한 남자와 4년간 사귀었고 나중에 결혼할 계획도 있다. 우리 이혼가정의 아이들이 관계 맺는 방식은 대체로 부모의 관계에 따라 달라지고 부모의 이혼에 어떻게 대처했는지에 따라 달라진다. 이혼가정의 아이들은 준비되지 않은 상황에서 충격을 받고 환멸을 느끼는 것 같다. 같은 사건이라도 아이들의 삶에서는 다양한 수준으로 영향을 미친다. 나 또한 그렇게 영향받고 있다.

해설

이 사례에서 말하는 '환멸'이라는 감정은 마크 파인의 강의에서 이혼의 영향에 관해 토론하는 중에도 간접적으로 드러났다. 마크 파인은 '이혼과정'을 다루는 강의를 시작할 때, 보고서 과제를 내주면서 이혼절차가 지금보다 수월해져야 하는지 반대로 어려워져야 하는지에 관해 학생들이 의견을 펼치도록 했다. 학기 초반에는 대다수의 학생이, 부모가 결혼생활을 유지하는 학생들까지 이혼절차를 더 까다롭게 만들어야 한다고 주장했다. 이혼가정의 학생들은 부모의 이혼 때문에 그들에게 '장기적으로' 나타나는 몇 가지 결과를 근거로 제시했다. 예를 들어, 남보다 일찍 철이 들어야 하고, 한쪽 부모나 부모 모두에게 분노를 품거나 멀어지고, 경제적으로 어려워지고, 연애가 잘되리라는 기대를 삐딱한 시선으로 바라보게 된다. 그러나 학기말쯤 되면 대다수가 이혼절차를 수월하게 만들거나 적어도 더 어렵게 해서는 안 된다는 쪽으로 입장을 바꾼다.

'완벽한 가족'의 최후

여러 사례에서 알 수 있듯이 어떤 학생들에게는 가족의 이혼이 비교적 짧은 생애에서도 아주 오래전에 벌어진 일이다. 하지만 누군가에게는 최근의 일이다. 최근에 부모 이혼을 경험한 사례에서는 고통이 생생히 살아 있다. 다음 사례에서 20살 남학생은 부모가 이혼을 결정한 후 3년간 느꼈던 상처와 상실감을 털어놓고 있다.

> 우리 부모님은 이혼 전에도 6개월 정도 별거를 한 터라 이혼한다는 말을 듣고도 나는 크게 놀라지 않았다. 그런데 충격적이게도 이번에는 정말로 돌이킬 수 없는 결정이었다. 엄마와 아빠가 다시 함께 살기를

바라는 마음은 '가족회의'가 열린 짧은 시간 동안 산산조각 났다.

나는 늘 조용한 아이였다. 예의 바르고 성실하다고 친구 부모님들이 좋아하는 아이였다. 나는 규칙을 잘 지키고 집에 늦게 들어오는 법이 없고 항상 숙제를 다 해놓고 야구연습을 하러 갔다. 잘난 척하려는 건 아니지만 그 정도로 착한 아이였는데…….

언젠가 제일 친한 친구가 나한테 자기는 우리 집이 완벽한 줄 알았다고 말한 적이 있다. 부모님이 함께 살 때는 그렇게 보였다. 좋은 집에 살고 휴가 때마다 가족여행을 떠나고 남부럽지 않게 살았다. 부모님이 정확히 무슨 이유로 이혼했는지는 중요하지 않다. 사실 지금도 잘 모른다. 내가 아는 것이라고는 부모님의 이혼으로 내 마음속 분노가 걷잡을 수 없이 커졌다는 사실이다. 이제는 부모님이 얼마나 고통 속에서 살았는지 알고 있기에 그들에게 화가 난 것은 아니었다. 그렇지만 나는 마음속에 분노가 끓어올라 어찌할 바를 몰랐다. 성적은 바닥을 쳤다. 나는 말썽을 부리기 시작했는데 아마도 관심을 가져달라는 몸부림이었던 것 같다. 경찰서에도 몇 번 드나들었다. 나는 심한 분노발작을 일으켰다.

2년이 지난 지금 생각해보면 그때 내가 한 짓들이 부끄럽다. 가족들은 내가 제정신이 아니었다고 생각했다. 나는 엄마가 집을 나설 때마다 몇 시간이고 하염없이 창밖만 내다보면서 엄마가 돌아오길 기다렸다. 영영 돌아오지 않을지도 모른다고 생각했던 것 같다.

그때는 하루에 4시간 자면 많이 잔 거였다. 어느 날인가 늦은 밤, 엄마가 형한테 내 걱정을 하는 소리가 들렸다. 엄마는 내가 비참한 심정이라는 것을 알았다. 엄마와 아빠는 나를 붙들어 앉히고 상담을 받아보자고 설득했다. 그 말에 나는 불같이 화를 냈다. 부모님은 더 이상 상담 얘기를 꺼내지는 않았지만 나 때문에 몹시 힘들어하는 것 같았다. 돌이켜보면 그때 나는 부모님의 마음을 아프게 하고 싶었다. 이혼하려는 사람들은 그들이었으니까.

시간이 더 흐르고 나도 많이 진정되기 시작했다. 서서히 기분이 풀렸다. 생활도 원래대로 돌아오기 시작했다. 그러니까 엄마가 남자를 사귀기 전까지는 그랬다는 말이다. 뭐, 그건 또 다른 이야기다. 어쨌든 이 글을 쓰게 되어 기쁘다. 속마음을 한꺼번에 펼쳐보기는 처음이다. 그동안 마음속에 꾹꾹 눌러놓기만 했다. 그리고 고통스러웠다.

해설

이 사례에는 우리 연구에 참여한 수많은 학생들의 이야기가 모두 담겨 있다. '정상적'이고 아무 문제도 없어 보이던 가정에 금이 갈 때 자녀가 얼마나 큰 고통과 상실감을 느끼는지 잘 보여준다. 어느 날 갑자기 이 학생의 가족은 더 이상 한 덩어리가 아니게 되었다. 이 학생 앞에는 새롭게 감당해야 할 현실이 놓였는데, 완벽하기는커녕 정상이지도 않은 모습이었다. 그리고 뜻밖의 일들이 벌어졌다. 양육권을 넘겨준 한쪽 부모를 만나기 위해 먼 길을 여행하고, 경제적 어려움에 처하고, 친구들이나 남들이 손가락질할 것이라는 수치심에 시달렸다. 그리고 머지않아 부모가 다른 이성을 만나는 것도 지켜보고 심지어 재혼가정을 받아들여야 할 수도 있다.

다음 사례에서는 22살 남학생이 자신의 가족을 잃어버리면서 완벽한 가정에 대한 환상과, 가족은 평생 함께 살리라는 기대까지 모두 잃어버린 이야기를 들려주고 있다. 이 학생의 이야기는 자기한테 가족이 얼마나 중요하고 심지어 신성한지 강조하는, 더군다나 이혼 가정에서 '지옥'과 같은 생활을 해보고도 그렇게 생각하는 사람들의 이야기와 유사하다. 이들은 가족이 이혼할 때 추악한 모습을 지켜본 터라, 친밀한 관계 속에서 안심하지 못하고 관계를 유지하려면 더 많이 헌신해야 한다고 생각했다.

가족은 내게 그 무엇보다도 중요하고 언제나 그런 존재였다. 나는 어릴 때부터 사랑하는 가족의 따뜻한 품속에서 자라왔다. 역사적으로 많은 문화권에서 가족을 삶의 중심이자 개인의 행복으로 여겨왔다. 20세기 초중반까지는 결혼을 '죽음이 갈라놓을 때까지 함께하는 것'으로 믿었다. 이혼은 나약함의 표시이자 미국사회에서 금기시된 일이었다. 사람들은 결혼을 자녀 둘과 차 한 대와 집 한 채가 있는 아메리칸드림의 일부로 보았다. 나는 늘 '완벽한 삶' 속에서 아메리칸드림을 실현하고 있다고 믿었는데 어느 날 갑자기 수많은 아이들이 두려워하는 두 글자를 들었다.

우리 부모님은 내겐 1960년대 초반의 아메리칸드림을 상징하는 분들이었다. 그들은 친구들 소개로 맺어진 고교생 연인이었는데, 연애를 시작할 때 아빠는 고등학교 2학년생, 엄마는 1학년생이었다. 엄마 말로는 그 당시 아빠는 누구보다도 마음이 넓고 예의 바른 사람이었다. 엄마네 집은 노동계층이고 아빠네 부모님은 부유층이어서 애초에 두 분이 연애를 시작한 것도 흥미로웠다. 더욱이 우리 친할아버지는 외할아버지의 직장 상사였다. 두 분은 우리 부모님이 아주 어릴 때부터 같은 직장에 몸담고 있었다. 부모님은 연인으로 사귀다가 엄마가 고등학교를 졸업하자마자 결혼하기로 결심했다. 결혼 후 두 분은 양가 부모님이 사는 일리노이 남부를 떠나 시카고로 옮겨서 학교도 다니고 직장도 구하기로 했다. 시카고로 옮겨온 지 얼마 지나지 않아서 아빠가 베트남전에 징집됐다는 우울한 소식이 날아왔다. 부모님은 다시 일리노이 남부로 돌아가서 언제 만난다는 기약도 없이 헤어져야 했다. 두 분에게는 그때가 인생에서 가장 힘든 때였고, 강제로 이별해야 했기에 그 어느 때보다 가까워진 느낌이었다고 한다. 천만다행으로 아빠가 베트남에서 살아 돌아왔고, 두 분은 다시 시카고로 돌아와서 학교에 다녔다. 아빠는 큰 텔레비전방송국의 좋은 자리에 들어가 카메라맨으로 일하기 시작했다. 그리고 1970년대 초에 형이 태어나자 당장 가정을 꾸리기로 했다.

나는 자라면서 가족과 친구만 있으면 행복한 인생이라고 믿었다. 나는 시카고의 중산층 가정에서 세 자녀 중 막내로 태어났다. 나보다 한참 위인 형과 나보다 다섯 살 많은 누나가 있었다. 우리는 동네에서 친구들에 둘러싸여 자랐다. 부모님이 친구나 친척들을 불러 파티를 열고 모두 모여 즐거운 한때를 보내던 기억이 난다. 우리는 이웃과 사이좋게 지냈고, 같이 휴가를 떠나거나 주말에는 누구네 집의 호숫가 별장으로 놀러 갔다. 부모님은 사랑하는 사람들과 어울려 지내는 것이 중요하다고 항상 강조했다.

엄마는 아주 다정한 분으로 내가 어렸을 때부터 간호사로 일했다. 늘 따뜻한 마음씨로 사람들의 마음을 어루만져주었다. 엄마에게는 간호사가 천직인 것 같았다. 어렸을 때 나는 엄마가 일하러 가면 너무 보고 싶어서 엄마의 잠옷을 뒤집어쓰곤 했다. 아빠는 우리가 어렸을 때 사업을 시작해서 잘 운영하다가 내가 중학교에 다니던 무렵에 회사를 팔았다. 아빠는 내게 늘 자랑스러운 분이었다. 아빠는 자식들을 잘 돌봐주고 쉬는 날에는 기꺼이 수영장에도 데려가주고 우리와 함께 시간을 보냈다. 형과 누나의 친구들에게 일자리를 주선해주기도 했다. 나도 일손을 거든답시고 아빠의 사무실에서 휴지통을 비우거나 그냥 어슬렁거렸다. 우리 자식들 모두 아빠를 존경했고 훌륭한 아버지라고 생각했다. 사람들도 늘 우리 아빠를 존경했다. 아빠가 일요일마다 성당에 가서 누구든 공손히 대해주었기 때문이다. 아빠는 자식들의 친구들도 따뜻하게 맞아주고 때론 유치한 농담을 던지며 우리를 웃겨주었다.

내가 자라던 시절에는 어느 집이든지 늘 이혼하거나 재혼하는 것 같았다. 그래서 나는 우리 부모님이 28년간 함께 살고 있다고 자랑할 수 있었다. 두 분이 함께 산 동안에는 사랑이 넘치는 부모님의 지원을 받았기에 나는 늘 남다른 혜택을 받는 기분이었다. 두 분은 오래 함께 살아서 헤어지는 게 불가능해 보였고, 나이도 많았으니까. 내가 고등학교 2학년에 올라가기 전 어느 여름날, 아빠가 나를 깨워 할 얘기가 있다고 했다. 그리고 아빠가 해준 말은 지금도 충격이 가시지 않는다. 아빠는 내게 엄마하고 오랫동안 사이가 좋지 않아서 '이혼'하기로 결정했다고 했다. 처음 그 말을 들었을 때는 충격이 너무 커서 앞으로 무슨 일이 벌어질지 잘 몰랐다.

처음에는 머리가 멍했다. 결코 기분이 좋지는 않았지만 그렇다고 꼭 슬픈 것도 아니었다. 그때 내가 이기적이어서 그랬는지, 아니면 관심 없는 척하려고 그랬는지 몰라도, 처음에는 그저 엄마만 집에 있으면 훨씬 살기 편하겠구나 싶은 생각이 스쳤다. 아빠는 늘 성적과 귀가시간을 엄격하게 따졌지만, 엄마는 조금 느슨했던 탓이다. 다음으로는 한동안 아빠에게 화가 치밀었다. 이혼 얘기를 꺼낸 사람은 아빠니까 모두 아빠 책임이라고 생각했다. 아빠 말을 들어야 할 필요도 없고, 아빠가 하는 말은 다 쓸데없는 소리 같았다. 아빠가 우리 모두에게 거짓말하고 우리 얼굴에 먹칠한 것만 같았다. 그때는 형과 누나가 집을 나가 따로 살던 때라 같이 얘기할 기회가 없었지만, 그들은 나보다 나이가 많았는데도 지금도 모이면 그때 얼마나 화가 났었는지 이야기한다. 다들 줄곧 실망했던 모양이다. 나는 친구들에게 우리 집 얘기를 하면서 굴욕감을 느꼈다. 앞서 밝혔듯이 나는 화목한 가족이야말로 나라는 사람을 말해주는 그 무엇이라고 믿었다. 가족 덕분에 나는 스스로 강하고 선량한 사람이라고 생각했는데, 그렇게 나를 지탱해주던 가족이 흩어지고 나만의 완벽한 세계가 사라져버린 것이다.

나는 부모님이나 주변 사람들에게 전혀 충격받지 않은 것처럼 굴었다. 속은 끓었지만 아무한테도 속마음을 들키고 싶지 않았다. 들키면 꼴이 아주 우스워질 것 같았다. 이혼을 경험하는 사람이 많아도 내 경험은 '인정받지 못하는 슬픔', 즉 사회에서 알아주지도, 위로해주지도 않는 슬픔 같았다. 내가 그려온 나 자신과 가족의 모습이 있어서 아무한테도 속마음을 열어 보일 수 없었던 탓이다. 그리고 부모님이 평소 누구네 집이 이혼한다는 말을 자주 나누던 탓에 남에게 어떻게 보일지에 극도로 예민해졌던 것 같다. 그런 기분이 든 이유는 이혼하면 그

가족만이 아니라 그들을 둘러싼 주변 사람들에게도 영향을 준다는 걸 알았기 때문이다.

그러다 미식축구를 다시 시작하자 부모 이혼의 중압감이 밀려오기 시작했다. 학교 대표팀에서 리터닝 스타터를 맡았는데 자꾸 집중력이 흐트러지면서 경기에 뛰고 싶은 기분이 들지 않았다. 운동은 아빠와 내가 함께하는 활동 중 하나였고, 내가 경기에서 뛰고 싶도록 자극해준 사람도 아빠였다. 아빠는 나랑 같이 연습하면서 잘하든 못하든 매번 잘한다고 칭찬해주었다. 아빠가 이혼하기로 했다고 내게 통보하고 2주 정도가 지나면서 나는 집중력을 잃었고, 스트레스를 받지 않을 만한 다른 것을 하고 싶었다. 한번은 학교에서 연습하다가 부담감이 너무 심해서 차라리 부상을 입고 다른 걸 했으면 좋겠다고 생각하기도 했다. 시즌이 시작되고 2주가 지난 후 스트레스로 허리에 무리가 왔고, 허리 부분 신경 두 개가 짓눌려서 경기를 뛸 수 없었다. 3주간은 경기에 나갈 걱정이 없어서 좋았지만 이제는 허리 병까지 얻었다. 상실감이 쌓여서 병이 났다. 우선 이혼으로 스트레스가 심해 아무 데도 집중 못했고, 다음으로 허리를 다쳐 걷지 못할 정도로 아파서 스트레스가 더 심해졌고, 마지막으로는 무엇보다도 나 자신이 실망스러웠다. 16살이라는 중요한 시기에 내 삶에서 벌어지는 이 모든 일들을 감당하지 못했다. 최고의 인생을 살다가 단 두 달 만에 나를 지탱해주던 모든 것을 잃어버렸다.

부모님이 이혼하자 나는 아빠를 불신하기 시작했다. 어릴 때 우리에게 준 가르침은 다 뭔가 싶었다. 어떻게 일요일마다 꼬박꼬박 성당에 나가고 자식이 셋이나 되고 평생 함께 산 아내가 있는 사람이 그런 행동을 할 수 있는지 믿어지지 않았다. 아빠는 신앙심 깊은 사람이라 자기가 벌인 일이 부끄러웠는지 아빠의 부모님이자 나의 유일한 조부모님에게 이혼 사실을 알리지 못했다. 전통적 사고방식을 고수하는 분들을 실망시켜드리고 싶지 않았던 모양이다. 아빠는 엄격한 가톨릭 교육을 받은 사람이라 이혼하고 나서는 성당에도 당장 발길을 끊었다. 아빠도 이혼이 잘못이라고 생각했던 것 같다. 아빠는 요즘 다른 여자를 만나고 어느 종파에 얽매이지 않는 교회에 다니기 시작했다. 아마 자신이 꼭 잘못한 것만은 아니라고 합리화하고 싶었던 모양이다. 새로 나가는 교회에서는 그런 삶의 방식을 포용해줄 테니까.

그때 일이 내게는 여러 가지 면에서 영향을 주었다. 가령 나는 두어 번 연애를 하면서 관계를 확신하지 못해서 질투심에 사로잡히고 상대를 믿지 못했다. 이런 행동을 하면 원만하던 관계도 나빠질 수 있다. 나는 상처받을까봐 연인에게 내 마음을 제대로 알리지 못한다. 곧장 결론으로 넘어가거나, 아니면 상대의 마음을 읽고 상대의 감정을 해석하려 드는 바람에 부정적인 반응을 끌어내곤 했다. 예전처럼 성공에 대한 자신감과 욕구를 잃지 않았더라면 운동이든 학교생활이든 훨씬 잘해낼 수 있었을지 모른다. 처음에 대학 진학을 결심했을 때부터 줄곧 동부나 서부의 대학에 가고 싶었다. 그만큼 내가 살던 중서부지방 너머에는 어떤 세계가 있는지 궁금했다. 하지만 아직 혼자 사는 엄마 곁에서 자식들이 가까이 살아야 할 것만 같아서 내 계획을 접어야 했다. 어떤 의미에서는 이혼 후 엄마와의 관계가 더욱 부담스러워졌다. 나는 엄마가 건강하게 잘살지 못할까봐 걱정되고, 엄마가 외로워하는 모습을 보고 싶지 않다. 엄마는 아주 강인한 분이기는 하지만 대가족 속에서 자라서 늘 주변 사람들에게 힘을 얻어야 했다. 나는 자라면서 세상 무서운 줄 모르고 살았지만 부모의 이혼 후부터는 다소 위축됐다. 그런 상실의 경험을 한 덕분에 나도 한낱 인간이며, 좋은 사람들에게도 나쁜 일이 생긴다는 현실도 깨달았다.

끝으로 상실을 경험하면 안 좋은 일도 많지만 사람이 더 강인해지기도 한다는 사실을 강조하고 싶다. 나는 부모의 이혼을 겪으면서 사람의 정신은 구부러질지언정 결코 부러지지 않고, 누구나 힘들수록 더 강인해진다는 사실을 배웠다. 나에 관해서도 많이 배웠다. 또 내가 생각하고 느끼는 방식이 보통의 청소년이 인생을 보는 방식과 크게 다르지 않다는 것도 깨달았다. 나는 여러 가지 면에서 성숙해져서 예전에 내가 한 행동이나 말을 반성하고, 상황이 더 나빠지지 않은 데 대해 감사한다. 힘든 시기를 보내면서 정신을 똑바로 차리려고 노력했기에 미래에 대한 자신감을 얻었다. 간혹 내가 비합리적으로 생각하는 것처럼 보일지 몰라도, 흔히 말하듯 상실에 대처하는 방식은 사람마다 다르다. 세월이 흐른 지금 나는 그 어느 때보다 사랑하는 부모님이 있어서 감사하고, 두 분이 함께 살면 더 좋겠지만 따로 사는 것도 받아들일 수 있다. 현대의 많은 사람들처럼 나는 '완벽한 인생'이라는 꿈의 최후를 지켜보았고, 그래도 삶은 계속되고 때로는 가슴 아픈 일을 겪어봐야 더 강인해질 수 있다는 사실을 깨달았다.

해설

이 사례에는 이혼에 따른 최선의 결과와 최악의 결과가 모두 담겨 있다. 우선 부모가 오랜 세월 함께 살다가 이혼하면 얼마나 고통스럽고 충격적인지 생생하게 보여준다. 이 학생은 극심한 고통과 괴로움 속에서 '집중력'을 잃고 예전에 익숙하게 해오던 미식축구 같은 운동에도 집중하지 못했다. 고통이 다소 누그러진 현재까지도 이혼의 영향이 남아서 연애관계를 온전히 신뢰하지 못하고, (어머니를 돌보기 위해) 마음대로 타지로 떠나지도 못했다. 반면 부모의 이혼 덕분에 훨씬 자신이 강인하고 성숙해졌다고 믿었다. 그의 고통스런 경험 때문에 이 사례를 절망을 다룬 장에 끼워 넣긴 했지만, 이 이야기에는 성인 초기의 학생이 부모의 이혼을 감당하면서 느끼는 다양한 감정과 반응, 희망이 녹아 있다.

이혼의 혼란과 광풍

다음에 소개하는 21살 여학생의 사례에는 다른 이혼가정의 학생들보다 더 혼란스럽고 불안정한 상황(중복된 이혼을 비롯해)에 직면해온 심리상태가 드러난다. 로빈은 성실한 학생으로 앞으로 심리전문가가 될 계획이라고 한다.

내 생각에, 이 강의에 초청 강연자가 손님으로 와서 이혼으로 인한 상실의 경험을 공개하려면 엄청난 용기가 필요했을 것 같다. 초청 강연자가 한 말에 대부분 공감이 갔다. 나는 부모님의 이혼으로 엄청난 충격을 받고 성격도 달라졌다. 부모님은 내가 8살일 때 이혼했다. 그전까지 나는 전형적인 미국가정에서 자랐다고 할 수 있다. 아빠는 석유

기술자이고 엄마는 전업주부로 어린 세 딸을 키웠다. 얼마 후 유전이 마르자 아빠의 가슴도 같이 메말라갔다. 정확히는 몰라도 아빠가 내게 콜로라도로 발령받았다는 말을 해주기 한참 전부터 상황이 안 좋았던 것 같다. 아빠가 한 달 정도 먼저 떠나고 우리가 뒤따라갔다. 아빠는 크고 근사하고 '반짝반짝한' 새집을 구해놓기로 했다. 그런데 아빠가 구해놓은 것은 애 둘 딸린 여자(곧 결혼할 여자)였다. 엄마와 언니, 여동생과 나는 서부에 도착하고 몇 주가 지나도록 그 사실을 몰랐다. 그러던 어느 날 아침, 우리가 학교에 가기 전에 부모님이 크게 싸웠다. 언니와 내가 있던 거실에 엄마와 아빠가 마주보고 서 있었다. 동생이 위층에서 내려다보던 그 순간, 우리 삶을 영영 뒤바꿔놓을 한 마디가 들렸다. "떠나버려." 우리는 아빠가 출근하자마자 떠났다. 엄마는 우리를 밴에 태우고 먼 길을 달려 우리가 살던 중서부의 할머니 댁으로 향했다. 가는 길에는 내내 침묵만 흘렀다.

우리의 초청 강연자 중 한 분도 딸 셋인 집에서 자랐고, 그녀의 아버지도 더 이상 어머니를 사랑하지 않는다고 말했다고 했다. 나는 그녀의 이야기에 공감했고, 발표하는 동안 나의 어린 시절을 떠올렸다. 그녀도 부모님이 이혼하자 할머니, 할아버지와 함께 살았다. 우리도 할머니 댁 가까운 곳에서 월세로 살았다. 작고 보잘것없는 아파트였다. 엄마가 일을 시작해서 우리는 근처의 아파트로 이사했다. 두 달 동안 다섯 번 이사하고 학교도 네 군데나 옮겨 다녔다. 그사이 아빠는 편지 한 장, 전화 한 통, 생일카드 한 장 보내지 않고 한 번도 우리를 찾지 않았다. 그러다 내가 11살이던 해에 엄마의 새남편이 여름휴가로 우리를 유럽으로 데려간다는 소식을 듣고 찾아왔다. 사실 중간에 빼먹은 이야기가 있다.

엄마는 이혼한 지 1년 만에 재혼했다. 나는 새아버지가 싫었다. 성질이 고약한 사람인데다 그 사람 때문에 우리 가족이 다시 서부에서 아이오와로 이사해야 했기 때문이었다. 나는 가족을 떠나고 싶지도, 아이오와로 오고 싶지도 않았다. 엄마와 새아버지는 하루가 멀다 하고 싸웠다. 요즘은 그런 일을 언어적 학대라고 부른다. 엄마의 재혼으로 남은 유일한 결실은 남동생뿐이었다. 나는 그애를 무척 사랑한다. 하지만 엄마의 두 번째 결혼도 이혼으로 끝났다. 두 번째 이혼은 첫 번째만큼 힘들지 않았다. 오히려 잘된 일이었다. 새아버지와 나는 지금은 잘 지낸다. 새아버지는 분노를 다스리려고 노력해왔고, 나는 아버지다운 조언이 필요할 때면 새아버지를 찾는다.

다른 초청 강연자의 이야기도 공감이 간다. 그녀의 어머니는 자주 집을 나가 양육비를 탕진했다고 한다. 우리 엄마 역시 남자를 만났다는 표현 정도로는 부족한 사람이었다. 엄마는 자신의 방문에 자물쇠를 채우고 전용 전화선을 따로 설치하고 애인을 구하는 광고까지 냈다. 엄마가 우리를 돌보고 밥을 해주고 장을 보고 밤에 집에 돌아오고 내 공연을 보러 오기만 했어도 남자 따위는 문제 삼지 않았을 것이다. 나는 고등학교 때 응원단이었다. 2학년이 끝난 여름에 엄마는 '소울메이트'라면서 짐이라는 남자와 사귀었다. 짐과 엄마는 석 달 정도 사귀고 라스베이거스에서 결혼식을 올렸다. 짐은 나쁜 사람은 아니었지만 상황이 예사롭지 않았다. 짐은 우리 집에 들어와 살았다. 엄마는 결혼식부터 올린 후에 짐의 어머니와 가족들을 만났다. 나의 대학교 1학년은 가족의 이혼으로 점철된 시기였다. 언니가 4년을 함께 산 형부와 이혼했다. 또 엄마와 짐 아저씨도 이혼했다. 짐은 지금 엄마네 집 근처에 산다. 남동생은 짐 아저씨와 같이 있는 시간을 좋아하고 엄마는 아직도 아저씨에게 자잘한 집안일을 부탁한다. 이혼은 지금까지 내 인생에 커다란 상처를 남겼다. 그리고 분명 아직 끝나지 않았다!

해설

자녀가 집안에서 불안정한 사건을 너무 많이 겪으면 당연히 이 학생처럼 이혼의 온갖 부정적인 영향을 드러내게 된다. 사례의 도입부에서 밝히듯이 이 학생은 다른 이혼가정의 자녀들보다 이혼을 여러 번 경험했다. 그리고 부모의 삶에서 수많은 인연이 스쳐지나갔다. 이 학생은 부모의 삶을 통해 불안정한 관계들을 간접체험했다. 하지만 놀랍게도 그런 경험을 아주 이성적으로 받아들일 줄 알았다. 이 학생은 현재 학교생활을 잘해내고 있다. 이혼의 긍정적인 면과 부정적인 면이 혼재하는 경우가 많다고 앞서 지적했듯이, 이 사례 역시 절망적이고 고통스런 결과를 보고하면서도 작은 희망과 용기도 자주 보여준다.

경제적 어려움과 방문권 문제

갓 이혼한 가정은 흔히 돈 때문에 고통을 받는다. 하긴 재산을 둘로 나눠 양쪽으로 살림을 차리려면 많이 쪼들릴 테니 어떻게 돈 문제가 생기지 않겠는가? 이혼가정의 자녀는 누구나 경제적 어려움을 언급한다. 쉽게 사던 물건도 이혼 후에는 사지 못했다고 말한다. 학비를 충당하지 못해 쩔쩔매거나 자동차를 구입하거나 수리하지 못해 난감해하는 경우도 많다. 또한 아래 21살 여학생의 사례처럼 이혼 후 자녀 방문권을 둘러싼 문제도 자주 언급된다.

부모님은 내가 대학 신입생일 때 별거에 들어갔다. 봄방학이 시작되기 전 주, 엄마는 내게 아빠가 봄방학 중에 집에서 나갈 거라고 말했다. 다행히 나는 봄방학을 맞아 친구들과 장거리 자동차여행을 계획해 놓아서 그 기간에 집을 떠나 있을 예정이었다. 그래야만 이혼의 상실감을 미룰 수 있을 것 같았으니까. 부모님이 별거한 후에 다 함께 살던 집에 머물렀다면 몹시 괴로웠을 것이다. 그건 또 하나의 상처였다. 부모님은 별거하기 한참 전부터 사이가 좋지 않았다. 아빠는 불같은 성질에 주로 여동생들과 나한테 손찌검을 하거나 정서적으로 학대했고, 가끔씩 엄마에게도 모질게 굴었다. 나는 자라면서 내내 아빠하고 사이가 좋지 않았다. 아빠가 나나 우리 가족에게 한 짓 때문에 미워할 때가 많았다. 나는 부모님이 헤어지기 10여 년 전부터 엄마가 아빠를 떠나기를 바랐다. 실제로 엄마에게 헤어지라고 재촉하기도 했다. 엄마와 쇼핑하러 가면 매번 아빠 얘기가 나왔고, 나는 엄마에게 내 생각을 말했다. 처음에 엄마는 아빠가 달라지기를 간절히 바랐지만 얼마 지나지 않아 엄마 스스로 행복하지 않다는 사실을 깨달은 듯했다. 하지만 엄마는 혼자 힘으로 딸 셋을 키울 자신이 없었고, 엄마가 아빠와 함께 살려는 이유는 다 우리를 위해서라고 했다. 나는 아빠와 같이 사는 게 더 힘들다고 하소연했지만 엄마는 고집을 꺾지 않았다. 그러다 내가 19살 되던 해에 엄마가 아빠에게 집을 나가라고 말했다. 정나미가 떨어진 지는 오래됐지만 정신적으로나 경제적으로 현상유지 할 수 있겠다는 자신감이 생기기까지 꼬박 10년이 걸린 것이다.

아빠는 집을 나가 우리 집에서 20분 떨어진 곳으로 이사했다. 이혼절차를 마무리하기까지는 거의 1년이 걸렸다. 재산과 방문권을 놓고 실랑이를 벌인 탓에 길어졌다. 그 해에 우리 가족은 이러지도 저러지도 못한 채 힘든 시간을 보냈다. 아무것도 확실히 결정되지 않았고 도무지 끝날 기미가 보이지 않았다. 아빠는 계속 엄마의 삶 속으로 돌아오고 싶어 했다. 자식들을 이용해서 엄마가 어떻게 지내는지 캐내려고까지 했다.

그 해에는 어떻게 해야 할지 판단이 서지 않았다. 더 이상 아빠가 우리 집에 함부로 드나드는 것은 부적절해 보였다. 그런데 아빠는 노크도 제대로 하지 않았다. 아빠가 노크도 없이 불쑥불쑥 들어올 때마다 나는 사생활 침해를 당한 기분이었다. 엄마는 아빠를 어떻게 대해야 할지 몰라 쩔쩔맸다. 아빠는 틈만 나면 엄마에게 다정하게 다가가려고 했지만 어색하기만 했다. 아빠가 집에 올 때마다 심각한 대화가 오갔고, 나는 중립을 지키려면 어떻게 말해야 할지 몰라 난감했다. 솔직히 많이 혼란스럽지는 않았다. 아빠와 사이가 좋았던 적이 없어서 아빠가 집을 나갔을 때도 별로 서운하지 않았고, 그사이 엄마와 많이 가까워졌기 때문이다.

이혼의 가장 큰 문제는 방문권과 재산분할이라는데 우리 집도 예외는 아니었다. 나는 18살이 넘은 성인이라 꼭 아빠를 만나야 하는 것은 아니었다. 아빠는 2주에 한 번씩 수요일마다 동생들을 데리고 나가 저녁을 사주었다. 그러나 바로 밑의 동생도 아빠하고 사이가 좋지 않아 만나기 싫어했다. 동생도 웬만큼 커서 아빠가 억지로 불러낼 수는 없었다. 그렇게 불러내봤자 동생한테 미움만 살 게 뻔했다. 동생이 두어 달 지난 후부터 저녁을 먹으러 나가지 않자 아빠도 결국 단념했다. 아빠는 요즘도 약속한 날에 막내를 만난다.

부모님이 지금까지도 크게 부딪히고 끝내 합의를 보지 못한 문제는 돈 문제다. 부모님은 이혼한 뒤에도 6개월에 한 번씩 법원에 가서 월급과 기본 생활비를 기준으로 양육비 재평가를 받는다. 두 분 모두에게 여간 골치 아픈 문제가 아니다. 아빠는 제때에 생활비를 보낸 적이 없고, 그래서 엄마는 매번 돈을 보내라고 아빠를 독촉해야 한다.

이혼은 내 평생 경험한 가장 고통스러운 상실의 경험 가운데 하나지만, 다행히 내게는 부모의 이혼이 또한 인생 최고의 사건이었다. 나 역시 부모님이 헤어지는 이유를 몰랐다면 몹시 고통스러웠을 것이다.

이혼가정의 아이들은 대부분 부모의 경제사정을 속속들이 알게 된다. 이혼하지 않았다면 몰랐을 사정까지, 그리고 어린아이가 알아도 되는 수준을 훨씬 뛰어넘은 사정까지 알게 된다. 마크 파인의 '이혼과정' 수업을 들은 한 학생은 이렇게 말했다.

이혼하기 전에 우리 집은 꽤 잘사는 축에 속해서 좋은 집에서 갖고 싶은 건 다 손에 넣으면서 살았어요. 이혼 후엔 엄마와 언니, 나 이렇게 셋이서 방 두 개짜리 월세 집으로 이사했지요. 예전에 살던 집보다 한참 떨어지는 집이었어요. 부모님은 위자료 문제로 자주 다퉜는데 대부분 내가 보는 앞에서 싸웠어요. 그래서 나는 미주리 주에서는 양육비가 어떻게 책정되는지 필요 이상으로 많이 알게 됐지요. 위자료가 결정되자 양쪽 모두 부당하다면서 자기는 '돈이 없다'고 하소연했어요. 나는 나대로 사고 싶은 걸 사지 못하게 될까봐 걱정이었어요. 그전에는 원하는 건 뭐든지 다 가질 수 있어서 더욱 받아들이기 힘들었지요. 부모님 이혼 후 내가 피부로 느낀 변화는 우리 집 상태가 형편없다는 것과 수중에 돈이 넉넉하지 않다는 거였어요.

반면에 아래 22살 남학생의 사례에서는 돈 문제가 전부는 아니라는 사실을 확인할 수 있다. 이 학생의 가족은 비교적 넉넉한 편이었다. 하지만 결국 이 학생의 이야기에 따르면, 그의 가족은 아무리 점잖게 해결하려고 했어도 끝내 행복을 되찾지 못하고 오직 불편한 관계와 슬픔만 남았다고 한다.

나의 고등학교 2학년 시절은 조금 힘들었다. 우선 집에서 45분 거리의 사립학교에 다녔는데 내가 원하던 학교가 아니었다. 게다가 우리 가족이 꿈꾸던 집이 1년 공사의 마무리 단계에 있었다. 백만 달러가 넘는 집이었지만 알다시피 세상 돈을 다 갖다준다 해도 행복을 사지는 못한다. 결국에는 그 집 때문에 부모님이 이혼하게 됐다. 부모님은 고등학교 1학년 때부터 사귀어서 19년 가까이 결혼생활을 지켜온 터였다. 부모님한테 그런 일이 생기는 것은 불가능해 보였다. 공사가 끝나던 날 서류에 서명해야 하는데 아버지가 늦게 귀가했다. 친구들과 술 마시러 나가서 3시간이나 늦게 나타난 것이다. 여기서 두 가지 다른 이야기가 시작된다. 아버지 말로는 집에 도착해서 보니 건축업자가 엄마와 나란히 앉아 맥주를 마시면서 엄마 허벅지에 손을 얹고 있었다고 했다. 엄마는 별 뜻 없는 행동이었을 것이고 심지어 그런 일이 있었던 기억조차 없다고 했다. 그 사건으로 두 분은 크게 다투고 한 달간 서로 말도 하지 않았다. 그래도 마지막으로 서로 점잖게 해결해보기로 했지만 고작 2주를 넘기지 못했다. 그때부터 각방을 쓰면서 싸울 때 빼고는 서로 한마디도 하지 않았다. 상담사를 찾아가 문제를 해결하고 화해하려고 시도해보지도 않았다. 그러던 어느 날 밤 아버지는 내 방 앞에서 TV를 보고 나는 방 안에서 플레이스테이션을 가지고 놀고 있었다. 갑자기 복도에서 다툼이 벌어졌다. 지금도 그날 방에 내가 있는지 알고서 그랬는지는 확인할 길이 없다. 그 싸움에서 별별 얘기가 다 쏟아져 나왔고, 나는 세상에 태어나서 가장 고약한 말들을 들었다.

이혼하면 간단히 끝나는 문제가 아니라 양쪽 모두에게 큰돈이 걸린 일이라 싸움은 갈수록 추악해졌다. 부모님이 별거에 들어가고 이혼 절차가 마무리되기까지 3년 정도 걸렸다. 두 분 다 집을 나갔고, 아버지는 다시 여자를 만나기 시작했다. 100번 넘게 법정에 출두했으며, 한 번은 텔레비전 프로그램 〈데이트라인〉을 통해 전국 방송을 타기도 했다. 그때는 나도 조금 힘들었다. 학교 가는 것도 괴롭고 부모님의 이혼에 관해 캐묻는 사람들을 상대하는 것도 힘들었다. 나는 우리 집 얘기가 방송에 나왔는지도 몰랐고, 애초에 그런 프로그램이 있는 줄도 몰랐다. 내가 얼마나 놀랐겠는가? 이상하게도 나는 부모님이 왜 이혼했는지 모르면서 한 번도 묻지 않았다. 내 생각에는 오해 때문인 것 같았다. 부모님은 1년에 한 번 정도 가벼운 말다툼을 제외하고는 부부싸움다운 싸움을 해본 적이 없었다. 그건 어느 집이나 비슷할 것이다. 또 하나, 이상하게도 나는 한 번도 눈물을 보인 적이 없다. 한 번쯤 우는 것도 자연스러웠을 텐데 나는 울지 않았다. 솔직히 전혀 슬프지 않았다. 부모님 중 어느 한 분도 나를 불러 앉혀 설명해주지 않았고, 나 역시 아무것도 묻지 않았다. 나는 어차피 부모님 사정이니까 모르면 모를수록 좋다고 생각했다. 꼭 한 번 신경 쓰인 때가 있는데 부모님이 별거하고 나서 돌아온 첫 크리스마스이브였다. 외갓집은 대가족이었는데 아버지 역시 가족의 일원이었다. 아버지는 외할아버지를 자기 아버지처럼 생각했다. 엄마의 오빠들과도 친구처럼 지내던 아버지가 외삼촌들과 허물없이 농담을 주고받는 모습을 그땐 볼 수 없어서 이상했다. 아버지가 토요일 밤마다 외삼촌들하고 술 마시러 나가서 여자들을 집적거리고 다녔고, 부인들은 다 알면서도 그들을 내버려두었다는 이야기도 들은 적이 있었다. 보시다시피 내 이야기에 등장하는 누구 하나 이혼이라는 말이 나오기 전이나 심지어 집을 짓기 전만큼 행복하지 않다. 결국 돈 문제가 전부는 아니다. 때로는 말 몇 마디가 사단이 되기도 한다.

자식들이 중간에 끼는 문제

이혼가정의 아이들에게는 서로 으르렁대는 부모 사이에 끼어 있는 때만큼 힘들 때도 없다.

아래 사례에서는 22살 여학생이 형제자매들과 함께 지저분한 이혼과정의 한복판에 놓이고 그 여파가 4년이나 지속된 탓에 몹시 힘들었던 이야기를 들려준다.

> 내 16번째 생일이 지나고 일주일 후 부모님은 나와 동생들이 함께한 저녁식사 자리에서 이혼하기로 결정했다고 말했다. 내 남은 인생에 엄청난 타격을 가하게 될 순간이었다.
>
> 지난 4년간은 혼란스럽고 고통스럽고 치열한 시간이었다. 나는 맏딸로서 우리 집에 일어난 일에 책임감을 느꼈다. 어느 정도 나아진 지금도 우리에게 몰아친 엄청난 혼란과 변화로부터 동생들을 지켜줘야 할 것만 같은 생각이 든다.
>
> 이혼절차는 결코 순탄치 않았다. 결국 엄마와 아빠는 서로 말을 섞지 않으려고 중간에 우리를 이용했다. 우리는 치열한 부부싸움의 틈바구니에 끼어 있을 뿐 아니라 새로운 문제에도 맞부딪혔다. 아빠가 갑자기 자식들한테 관심 많은 아버지가 되기로 마음먹은 것이다. 그런데 아빠는 자녀양육에 관해 아는 것이 없고 그때까지 엄마 혼자 우리를 키웠다는 데 문제가 있었다. 아빠는 자식들을 엄하게 단속하는 것밖에 몰랐다. 아빠가 새로 정한 엄격한 규율은 그때까지 관심도 주지 않았던 16살 딸에게 전혀 받아들여지지 않았다.
>
> 일이 이렇게 되자 엄마는 자존감이 떨어지고 심각한 우울상태로 빠져들었다. 그때가 가장 힘든 시기였다. 여차저차 해서 엄마의 친구들마저 한꺼번에 다 떨어져나갔다. 결국 엄마의 외로움과 분노, 소외감은 갈수록 심해졌다. 옆에 있던 우리는 엄마의 좌절감을 고스란히 감당

했다. 엄마는 점점 화를 많이 내면서 우리를 닦달했다. 나는 맏이인데다 발끈하는 성격이라 제일 많이 당했다.

엄마와 크게 다투고 나면 나는 심한 죄책감에 시달렸다. 내가 집을 나가면 엄마는 남동생이나 여동생을 괴롭힐 터였다. 동생들은 항상 내가 분란을 일으킨다고 화를 냈지만 나는 성격상 엄마가 도발하면 그냥 넘어가지 못했다. 엄마는 한동안 10대 시절로 퇴행한 것처럼 제멋대로 행동했다. 나는 이런 생각 없고 무모한 행동은 절대 못 봐준다고 경고하지 않을 수 없었다.

엄마와의 싸움은 일상이 되었다. 나중에는 집에만 가면 싸우니까 집에 가기가 겁났다. 나한테는 엄청난 스트레스였다. 때가 되어 대학에 들어가자 나는 뛸듯이 기뻤다. 나는 일상이 되어버린 이상한 환경에서 벗어나 정상적으로 살기 시작했다. 하지만 한편으로는 내가 떠난 후 엄마를 감시할 사람이 없어서 동생들의 삶이 얼마나 황폐해질지 생각하니 겁나고 괴로웠다.

대학에 다니면서 어느 정도 거리를 두었지만 나는 여전히 이혼의 여파로 고통스러워했다. 아버지는 여전히 나를 중간에 세워서 엄마를 협박하게 했다. 그뿐만 아니라 나 역시 간간이 엄마하고 소리를 지르며 싸웠다. 달라진 게 있다면 수화기에다 대고 싸웠다는 것뿐이었다. 제일 괴로운 순간은 14살이 된 남동생이 전화를 걸어 울면서 집에서 일어난 일을 전할 때였다. 그럴 때면 내가 할 수 있는 일이 아무것도 없어서 가슴이 아팠다. 내가 상황을 해결할 수도 없고 집에 있을 때처럼 뭐라도 해볼 수도 없었다.

이혼으로 인한 여러 일들로 작년 초 겨울방학에 집으로 돌아와야 했다. 가족들은 내가 와주길 원했다. 동생들은 내게 집안의 기둥이 되어 달라고 했다. 하지만 나도 머리가 뒤죽박죽이었다. 불안에 시달리며 매일 눈물로 살았다. 그렇게 몇 주를 보내자 가족들과 거리를 두지 않을 수 없었다. 대학교로 돌아갔지만 몹시 우울했다. 그러다 차츰 가족들과 경계를 정하고 일정한 거리를 두어 내 건강을 지키는 법을 터득했다. 그밖에도 내게는 원하지 않으면서도 부모님 일에 개입해야 하는 고충이 있었다. 부모님은 이혼과정에서 나를 제3자로 취급했다. 그래서 나는 여느 10대들과 달리 이혼의 추잡한 내막을 다 알았다. 부모님이 나를 아무것도 모르는 아이로 보호해줬다면 훨씬 행복했을 것이다. 그들은 나를 아주 빨리 철들게 하고 내 어깨에 무거운 짐을 올려놓았다.

시간이 더 흘러서 지금은 상황이 꽤 좋아졌다. 요즘은 가족들 모두가 훨씬 편안해졌다. 기억과 고통이 사라져도 그때의 경험은 앞으로도 내 삶에 영향을 줄 것이다. 보통의 이혼가정 아이들처럼 나는 결혼을 비관적으로 보고 자식을 낳고 싶지도 않다. 내가 남들보다 부정적인 영향을 더 많이 받은 것 같다. 나는 남자들을 믿지 못하고 연애도 내키지 않는다. 부모님이 공식적으로 이혼하고 4년 가까이 흐른 지금까지도, 나는 진지하게 누구를 사귀어본 적이 없다. 부모님의 실패한 결혼에 끌려다니다 보니 사람을 만나기가 두렵다.

해설

이 사례는 이혼가정 아이가 겪는 가장 안타까운 상황을 보여준다. 바로 부모가 아이를 중간에 세워두는 경우다. 이 학생의 부모는 서로 예의를 차리거나 이성적으로 행동하거나 자녀의 행복을 지켜줄 마음이 없어 보인다. 한마디로 부모는 줄곧 화를 내면서 서로 으르렁거리기만 한다. 우리 연구에 참여한 많은 학생들이 이와 같은 최악의 이혼 시나리오를 거론하면서 부모가 이혼하고도 해결되지 않는 문제들 때문에 고통스럽다고 호소했다. 다들 집에서 벗어나 멀쩡한 정신으로 자신의 삶을 살아보고 싶다고 말했다. 하지만 부모에게서 벗어나기가 쉽지 않고 젊은 사람들은 대개 어떤 형태로든 부모의 지원을 받아야 한다. 그러다보니 이러지도 저러지도 못하는 처지에 놓인다. 한편으로는 자유롭고 자율적으로 자신만의 세계를 만들고 싶기도 하고, 다른 한편으로는 가족끼리 가깝게 지내면서 가족의 실질적인 지원을 받고 싶기도 한 것이다.

마지막으로 역시나 '중간에 끼인' 21살 남학생의 사례를 소개하겠다. 이 학생은 양육권 분쟁에 끌려다니면서 법정에서 증언해야 했던 괴로움을 설명한다. 그러면서도 마지막에는 다음 4장에 나올 사례들처럼 작으나마 희망의 빛을 보여준다.

> 이 보고서는 '이혼가정의 아이들'이라는 주제를 다룰 것이다. 부모님의 이혼을 겪으면서 얻은 나의 경험을 소개하고 강의 자료들과 연결해보겠다. 우선 시간순으로 풀어가면서 당시의 내 감정을 설명하겠다. 부모님이 처음으로 우리에게 이혼할지 말지 고민 중이라고 말했던 건 내가 14살 때였다. 누나는 16살, 남동생은 9살이었다. 부모님의 결혼생활이 결코 순탄하지 않았던 터라 처음엔 그리 놀라지도 않았다. 부

부싸움이 잦았지만 나중에는 그럭저럭 해결됐다. 아버지는 걸핏하면 집을 나간다고 엄포를 놓았고 실제로 나간 적도 많았다. 하지만 엄마가 항상 잘 수습했다. 그런데 이번에는 놀랍게도 엄마가 나가겠다고 나선 것이다.

두 달 후 엄마는 결국 이혼을 결심했다. 그때까지도 나는 부모님의 관계가 달라졌다는 것을 전혀 눈치 채지 못했다. 엄마가 왜 이혼을 원하는지 짐작도 가지 않아서 몹시 당혹스러웠다. 몇 번이나 나 때문에 헤어지는 것은 아니냐고 물었던 기억이 난다.

이혼 초반에 나는 친구 더스틴과 함께 걷다가 부모님 일로 인해 내 기분이 어떤지 털어놓았다. 더스틴이 말을 많이 해주지는 않았지만 누군가 내 말을 들어주는 것만으로도 위안이 되었다. 나중에 아버지와 대화를 나누었는데 아버지는 자기 입장만 설명했다. 그래서 자꾸 엄마한테 불만이 쌓여갔다. 몇 년이 지나도록 엄마에게 직접 아버지와 이혼하는 이유를 묻지도 않은 채 나는 내가 느낀 당혹감을 주로 엄마 탓으로 돌렸다. 그 후 일어난 일 때문에 엄마를 향한 분노는 10배로 증폭됐다.

어느 일요일 오후 아버지와 우리 셋이 베란다 탁자에 둘러앉아 모노폴리 게임을 하고 있을 때 초인종이 울렸다. 엄마가 문을 열어주자 경찰관 둘이 들이닥쳤다. 아버지가 무서워서 자식들이 모두 겁에 질렸다면서 엄마가 접근금지 명령을 받아낸 것이다. 엄마가 당장 9살 난 남동생 애덤을 데리고 쇼핑몰로 떠나서 동생은 당시의 비열한 광경을 지켜보지 않아도 되었다. 나는 1시간 넘게 아버지가 짐을 싸는 것을 도와드리고 자기 집에서 쫓겨나는 모습을 지켜보았다. 아버지가 집을 나설 즈음 엄마가 차를 끌고 집 앞 진입로로 들어왔다. 애덤은 그제야 무슨 상황인지 알아챘다. 별안간 동생은 울음을 터트리면서 아버지에게 가지 말라고 애원했다.

나는 나중에 법정에 증인으로 출두하여 엄마의 주장에 반박하고 아버지 편에 서서 우리는 아버지를 전혀 무서워하지 않는다고 증언했다. 부모님의 이혼과정에서 이것은 전환점이었다. 부모님의 싸움에서 가운데 끼인 채 엄마 입장에서는 황당했을 증언을 마친 후, 나는 부모님 사정이지 내 일이 아니라는 깨달음을 얻었다. 덕분에 나는 부모님 싸움에 우리를 끌어들이지 말라고 대들 수 있었다.

이혼은 부모님 일이지 내 일이 아니라고 생각하자 어깨에서 무거운 짐을 내려놓은 기분이 들었다. 그러고도 철없이 으르렁대던 부모님을 감당해야 했지만 그나마 내게는 유리한 거래였다. 몇 년이 지난 지금까지도 나는 두 분 사이에 끼여 중재자 역할을 할 때가 많다. 지금은 그다지 거슬리지 않는다. 이제 이골이 난 것이다. 더 이상 엄마에게 못되게 굴지도 않는다. 이제는 엄마에게 왜 이혼했는지 허심탄회하게 물어볼 용기가 생겼다. 엄마의 입장을 들어보니 몇 년씩이나 엄마에게 못되게 굴었던 것이 후회스러웠다. 장차 내 자식들과는 솔직하게 대화해서 서로 오해하는 일이 없었으면 좋겠다.

깊은 슬픔

이혼가정 아이들의 삶에는 깊은 슬픔이 먹구름을 드리운다. 그들의 삶에 짙게 배인 슬픔이다. 이혼가정 아이들은 대부분 나이 들고 산전수전 다 겪은 기분이라고 말한다. 어려서 많은 일을 겪은 탓이다. 주위의 친구들이나 대학동기들은 다들 시트콤 〈비버는 해결사〉에 나오는 가족처럼 부모가 오래도록 행복하게 결혼생활을 유지해서 자식들에게 모범이 되는 집에서 살아온 것처럼 보인다. 그러나 이혼가정의 아이들이 보고 자란 그들의 부모는 끊임없이 상실과 고통만 안겨주었다. 아래 사례에서 23살 여학생은 시간이 지나도 줄어들지 않는 슬픔을 이야기한다. 이 사례에서는 또한 불륜이 이혼의 역동divorce dynamics의 한 요소로 작용하는, 드물지 않은 경우를 보여준다.

> 어린 시절 친한 친구들의 부모님이 이혼했다는 얘기를 몇 번 듣고 이혼이란 것을 알았을 뿐, 고등학교 2학년까지도 이혼은 내 삶과 관련이 없었다. 처음으로 부모님이 별거하고 이혼할지도 모르는 상황이 닥쳤을 때 나는 어떻게 해야 할지 몰라서 일단 잠자코 주변 사람들의 행동과 기분을 살폈다. 자라면서 함께 온갖 추억을 쌓은 가족이 하루아침에 변했는데도 내가 할 수 있는 일이라곤 가만히 지켜보면서 밀려오는 슬픔을 감내하는 것뿐이었다. 이제 나는 대학 3학년이지만 깊은 슬픔은 한 번도 사라진 적이 없다. 학교생활이 바쁘고 할 일도 많아서 부모님의 이혼을 생각하지 않을 때도 있지만 문득문득 어떤 계기로 예전의 가족이 떠오르면 불현듯 슬퍼져서 울음을 터트린다.
>
> 어느 날 학교가 끝나고 퀴퀴한 담배 냄새가 나는 집 안에 들어선 순간 심상치 않은 분위기가 확 느껴졌다. 그때까지 나는 아빠가 집에서 담배를 피우거나 엄마 손에 담배가 들려 있는 모습을 본 적이 없었다.

엄마와 아빠는 부엌 식탁에 앉아 있었는데 중압감과 고통이 서린 눈빛이었다. 부모님이 그렇게 지쳐 보인 적은 없었다. 두 분이 마라톤보다 진 빠지는 대화를 나눈 모양이었다. 하지만 아직 나한테는 말하지 않고 두 분이 해결하려 했다. 나는 꿈속을 헤매는 기분으로 학교도 다니고 아무 일 없는 것처럼 살아야 했다. 집은 더 이상 행복하지 않은 곳이었다. 내가 알던 집이 아니라 팽팽한 긴장이 흐르고 우울한 얼굴들이 가득한 곳으로 변했다.
사정이 어떻게 돌아가는지도 모른 채 두 달이 흘러갔고, 대학에 다니던 오빠가 크리스마스 휴가를 맞아 집에 돌아오면서 모든 것이 명확해졌다. 크리스마스 이틀 전, 아빠는 우리에게 곧 집을 나가겠다고 말했다. 정확히 뭐라고 했는지는 기억나지 않는다. 아빠 말을 듣지 않으면 아무 일도 벌어지지 않을 것 같아서 한 마디도 듣지 않으려 했다. 아빠는 어떻게 해서 집을 나가야 하는지 더듬더듬 설명하려고 애쓰면서도 정확한 이유는 말하지 못했다. 아빠가 꼭 설명해줬어야 하는 내용이다. 거실 안이 얼마나 조용했는지, 모두가 얼마나 침울했는지 생각난다. 그러고도 우리는 트리를 장식하고 기쁘게 크리스마스를 맞이하는 척하면서 어쩌면 이번이 우리 가족이 함께하는 마지막 크리스마스가 될지 모른다고 생각했다. 애써 눈물을 삼키며 아빠에게 전구를 건네주는데 우리 가족이 함께한 크리스마스의 기억들이 하나하나 떠올랐다. 오빠는 분통을 터트리며 거실에서 나가서 트리 장식을 돕지 않았다. 나는 부모님의 관계가 서서히 무너지는 과정을 지켜보았지만 오빠는 대학에 다니느라 집을 떠나 있어서 갑작스런 소식에 큰 충격을 받은 것 같았다. 오빠는 아빠에게 불같이 화를 냈다. 그리고 이틀 후 아빠는 짐을 싸서 집 근처 숙박시설로 옮겼다. 원래는 잠깐 나가서 생각할 시간을 가질 계획이었지만 며칠이 몇 주가 되고 몇 주가 몇 달이 되어 나중에는 월세 아파트로 옮겼다가 결국 아빠 소유의 집을 구입했다. 시간이 갈수록 아빠가 엄마와 오빠, 나한테 다시 돌아올 가망은 점점 희박해졌다. 나는 아빠가 생각을 바꿔서 집으로 돌아오게 해달라고 간절히 기도했지만 소용 없었다.

마침내 우리는 아빠가 집을 나가야 했던 이유를 알 수 있었다. 나는 오빠가 아빠한테 왜 그렇게 화를 냈는지 알게 되었지만 아직 슬픔에서 헤어나지 못해서 아빠한테 화를 내지 못했다. 아빠는 매사에 꾹꾹 참는 성격이라 꼭 필요할 때도 엄마에게 이야기하지 못했다. 어쩌면 그런 성격 덕에 그나마 결혼이 유지됐을지도 모르겠다. 엄마가 별 일 없이 잘산다고 생각하는 동안 아빠는 우울하고 불행해했다. 아빠는 엄마와 소통하지 않고 대신 속마음을 털어놓을 사람을 찾아 몇 년간 외도를 했다. 그래서 일이 복잡하게 꼬이고 엄마는 생지옥에서 살아야 했다. 엄마는 별거 후 몇 달간 매일 밤 내 품에 안겨 울었고, 지금도 방학에 집에 돌아오면 가끔 한밤중에 엄마가 잠들 때까지 달래줘야 한다. 엄마는 원래 체구가 작긴 하지만 이혼 후에는 몸무게가 40킬로그램 정도로 어쩌면 그 이하로 줄었다. 엄마를 달래주고 붙잡아줄 때면 내가 엄마가 되고 엄마는 내가 지켜줘야 할 자식이 되어버린다. 내가 위로해줄 때마다 엄마는 울고불고하면서 아빠와 바람피운 여자를 헐뜯고 아빠가 우리에게 한 짓을 증오했다. 그런 얘기는 더 이상 듣고 싶지 않았지만 엄마가 무너지는 모습을 지켜보면서 딱히 내가 할 수 있는 일이 없기에 그저 묵묵히 들어주었다.

그러다 대학에 들어갈 때가 왔고, 이젠 나마저 엄마를 남겨두고 떠나야 한다는 생각에 죄책감이 들었다. 엄마는 내가 대학에 들어갈 즈음이면 자식들을 다 독립시키고 아빠와 오붓하게 여행도 다니고 즐겁게 살 거라고 기대했다. 하지만 이제 엄마는 가족의 추억이 고스란히 배어 있는 집에 홀로 남아 앞으로 혼자 살아갈 수 있을지 불안해하며 심각한 우울증에 시달렸다. 나는 혼자 떠나서 죄책감이 드는 동시에, 나만의 새로운 삶을 개척하고 싶은 마음도 간절했다. 홀로 자유롭게 세상을 배우고 싶었다. 내가 어떤 사람으로 성장하고 어떤 경험을 할지 궁금했다. 무엇보다도 이제 어린애 같은 생각에서 벗어나 좀 더 어른스럽게 생각하고 싶었다. 그러려면 집을 떠나 대학에 다니는 수밖에 없었고, 그것은 곧 살면서 가장 힘든 시기를 보내고 있는 엄마를 떠나야 한다는 뜻이었다.

그래도 사정이 조금씩 나아지기 시작했다. 우리는 엄마에게 고양이 한 마리를 구해주었다. 아빠를 대신하지는 못하겠지만 멋진 고양이고 내가 아는 세계 최고의 고양이였다. 녀석이 없었다면 과연 엄마가 잘 버텨낼 수 있었을까 싶다. 엄마는 또 내가 다니던 초등학교에 행정직원으로 취직했다. 이혼하지 않았다면 엄마가 취직하는 일은 없었을 것이다. 엄마는 좀 더 독립적으로 살면서 직접 생활비를 충당하는 법을 배우고, 집안에 문제가 생기면 스스로 돌볼 수 있다는 자신감도 얻었다. 물론 여전히 문제가 생기면 겁부터 집어먹고 울며불며 애초에 문제를 일으킨 아빠를 원망하기는 했다. 엄마 곁에는 가족과 친구들이 든든하게 지켜준다. 조금 우울할라 치면 옆에서 기운을 북돋워주고 저녁을 사주거나 영화를 보여주거나 이런저런 일을 만들어서 정신없이 움직이게 해준다. 그런 주위의 노력에도 불구하고 엄마는 아직 상처를 다 씻어내지 못하고 아빠나 아빠와 함께한 시간을 그리워한다. 25년이나 함께 살면서 추억을 쌓았으니 깨끗이 지워버리지는 못할 것이다.

내가 어떻게 지내는지 이야기하자면, 나 역시 아빠와 함께 살던 시절과 내가 늘 꿈꾸던 삶을 사무치게 그리워한다는 정도만 말할 수 있다. 나는 어릴 때 늘 아빠와 친했고, 여느 딸들처럼 내게도 아빠는 영웅이자 존경하는 인물이었다. 아빠가 그런 사고를 치고 나서도 아빠를 많이 사랑했지만 우리 사이는 점점 멀어졌고, 그래서 속상했다. 아빠가 집을 나간 후로는 정작 내게 중요한 일들에 관해서는 아빠에게 이야기하지 못했다. 내가 부모님의 이혼을 어떻게 생각하는지도 속 시원히 이야기하지 못했다. 어쩐지 아빠한테 상처를 주고 싶지 않았다. 우리 사이가 서먹해진 또 하나의 이유는 만나는 시간이 턱없이 부족하기 때문이다. 처음에는 음식점에서 만나 두어 시간 정도 함께 저녁을 먹었다. 오빠와 나는 아빠가 더 이상 우리와 함께 살지 않는다는 현실을 받아들이기 싫어서 아빠의 새 아파트에 가고 싶지 않았다. 그 집에 들어서는 순간 모든 게 현실로 다가올 것만 같았다. 1년이 지나서야 아빠의 아파트에 드나들기 시작했지만 고작 두어 시간 정도 있다가 나왔다. 아빠의 아파트가 조금 편해질 즈음 아빠는 만나던 여자와 함께 살 집을 구했고, 우리는 다시 음식점으로 내몰렸다. 올해 5월이 되서야 나는 아빠의 새집에 가서 아빠의 새 여자를 만났다. 내가 두려워하던 바로 그 순간이었다. 그 집에 드나드는 것만으로도 엄마가 큰 상처를 입을 줄 알기에 나로서는 매우 힘든 결정이었다. 하지만 기껏해야 한 달에 두어 번, 한두 시간 동안 음식점에서 만나는 것도 진력이 났다. 나는 엄마에게 내가 그 집에 드나든다고 해서 아빠의 여자를 내 삶에 받아들인다거나 엄마를 덜 사랑하는 것이 아니라고 안심시켰다.

내가 시간을 쪼개 두 집을 오가면서 엄마와 아빠를 만나야 하는 날이 올 줄은 몰랐지만 이제는 현실로 받아들여야 한다. 우리 집에 그런 일이 닥쳐서 싫고, 가끔은 한바탕 꿈을 꾼 것처럼 자고 일어나면 엄마와 아빠가 다시 한집에서 화목하게 살고 있으면 좋겠다는 생각도 든다. 그리고 오빠와 내가 크리스마스 휴가에 집으로 돌아가고, 늘 그렇듯 온 가족이 오순도순 모여서 즐거운 크리스마스를 보낼 수 있기를 바란다. 하지만 더 이상 꿈속에서 헤매기만 해서는 안 된다. 부모님의 이혼을 현실로 받아들여야 한다. 우리 가족이 함께한 시간이 애틋하지 않거나 그때를 그리워하지 않는다는 뜻도 아니고, 우리가 함께 쌓은 추억을 지워버리겠다는 뜻도 아니다. 그저 삶의 변화를 있는 그대로 받아들이고 내가 어디까지 감당할 수 있는지 지켜보겠다는 뜻이다. 내게는 좋은 도전의 기회이며, 앞으로 살면서 불행한 변화보다는 좋은 변화를 기다리도록 해주는 원동력이기도 하다.

해설

이 사례에서 눈에 띄는 특징은 이 학생이 가족의 고통을 겪었지만 긍정적으로 글을 마무리한다는 점이다.

많은 이혼가정의 아이들처럼 이 학생도 어느 정도는 혼자 성장하면서 어머니가 이혼에 적응하도록 도와야 했다. 게다가 피상적인 관게나마 앞으로도 아버지를 계속 만나기 위해 아버지를 향한 분노를 억눌러야 했다.

학생들이 부모의 이혼에 관해 토론할 때 존 하비가 자주 하는 말처럼 학생들에게는 앞으로 부모와 교류할 시간이 많이 남아 있다. 학생들은 대부분 20대 초반이고 부모는 주로 40대다. 따라서 지금은 전혀 만나지 않더라도 앞으로는 달라질 수 있다. 부모와 자녀가 함께 상처를 지우려고 노력하면 앞으로 오래 관계를 이어갈 수 있으므로 양쪽 모두에게 도움이 된다. 하지만 자녀들 앞에는 커다란 산이 놓여 있다. 이를테면 부모의 이혼 때문에 엄청난 죄책감과 분노에 시달리면서도 부모와의 관계를 이어가는 법을 찾아야 한다.

관계를 냉소적으로 보기

앞의 여러 사례에서 드러나듯이 부모가 바람을 피워서 이혼한 경우에는 자녀가 관계를 냉소적으로 생각한다. 아래 사례에서는 20살 여학생이 이 문제를 중심으로 자신의 사연을 들려준다. 이 학생이 연애관계에서 보이는 부정적인 태도를 보면, 월러스틴 등(2002b)이 이혼이 아이에게 미치는 부정적 영향에 관해 끌어낸 결론을 입증하는 '전형적인 사례'라고 볼 수 있다.

어릴 때 나는 아이오와 주 교외에서 엄마, 오빠와 함께 셋이 살았다. 아버지가 법적인 문제를 일으키고 불륜까지 저질러서 내가 3살이던 해에 부모님의 결혼생활이 끝났다.

나는 우리 셋이 함께 사는 생활에 잘 적응한 것 같다. 오히려 나는 행운아라고까지 생각했다. 생일이나 크리스마스에는 남들은 한 번 하는 파티를 나는 두 번이나 했다. 아버지는 엄마 몰래 바람피우던 여자와 살았고, 엄마는 다른 남자와 재혼했다가 다시 이혼했다. 20살이 된 지금 나는 부모님의 이혼이 낳은 직접적인 결과인 듯한 문제를 안고 있다.

내게는 10개월 정도 사귄 남자친구가 있다. 우리 관계는 어느 모로 보나 건강하지도 바람직하지도 않다. 그는 내가 대접받길 바라는 대로 나를 대해주지 않고, 나와 같이 시간을 보내려 하지도 않는다. 물론 박사학위 과정에 있어서 공부하느라 시간이 모자라겠지만 내가 보기엔 아무리 그래도 내게 마음만 있다면 시간을 낼 수 있을 것 같다. 나는 그가 화를 내면서 다 끝내자고 할까봐 겁나서 남자친구에게 이런 내 생각을 솔직하게 털어놓지 않고 있다. 나는 우리의 관계에 관해 말도 안 되는 생각에 빠져서 시간을 허비한다. 내가 적절하다고 생각하는 시간 내에 전화가 오지 않으면 다른 여자가 생겼구나 싶어 불안하다. 마음 깊은 곳에선 나를 만날 짬도 내지 못하는 사람이 그럴 여유가 없다는 걸 잘 안다. 내가 그의 집에서 밤을 보낼 때도 그렇다. 아침에 일어났을 때 그가 팔베개를 해주지 않거나 옆에 꼭 붙어 있지 않으면 더 이상 나한테 관심이 없나보다 하면서 의심이 고개를 든다.

친구든, 연인이든, 그냥 지인이든, 깊은 불신의 마음이 내겐 있다. 나는 늘 사람들이 내게 나쁜 의도를 품고 있다고 생각한다. 혹은 내가 너무 오래 같이 있으면 친구들이 나한테 짜증이 나서 떠나주기를 바랄 것이라고 생각한다. 친구와의 관계에서도 소외감을 자주 느낀다. 내가 친구를 사귀고 관계를 이어가는 데는 일정한 패턴이 있다. 나는 아주 사교적이라 친구를 잘 사귄다. 아는 사람도 많고 내가 좋은 친구로 생각하는 사람도 많다. 우선 나는 친구로 잘 지내다가 어느 시점부터 상대가 나를 좋아하지 않거나 내게 화났다고 생각한다. 상대는 남자일 때가 많다. 그러면 나는 그들에게 싸움을 건다. 그렇게 해서 상대를 일정한 거리만큼 떨어뜨려 놓으려 한다. 시비를 걸고는 먼저 떠날 준비를 하고, 내 예상대로 상대가 나한테 넌더리를 내면 나는 우리가 헤어지는 건 내 결정이지, 상대의 결정이 아니라고 생각한다. 나는 사람을 믿지 못해서 심리적으로 엄청난 스트레스에 시달리는데, 원인은 부모님의 이혼에 있다고 생각한다. 하지만 생각해보면 부모님의 이혼에도 긍정적인 측면은 있었다. 우선 책임감과 사람들을 돌보는 능력을 기를 수 있었다. 이혼하고 나서 엄마가 다시 직장에 다니기 시작한 탓에 혼자 알아서 나 스스로를 돌봐야 했다. 자립심을 기르고 필요한 건 알아서 해결하는 법을 터득했다. 데오도란트와 비누 사는 일부터 시작해서 아플 때 몸을 추스르는 것까지 혼자서 해결했다. 어릴 때도 그랬고 지금도 혼자 알아서 한다. 나는 또한 남의 딱한 사정을 못 본 척하지 못하는 편이라 친구가 어려운 일을 당하면 모든 걸 제쳐놓고 달려간다. 때로는 경계를 구분하지 못해, 나한테 중요한 일은 내팽개치고 앞뒤 못 가리고 남을 보살피고는 그들이 내게 똑같이 해주지 않으면 상처 받는다. 머리로는 각자 사정이 있는데 어떻게 나만 돌봐주겠냐고 생각하려 하지만 쉽지 않다.

나는 늘 아무도 날 챙겨주지 않아도 된다고 말해왔고, 그러다 보니 정말 그렇게 됐다. 그래서 내가 어느 누구도 내 삶에 들여놓지 못할까 두렵다. 누구에게도 도움을 받지 않고 살아왔지만 본래 관계란 서로 주고받아야 성립되는 것이다. 나는 아주 독립적인 사람이라 내 세계에 영영 다른 사람을 들여놓지 못할 것 같다는 생각이 들고, 그래서 죽을 것같이 두렵다.

나는 나 자신이 관계를 어떻게 생각하는지 성찰하면서 경계심을 허물려고 무척 노력하지만 역시 매우 힘든 일이다. 나는 지금도 우리 가족의 정서적 거리감을 견디면서 나중에 내 가족은 사랑으로 이끌자고 다짐한다. 그러면 내가 겪은 문제를 바로잡을 수 있을 것이다.

내가 이런 감정을 느끼는 이유가 부모 이혼으로 인한 생활의 변화 때문인지, 여타의 환경적 요인 때문인지는 모르지만 주디스 월러스틴의 책 『예상치 못한 이혼의 유산』을 읽고는 내 감정이 생각보다 훨씬 정당한 감정이라는 생각이 들었다. 그리고 세상에는 나만큼 갖가지 심각한 불안에 시달리는 사람이 있다는 말이 위안이 되기도 하고 슬프기도 했다.

이 사례와 마찬가지로 마크 파인의 강의에서도 몇몇 여학생들은 자신도 남자친구를 오래 사귀는 것이 두렵고 자꾸 남자친구의 정절과 신의를 '시험'하려 들고 대체로 남자를 잘 믿지 못한다고 말했다. 한 20살 여학생은 이렇게 말했다.

부모님이 이혼했을 때 나는 사랑과 관계에 환멸을 느꼈다. 아버지가 엄마 몰래 바람을 피웠다는 말을 듣고는 환멸이 더 커지고 아버지를 미워했다. 남자를 사귈 때마다 아버지가 바람피웠던 기억이 되살아난다. 성숙한 어른인 아버지도 바람을 피웠는데 남자 대학생은 오죽할까 싶다. 나는 늘 남자친구가 나 몰래 바람을 피운다고 의심해서 누구도 통과하지 못할 시험을 치르게 한다. 이를테면 내 마음을 읽고 위로나 관심을 원한다는 것을 그가 알아주길 바라면서도 두려워서 직접 물어보지는 못한다. 내가 이렇게 남자를 믿지 못하는데 건강한 연애관계를 오래 유지할 수 있을지 의문이다.

아래 사례에서는 22살 여학생이 자신은 이성을 제대로 사귀지 못할 거라고 말하고 있다. 특히 부모가 친밀한 관계를 잘 찾도록 이끌어주는 멘토 역할에 충실하지 못했다고 이 학생은 생각한다.

이제 나는 막 10대에서 젊고 독립적인 성인의 단계로 진입하면서 더 많은 난관과 결정이 놓여 있는 현실과 직면하고 있다. 이런 난관에 봉착하면 으레 나의 멘토를 떠올린다. 나의 멘토는 부모님이다. 그러나 멘토와 다른 길을 선택하고 싶다는 생각이 매일 커진다. 심리학 강의에서 이혼에 관해 배우면서 우리 부모님을 떠올리면 그다지 흐뭇하지 않다.

내가 생각하는 연애관계는 완전히 다르다. 나는 부모님의 전철을 밟아 종국에는 이혼으로 끝나고 싶지 않다. 내게는 몹시 두려운 시간이다. 나중에 내가 이혼하고 싶어질까봐 걱정될 뿐 아니라, 내 전부를 쏟아부었는데도 미래의 남편이 나와 같이 살고 싶어 하지 않을까봐 두렵다. 나는 연애관계에서는 몹시 불안해한다. 내가 사랑을 믿지 못해서 여러 문제가 불거진다. 상대는 내 행동을 의아하게 여긴다. 내가 왜 가끔씩 내면으로 움츠러드는지 그 이유를 궁금해한다. 나는 내가 그런 행동을 하는 이유는 관계가 실패로 끝나지 않기를 바라서라고 생각한다.

이혼가정에서 자란 경험 탓에 나는 연애할 때 상대의 마음을 지레짐작하려고 하거나 그밖에 여러 면에서 그 영향을 받았다. 대학에 들어가기 전까지 몇 년간 나는 분노에 휩싸여 있었다. 부모님은 시기에 따라 전혀 다른 부모 역할을 해왔다. 엄마 밑에서 컸다는 점에서 나는 전형적인 이혼가정 아이다. 나는 2주에 한 번씩 주말에 아버지를 만나러 갔고, 여름에는 조금 길게 머물렀다. 7살 때부터 그랬다. 나이를 먹으면서 아버지를 만나는 횟수도 점차 줄었다. 아버지는 점차 내 삶에서 멀어졌다. 내게는 인생의 방향을 물어볼 아버지 상이 없다. 아버지에게 엄격한 훈육을 받아야 했던 시기를 끝내 놓쳐버렸다. 지금은 아버지가 이래라저래라 잔소리를 하려고 하면 가만히 듣고 있기가 힘들다. 예전에는 옆에 없었으면서 왜 이제 와서 내게 이래라저래라 한단 말인가?

나는 아버지에게 인내심을 발휘해서 그분의 삶을 이해하려고 노력한다. 9살부터는 새아버지가 생겨서 내 성장기에 중요한 역할을 해주었다. 새아버지는 내가 16살 때 돌아가셨다. 아버지 상이 있다가 사라진 그때가 나한테는 힘든 과도기였다. 한동안 나는 슬픔에 잠겨서 이제 더 이상 나는 진짜 아버지를 가질 수 없을 거라고 생각했다. 내가 이해하고 '나'를 이해해주는 그런 존재! 내게도 여전히 아버지가 있다고 깨달은 것은 불과 2년 전이다. 나를 낳아준 아버지가 아직 살아계시지 않은가! 그래서 요즘은 아버지가 왜 내 삶에 빈자리를 남겨두고 떠났는지 이해하기 위해서 노력한다. 아버지를 만나면 내가 태어났을 때부터 함께 산 사람을 만나는 기분은 들지만, 진짜 내 아버지라거나 내게 권위를 내세울 수 있는 어른이라는 생각은 들지 않는다. 아버지는 그저 살면서 알아가야 하는 사람 같다. 요즘 나는 아버지와 사이좋게 지내려고 노력하는 중이다. 아버지가 나를 알고, 미래의 내 남편을 알고, 내가 꾸릴 가정과 내 친구들을 알고 지냈으면 좋겠다. 나중에 내가 가정을 꾸리면 아버지가 우리 집에 마음 편히 들렀으면 좋겠다.

숨길 수 없는 고통

아래 두 가지 사례에는 학생들이 부모의 이혼으로 겪는 쓰라린 고통이 담겨 있다. 첫 번째 사례는 21살의 우등생인 남학생 이야기다.

이혼이 지금까지 내 삶에서 어떤 의미였는지를 적으려면 천 마디 말로도 모자란다. 우리 가족이 사람들과 관계를 맺는 데 얼마나 큰 타격을 입었는지는 짐작조차 할 수 없다. 우선 머릿속에 뒤죽박죽인 생각을 두서없이 적어보자면 정서적 무감각, 수면, 남동생, 팽팽한 긴장 등이 떠오른다. 우리 부모님은 서로에게 전혀 애정이 없었다. 서로를 자상하게 대하는 모습은 한 번도 본 적이 없다. '사랑해'라고 말하는 것도 들어본 적이 없다. 우리 집에는 웃음꽃이 피고 화기애애한 적이 없고 늘 팽팽한 긴장만 흘렀다. 이런 환경에서 내 성격이 형성된 것이다. 나는 갈등상황을 피하고, 친구들이 싸우면 말리고, 모두의 입장에서 판단하려고 애쓴다. 덕분에 학교나 사회생활이나 중요한 모든 분야에서 다 성공했으면서도 나는 허무주의에 빠져 있다. 빌어먹을 상을 받을 때마다 내가 아무리 잘해도 부모님이 행복해지는 데는 전혀 보탬이 되지 않는다는 생각이 들었다. 부모님과의 경험으로 인해 결국 연애관계도 망쳐왔다. 이리저리 생각해보고 관계에 관한 강의를 많이 들어도 결국에는 아무것도 모르겠다는 결론에 도달했다.

마지막으로 21살 여학생이 부모의 이혼으로 받은 상처와 그 상처를 아물게 하려고 쏟아온 노력을 소개하겠다.

부모님은 내가 고등학교에 다닐 때 이혼했다. 당시 나는 2학년이었는데 이혼자녀 지원모임에 나갔던 기억이 난다. 처음으로 단란한 우리 가족은 흔들리기 시작했다. 아버지는 집에 있는 시간이 적었는데 사업차 바쁘다고 했지만 허구한 날 술만 마셨다.
나는 현실에서 도망쳤다. 친구들이 나의 도피처였다. 나는 제정신으로 살기 위해 내 가족을 멀리했다. 아니, 어쩌면 아무것도 알고 싶지 않았는지도 모르겠다. 엄마와 아빠의 관계는 걷잡을 수 없는 지경으로 흘러갔다. 나는 그 상황에 얽히고 싶지 않았다. 아빠는 술을 끊겠다더니 약속을 지키지 않았다. 아빠가 번번이 약속을 어긴 탓에 나는 더욱 가족에게서 멀어졌다. 내가 졸업반이 될 무렵 엄마는 실성한 사람처럼 변했다. 여동생은 불량배 패거리에 깊숙이 발을 담갔다. 4년이 지난 지금은 상황도 나아지고 모두가 한결 평온해졌다. 그러나 예전의 문제가 사라진 자리에 새로운 문제가 들어섰다. 우선 여동생이 이제 한 돌 된 그녀의 아기를 잘 돌볼지 걱정이다. 엄마와 남동생도 걱정이다. 둘 다 나약하기 짝이 없는 사람들이다. 한마디로 부모님의 이혼은 '우리 가족'의 이혼이었고, 모두가 큰 타격을 입었다. 이혼은 힘든 과정이다. 아무리 구구절절하게 말하고 글로 쓴다 해도 그저 수박 겉핥기일 뿐이지, 그 상실감의 깊이를 온전히 전하지는 못한다.

이혼의 하위 주제—형제자매의 죽음

우리 책의 사례에서는 학생들의 삶에서 부모의 이혼을 가장 중요한 스트레스 요인으로 주목하지만, 사실 이혼과정 중에 다른 스트레스 요인이 작용하지 않는 경우는 드물다. 이혼이라는 직접적인 요인뿐 아니라 그와 상관없는 요인들까지 더해져서 복합적인 스트레스 요인이 생기는 것이 오히려 자연스럽다. 마지막 사례를 보면 형제를 잃는 슬픔까지 더해져 이혼의 혼란은 배가된다. 여기선 24살 남학생이 형제가 죽었을 때 받은 충격과 그 후 부모가 이혼하면서 가족이 슬픔의 나락에 더 깊이 빠져들었던 혼란스러운 나날의 이야기를 들려준다. 자녀의 죽음은 결혼생활에 엄청난 스트레스를 안겨준다(Harvey, 1996; Harvey & Hofmann, 2002). 이 학생은 결혼해서 자식을 하나 둔 지금도 부모의 이혼으로 인한 경험이 현재 자신의 가정에 어떤 영향을 미칠지 우려하고 있다. 다음 사례는 일련의 사건 속에서 형제의 죽음이 미치는 영향으로 인한 독특한 이야기다.

웹스터사전에서는 이혼을 '혼인관계를 법적으로 해체하는 일'이라고 정의했다. 틀린 말은 아니지만 '이혼'이라는 단어의 진정한 의미를 온전히 표현하지는 못했다. 사람마다 이혼이라는 단어를 다르게 이해한다는 점도 고려하지 않았다. 지금부터 이혼이 무슨 뜻이고, 나와 내 삶에는 어떤 의미인지 나름대로 정의해보겠다.

내 삶에서 이혼은 추상적 개념이자 단어에 불과했다. 부모님은 친한 친구네 부모님들처럼 행복하게 결혼생활을 유지했다. 주변의 이혼가정이나 그 집 아이들을 보면서 이혼이 무엇인지 어렴풋이 짐작할 뿐, 나와는 전혀 상관없는 일이었다. 이혼이란 게 무엇인지, 부모의 이혼은 또 어떤 의미인지 잘 몰랐다.

1991년 여름, 나는 '진짜 세상'에 막무가내로 내팽개쳐졌다. 그해 7월, 하나뿐인 나의 형제가 자살했다. 부모님은 대부분 그렇듯이 각자의 방식으로 슬퍼했다. 서로에게 기대지 않았고 아버지는 다른 여자에게 도움을 구했다. 부모님은 형이 죽고 6개월 만에 별거에 들어갔다가 1년 만에 이혼했다. 그렇게 26년간의 결혼생활에 종지부를 찍었다.

나는 형이 세상을 떠났다는 소식을 듣고 무너지지 않으려고 안간힘을 썼다. 부모님의 이혼은 내 한계를 넘는 일이었다. 학교도 다닐 수 없고(당시 나는 신입생으로 전문대학에 들어간 터였다) 일터에도 나가지 못했다. 당시 나는 어린 시절을 보낸 집에 살았는데, 하루아침에 그 집이 낯설게 느껴졌다. 형도 떠나고 아버지마저 없었다. 설상가상으로 엄마가 남자를 만나기 시작하고 엄마의 남자친구가 우리 집에 들어와 살았다. 나는 엄마를 미워하면서 모든 책임을 엄마에게 돌렸다. 나는 곧 집을 나와서 아버지와 함께 살기 시작했다. 항상 나의 가장 친한 친구였던 엄마하고는 더 이상 아무것도 나누고 싶지 않았다. 지금 생각하면 웃기는 일이지만 사실 아버지도 다른 여자를 사귀다가 결국 결혼까지 했는데도, 나는 모든 책임을 엄마에게만 돌렸다. 적어도 이혼 후 1년 동안은 그랬다.

부모님 두 분 다 결국 재혼했지만 엄마는 다시 이혼하고 아버지는 재혼했던 여자와 헤어졌다가 다시 합치기를 반복했다. 부모님은 두어 번 화해하려고 시도했지만 매번 서로가 변했고 각자 가는 길이 달라서 더 이상 함께 살 수 없다는 사실만 확인했다. 부모님은 친구로 남았지만 나는 아직도 억울한 마음을 풀지 못했다. 나는 성인이 되어 (19살에) 부모님의 이혼을 경험했지만 여전히 뭔가 잃어버린 기분이다. 생일이나 명절에는 상실감이 더 커진다. 내가 사랑하는 두 사람을 따로 시간을 쪼개서 만나는 것도 싫고 어느 한쪽에 소홀했나 싶은 기분이 드는 것도 싫다. 일찍 결혼해서 어린 아들까지 둔 지금도 그런 기분은 더 심해진다. 내 아들은 내가 자식을 위해 꿈꿔온 어린 시절을 보내지 못할 것이다. 내 아들도 할머니와 할아버지 사이를 오가며 살아야 한다. 부모님은 형이 먼저 가지만 않았어도 이혼하지 않았을 거라고 말한다. 나는 그 말에 더 화가 났다. 그렇게 오랜 세월 함께 살고도 어째서 서로에게 기대지 못했는지 불쑥 궁금해진다. 나는 살면서 내 아내에게 같은 실수를 범하지 않으려고 최선을 다한다. 항상 아내와 대화하려고 노력한다.

내가 생각하는 이혼은 법적인 가족해체 이상의 의미가 있다. 이혼은 심리적 고통, 변화, 그리고 부정적 생각과 감정, 나아가 불안정을 의미한다. 하지만 내 이야기는 한 가지 사례일 뿐이다. 이혼을 경험했거나 이혼이 임박한 사람들마다 사연도 다르고 이혼이라는 단어도 각자 다르게 정의한다.

다양한 고통의 주제들

이 3장만 보면 이혼이 아이들에게 악영향을 미친다고 보는 월러스틴 등(2000b)의 주장과 상당히 유사하다. 절망, 혼돈, 혼란, 슬픔, 냉소, 부모 사이에 끼인 기분, 고통, 광기와 같은 주제가 여러 사례에 드러난다. 젊은 사람들은 대개 부모의 이혼을 삶의 다른 상실 경험, 즉 학교생활의 어려움, 연애의 난관, 낮아진 자존감과 관련지어 받아들인다. 스트레스 요인들이 서로 연결되어 작용하면 이혼의 영향이 증폭된다. 실제로 학생들의 마음속에서는 갖가지 사건이 서로 연결되는 경향이 있다.

하지만 우리 책에서는 이혼가정 아이들의 삶에서 상실 혹은 연속적인 상실만 다루지는 않는다. 시간이 흘러 적응하는 이야기뿐만이 아니라 도움을 받고 희망을 품는 이야기도 소개한다. 다음 4장에서는 이혼의 긍정적 영향이 두드러진 사례에 초점을 맞춘다.

아이들은 부모의 새 연인을 만나고 사랑에서 분노에 이르기까지 온갖 감정을 느끼면서 장차 그들의 미래가 어떻게 될지 단서를 얻고 싶어 한다(Wallerstein, Lewis, & Blakeslee, 2000a, 85쪽).

수많은 젊은이들이 부모의 이혼에
적응해왔다. 그리고 그 시기를 견뎌내고
성숙해졌다. 또 많은 사람이 슬픔에
빠져봤다. 하지만 슬픔을 긍정적으로
승화하여 보다 성숙한 자세로 부모를
바라보고 삶의 복병을 바라보면서
관계를 새롭게 시작하는 경우도 많다.

4
희망의 목소리

"나는 친구들보다 빨리 철들었지만 그걸 꼭 나쁘게 볼 필요는 없는 것 같다.
나는 뭐든지 혼자 힘으로 해내는 법을 배웠고, 삶이 언제까지나 예상대로 흘러가리라는 법은
없다는 사실도 깨달았다. 뜻밖의 일들에 대처하면서 내 성격이 형성되었고,
세상을 눈으로만 보지 않고 속을 꿰뚫어보게 되었다. 그래서 나는 부모님을 진심으로
용서하고 이제는 어느 한 분도 원망하지 않는다고 당당히 말할 수 있다."
—22살 여학생이 이혼에서 긍정적인 측면을 찾아낸 이야기

이 4장에서는 부모가 이혼한 후 상실과 고통을 상대적으로 적게 느낀 학생들의 사례를 소개한다. 위의 인용문에 흐르는 분위기처럼 이 4장 전체의 결론은 앞의 3장과 사뭇 다르다. 여기서 소개하는 사례의 주인공들은 나쁜 이혼보다는 '좋은 이혼'(Ahrons, 1994)을 목격했다. 3장의 사례들에 비해 4장의 사례에서는 큰 상처 없이 이혼에서 빠져 나올 가능성을 믿고 희망을 품으며, 또한 관계에 거는 기대가 심각하게 손상되지 않은 모습을 보여준다. 하지만 다른 장의 사례들과 마찬가지로 밝고 긍정적인 이야기 중에도 고통과 상실이 짙게 배어 있다.

다음에 나오는 표 4.1에서는 학생들의 이야기에서 나온 희망에 관한 주요 주제를 정리했다. 부모가 비교적 '우호적'이고 점잖게 이혼한

집 자녀들부터 시작해서, 불행한('그저 괜찮은') 결혼을 이어가느니 차라리 이혼해서 잘됐다고 생각하는 학생들까지 다양하다. 지금부터 이 주제와 사례를 소개하겠다.

표 4.1 학생들의 사례에서 드러나는 희망에 관한 주요 주제

- 이혼은 예의 바르고 우호적인 과정이 될 수 있다.
- 이혼으로 양육의 질이 향상될 수 있다. 가령 새아버지가 자식을 더 잘 돌볼 수 있다.
- 이혼의 결과는 다양하지만 결국에는 모든 당사자에게 긍정적인 결과가 될 수 있다.
- 엄청난 절망의 시간일 수도 있지만 노력하면 건설적이고 희망적인 시간이 올 수 있다.
- 고통과 슬픔의 시간을 지나면 더 크게 성장할 수 있다.
- 부모가 단지 자식을 위한다는 이유로 갈등이 심한 결혼을 유지해서는 안 된다.
- '그저 괜찮은' 결혼이 '충분히 좋은' 결혼은 아니다.

우호적 이혼

21살 여학생의 이야기인 첫 번째 사례에서는 부모가 이혼하면서 자식을 얼마나 훌륭하게 보호할 수 있는지 잘 보여준다.

부모님은 내가 4살일 때 이혼했다. 두 분은 7년간 결혼생활을 지켰다. 나는 아직 어려서 부모님의 이혼으로 큰 상처를 입지는 않았다. 어느 날 유치원이 끝나고 엄마가 날 데리러 왔다. 자동차 뒷자리에 장난감이 가득했고, 엄마는 오늘 새집으로 이사한다고 말했다. 부모님은 요즘도 좋은 관계를 유지하고 있다. 만나서 싸운 적도 없고 이혼 후 줄곧 잘 지내온 것 같다. 아빠는 재혼해서 남동생 둘을 낳았다. 엄마는 몇 번 사람을 사귀기는 했지만 독신생활에 만족하는 것 같다. 내가 결혼해서 자리 잡고 나면 엄마도 누굴 만날지도 모르겠다고 한다. 남자들은 엄마를 만나면 주눅이 드는 것 같다. 엄마는 웬만한 사내노릇을 해낼 뿐 아니라 더 잘하기 때문이다!!! 엄마가 나한테 나중 일은 모르는 법이니 남자에게 온전히 의지해서는 안 된다고 가르쳤다. 의사인 아빠 덕분에 엄마는 부족한 것 없이 살았다.

나는 사실 입양아라는 사실 때문에도 마음고생이 많았다. 가톨릭 자선단체에서는 부모님이 안락한 가정을 꾸릴 거라고 믿고 나를 맡겼는데 정작 두 분이 같이 살지도 못하게 됐다고 생각하면 늘 속상했다. 입양하려면 아기를 만나기 전에 수많은 과정을 거쳐야 한다. 나중에 알고 보니 아빠는 이혼 전에 몰래 바람을 피웠고 이혼한 지 넉 달 만에 재혼했다. 나는 새어머니를 한 번도 좋아한 적이 없고 지금도 좋아하지 않지만 그 사실을 알고는 새어머니가 더 싫어졌다. 불과 몇 달 전에야 남동생이 태어난 시기와 아빠가 재혼한 시기를 비교해보고 알았다. 그때서야 아빠가 왜 그렇게 서둘러 재혼했는지 깨달았다. 나는 몹쓸 짓인 줄 알면서 남동생한테 그 사실을 말해줄 뻔했다.

새어머니와 나는 대체로 사이가 괜찮은 편이지만 나중에는 새어머니가 나의 환심을 '돈으로' 사려 했다는 생각이 들었다. 좀 더 어렸을 때 나는 주말마다 적어도 바비인형 두 개와 양배추인형을 안고 엄마와 함께 살던 집에 돌아오곤 했다. 그렇게 몇 년 사이에 꽤 많은 인형이 모였다. 지금도 새어머니와 함께 옷이나 액세서리를 사러 나가는데 그리 싫지는 않다.

한 가지 좋은 일은 나한테 남동생이 둘이나 생겼고, 나는 동생들을 많이 사랑하고 그애들과 잘 지낸다는 것이다. 나는 아빠를 세상 누구보다 사랑한다.

'이혼과정'을 다루는 마크 파인의 수업에서 어느 20살 여학생은 이렇게 말했다.

부모님이 이혼한다고 말했을 때는 무척 속상했다. 하지만 몇 년이 지나서 보니 그 방법이 최선이었다는 걸 알았다. 솔직히 두 분이 어떻게 그렇게 잘 지낼 수 있었는지 모르겠다. 이혼 후 부모님은 나를 중간에 끼워두지 않으려고 애썼다. 서로에게 화나고, 특히 아빠가 엄마한테 몹시 화난 것 같았는데도 두 분은 늘 서로의 차이를 접어두고 나를 위해 최선을 다하려는 것 같았다. 사실 지난 몇 년 사이 부모님은 다시 친구처럼 가까워졌다. 나는 자식들에게는 이혼을 대물림하고 싶지 않지만 설령 그렇게 된다 해도 부모님이 내게 했듯이 나도 자식들의 요구를 최우선에 두고 싶다.

해설

앞의 두 이야기는 이 4장 전체의 주제를 담고 있다. 한마디로 이 4장에서는 부모가 이혼할 때 아이들의 이익을 최우선에 두어야 한다는 점을 강조한다. 첫 번째 사례는 조금 복잡하다. 이 학생은 입양아인데 입양가족의 아버지가 바람을 피우고 이혼한 후 다시 결혼해서 동생을 낳았다. 우리 책의 사례들, 그중에서도 가족의 혼란을 다루는 6장의 사례에서 알 수 있듯이, 재혼으로 이루어진 혼합가족과 양쪽의 의붓부모나 의붓형제자매들 사이에는 복잡한 관계가 형성되므로 이혼가정의 아이들은 이런 관계를 탐색하고 이해하는 법을 배워야 한다. 새롭게 복잡한 관계가 형성되면서 다양한 사람들과 그들의 입장이 끼어들기 때문이다.

그뿐 아니라 두 이야기 모두에서, 특히 두 번째 이야기에서는 이혼 후 부모가 서로 협조하는 모습을 자식이 알아채고 고마워한다. 부모들은 아이가 당장은 표현하지 않아도 부모가 서로 협조하려고 애쓰는 모습을 보여주면 훗날 아이에게 유익하다는 사실에서 위안을 얻을 수 있을 것이다.

'진짜 아빠'를 얻다

이혼 후 자녀의 삶에 새롭게 의지할 어른(의붓부모)이 생겨서 도움이 되는 경우도 있다. 다음 사례에서는 22살 여학생이 딸의 인생에 깊이 개입하지 않기로 한 친아버지와 딸의 인생에 잘 녹아든 새아버지, 두 사람에 관해서 담담하게 들려준다.

부모님은 내가 7살일 때 이혼했다. 그때가 내 삶에서 가장 기뻤던 순간이다. 밤마다 부부싸움이 벌어질 때마다 나는 제발 부모님이 헤어지게 해달라고 기도했다. 내 친구 재스민과 헤더는 부모님이 이혼하지 않게 해달라고 빌었다고 했다. 다른 아이들은 부모님이 다시 함께 살기를 바란다고 했다. 하지만 내 처지는 달랐다.

부모님이 이혼한 후 나는 2주에 한 번씩 주말에 아빠를 만났다. 아빠는 한동네에 살아서 만나는 데는 제약이 없었다. 엄마는 이혼하고 1년 정도 있다가 재혼했다. 그 후 내가 4학년일 때 우리는 미시간으로 이사했다. 요즘도 아빠를 만나지만 여름방학이나 휴가 때 비행기를 타고 가야 한다. 내가 7학년일 때 우리가 다시 아이오와로 이사해서 그때부터 아빠를 만나는 횟수가 크게 줄었다. 내가 커버린 탓인지 우리가 너무 멀리 떨어져 산 탓인지는 모르겠다.

요즘은 1년에 한 번 정도 통화를 하는데 나는 아빠를 철없는 망나니라고 생각하는 편이다(말이 거칠어서 죄송해요). 아빠에게는 3살, 6살 먹은 아이가 둘 있는데 나는 그 아이들을 사랑한다. 예전에 재스민이 어른스럽게 자기가 먼저 엄마한테 전화하려고 시도한 이야기를 해주었을 때 어떤 심정이었을지 절절히 다가온다. 지난 크리스마스에 나는 아빠의 자식들에게 아이오와 주의 테디베어 두 개를 선물로 보냈다. 아빠한테는 카드를 써서 여름 동안 아빠가 사는 뉴저지에서 지낼 계획이고 아빠와 동생들을 만나게 되어 아주 기쁘다고 알렸다. 아직 답장은 오지 않았다.

내가 우리 강의에 초청된 강연자나 발표자들과 다른 점은 새아빠의 존재다. 나는 세상에서 제일 운이 좋은 사람이다. 엄마는 형편이 나아지자 내게 멋진 아버지가 되어줄 사람과 재혼했다. 새아빠는 지금까지 11년 혹은 12년간 내게 '아빠'가 되어주었다. 나는 외동이고 새아빠에게는 다른 자식이 없다. 엄마가 친아빠와 이혼하고 새아빠와 결혼해서 얼마나 고마운지 모른다. 새아빠는 오늘의 나를 있게 해준 중요한 분이다. 나는 친아빠보다 새아빠를 스무 배쯤 더 사랑한다. 새아빠도 나를 사랑하고 친딸처럼 아껴준다.

흔히들 이혼가정의 아이들은 성인이 되어 관계를 맺는 데 어려움을 겪는다고 하고, 나도 어느 정도는 동의한다. 나는 어릴 때 밤마다 엄마와 아빠가 싸우는 소리를 듣고 그 광경을 보았다. 나는 갈수록 엄마를 닮아가서 내 안에서 엄마의 모습이 점점 커진다. 남자친구와 싸울 때 나는 자꾸 문제를 과장하고 마음에도 없는 몹쓸 말을 쏟아낸다. 부모님이 애들처럼 싸우는 소리를 듣고 자란 탓이다. 그렇게 자랐는데도 무슨 복을 타고 났는지 이제 완벽한 관계를 옆에서 지켜볼 수 있었다. 새아빠가 엄마를 아껴주는 모습을 지켜보면서 사랑이 무엇인지 깨달았다. 여느 부부처럼 엄마와 새아빠 역시 사이가 안 좋을 때도 있지만 앞으로 나는 우리 부모님처럼만 사랑하면서 살기를 바란다.

부모님이 이혼했을 때를 돌아보면 내 삶에서 아주 중요한 사건이었다는 생각이 든다. 덕분에 나는 어른스러워지고 책임감도 강해졌다. 아쉬운 건 없다. 친아버지는 잃었지만 진짜 아빠를 만났다.

또 다른 여학생의 사례에서는 아이들이 부모의 이혼을 돌아보면서 속 깊이 생각하고 희망을 찾는 모습을 보여준다. 이 사례에서도 이혼가정 아이들의 삶에서 의붓부모가 얼마나 중요한 역할을 하는지 드러난다.

나 또한 이혼한 집 자식이라서 강의 중에 발표된 사연과 정보가 낯설지 않다. 비록 사연의 주인공들이 받은 상처는 나보다 심각한 것 같지만 누구나 어느 정도는 상처를 입는다. 가족보다는 개인의 이익과 만족을 중시하는 서구사회의 풍토에서 이혼율은 그 어느 때보다 증가하고 있다. 어릴 적 친구들 중에도 이혼가정 아이들이 많았고, 고등학교를 졸업할 무렵에는 더 늘었다.

우선 내 이야기를 조금 꺼내겠다. 우리 부모님은 1973년에 결혼했는데 그때 엄마가 19살, 아빠가 23살이었다. 두 분은 1976년에 오빠를 낳고 1978년에 나를 낳았다. 처음에는 모든 것이 순조로웠다. 그러다 아빠가 엄마에게 관심을 잃고 술을 너무 많이 마시면서 갈등이 시작됐다. 아빠가 엄마를 아끼거나 보살피지 않은 채 1년쯤 흘러서 엄마와 아빠는 1970년대 말과 1980년대 초에 두 차례 별거에 들어갔다. 두 번째 별거에서 엄마는 결국 이혼을 결정했다. 이혼 후 지금의 새아버지와 재혼해서 남동생을 낳았다.

엄마와 아빠 모두 약물엔 빠지지 않았다. 아빠는 술을 많이 마셨지만 엄마나 자식들에게 폭력을 행사하지는 않았고 생활비도 꼬박꼬박 가져다주었다. 아빠는 엄마를 진심으로 사랑했고 그래서 이혼을 원하지 않았다. 하지만 엄마의 행복을 위해 이혼에 합의해주었다. 내게 부모의 이혼은 힘든 과정이 아니었다. 아마 너무 어려서 무슨 일이 벌어지는지 몰라서 그랬을 것이다. 아빠는 양육비를 보내주었고, 지금도 우리와 가까운 거리에 살면서 연락하고 지낸다. 아빠는 내 삶에서 일정한 역할을 해왔다. 나는 지금도 아빠를 자주 만나고 명절 때마다 함께 지낸다. 아빠는 대학등록금을 보조해주고 내가 직업을 정할 때도 필요한 조언을 해주었다. 아빠를 자주 찾아가지는 못한다. 현재 우리는 2시간 남짓 거리에 떨어져 살지만 아빠도 나도 시간적 여유가 없다. 아빠는 그 후 재혼해 지금은 10살, 12살 된 자식 둘을 두었고, 나는 학교도 다니고 여군으로 군복무도 마쳐야 한다.

가끔 부모님이 이혼하지 않았다면 어땠을지 생각해본다. 새아버지가 돈을 넉넉히 벌어다줘서 엄마가 일하지 않아도 되는 지금에 비해 나았을까? 나는 대학에 다니고 학위를 딸 수 있었을까? 지금처럼 좋은 친구들을 사귀었을까? 오빠와 친하게 지냈을까? 엄마와 친하게 지냈을까? 파티를 많이 즐겼을까? 내 사정이 얼마나 달라졌을까? 잘 모르겠다.

엄마와 새아버지와 함께 살아온 지금 와서 생각해보면 내게는 새아버지가 친아버지나 마찬가지다. 내게는 아버지가 두 분이나 있어서 서로 다른 삶의 교훈을 가르쳐준 것 같다. 나는 사람들에게 새아버지를 소개할 때 '아빠'라고 하고, 새아버지도 나를 친딸로 생각한다. 새아버지는 나를 소중히 아껴주고 나도 새아버지를 소중하게 생각한다. 새아버지는 같이 산 시간도 길고 나를 잘 이해해줘서 인생에 관한 조언도 많이 들려주었지만 친아버지 또한 나한테 아버지가 둘이 아니었다면 몰랐을 지혜를 가르쳐주었다. 아버지가 둘이나 되는 사람이 얼마나 복받은 사람인지는 나중에 인생을 돌아보고 글로 써보기 전까지는 절대 알 수 없다.

해설

앞의 두 가지 사례에서는 새아버지가 아이의 삶에 기여하는 역할이 얼마나 큰지 보여준다. 첫 번째 사례의 주인공은 친아버지와 관계를 유지하지 않는 반면, 두 번째 응답자는 지금도 계속 만난다. 하지만 두 사람 모두 새아버지와는 오랫동안 애정이 넘치는 부모-자식의 관계를 형성해왔고, 그 관계를 소중히 여긴다. 특히 두 번째 사례에서는 둘 이상의 보호자가 자식의 삶에서 중요한 역할을 하는 가족관계를 아이가 기꺼이 수용하는 모습을 보여준다. 이 학생의 보호자는 어머니와 아버지 그리고 새아버지였다.

두 사례의 주인공들은 부모의 이혼을 겪으면서 성숙해졌다고 말한다. 두 번째 학생은 부모가 이혼하지 않았다면 어땠을지 자문한다. 두 학생 모두 이혼이 최선의 선택이었고 자신은 물론 주변의 많은 사람이 부모의 이혼 후 잘 적응했다고 생각한다. 다음 사례 역시 이혼에 대한 균형 잡힌 시각을 보여주고 있다.

좋은 결과도 나쁜 결과도 있지만 대체로 좋게 받아들이기

또 하나의 흥미로운 사례는 22살 남학생의 이야기다.

이혼은 내 삶에 여러 모로 영향을 주었다. 나는 강의에서 다룬 일부 학자들의 주장에는 동의하지 않는다. 그들은 아이에게는 부모가 이혼하는 것보다는 매일 싸우더라도 결혼을 지키는 편이 낫다고 주장한다. 또한 나는 몇몇 학자들의 말처럼 부모의 이혼이 내 인생을 망쳤다고도 생각하지 않는다. 부모님이 이혼한 후 나는 좋은 영향도 받고 나쁜 영향도 받았지만 대체로 이혼은 모두를 위해 올바른 선택이었던 것 같다.

부모님은 내가 8살인 초등학교 2학년 때 이혼했다. 이혼과정은 아주 원만했고, 지금도 두 분은 친구로 지낸다. 처음에는 받아들이기 힘들었다. 부모님은 내가 보는 앞에서 한 번도 싸운 적이 없던 터라 나는 몹시 놀랐다. 다만 부모님 사이가 냉랭한 정도는 감지하고 두 분이 함께 보내는 시간이 줄어든 것도 눈치 챘다. 그때는 내가 너무 어려서 이혼을 받아들이기 힘들었지만 시간이 흐르면서 내 삶의 한 부분으로 받아들였다. 부모님은 결코 내 탓이 아니고, 두 분 다 언제까지나 나를 많이 사랑할 거라면서 항상 나를 이해시키려고 애썼다. 나는 공동양육 방침에 따라 부모와 주말에는 격주로, 평일에는 교대로 만나는 생활에 익숙해졌다. 하지만 부모님이 각자 다른 사람과 연애를 시작하면서 나는 큰 타격을 입었다. 내 삶에 새로운 사람을 들여놓으면서 몹시 힘든 시간을 보냈다. 무엇보다도 부모님이 재혼해서 새어머니나 새아버지가 친부모님 자리를 차지할 것 같아서 싫었다.

결국 두 분 모두 내가 10대 초반일 때 재혼했다. 역시나 부모님의 재혼, 그중에서도 엄마의 재혼을 받아들이기가 힘들었다. 나는 7학년에 엄마와 함께 인디애나로 떠나야 했다. 새아버지가 우리 엄마 아빠가 함께 살던 시카고에서 직장을 구하지 못해서였다. 새아버지가 내게서 아빠와 친구들, 고향을 빼앗아버렸다는 생각에 몹시 화나고 슬펐다. 엄마와 내가 인디애나로 이사한 후에도 새아버지와의 관계는 한동안 삐걱댔다. 아빠와 나는 늘 사이가 좋았던 터라 멀리 떨어져서 둘 다 오랫동안 고통스러운 시간을 보내야 했다. 이 이야기는 뒤에 다시 하겠다. 한편 아빠는 새어머니가 될 사람과 몇 년간 교제하다가 나중에 재혼했다. 나는 명절이나 여름에는 한 달간 아빠 집에 가서 함께 지내긴 하지만 새어머니와의 관계도 썩 좋은 편은 아니다. 이제와 생각해보면 나는 질투심에 사로잡혔고, 새어머니와 새아버지 때문에 이혼 후에 나름껏 적응한 내 생활이 흐트러져서 화가 났던 것 같다.

그래도 새어머니와 새아버지가 생겨서 가장 좋은 점은 친형제나 다름없는 동기들이 생긴 것이다. 나는 외동이고 친동생이 생길 가능성이 완전히 사라진 터에 의붓형제들이라도 생겨서 그나마 다행이었다. 엄마 쪽으로는 형과 누나 넷, 아빠 쪽으로는 동생 둘이 생겼다. 나는 그들을 많이 사랑하고 한 사람 한 사람과 각별한 사이로 지낸다. 부모님이 이혼하고 재혼해서 얻은 또 하나의 좋은 점은 새로운 사람과 친구들을 많이 만났다는 점이다. 모두 내 삶에 중요한 영향을 미치고 평생 친구로 남을 사람들이다. 그들이 내 삶에 들어와줘서 얼마나 고마운지 모른다. 그리고 또 좋은 점은 부모님이 행복해졌다는 것이다. 두 분 다 새 배우자를 만나서 행복하게 살면서 지금까지 10년 넘게 결혼생활을 지켜왔다. 어느 한 분도 다시 이혼할 것 같지는 않다. 참 고마운 일이다.

주변에서는 부모님의 이혼과 재혼의 가장 부정적인 결과는 나와 아빠의 관계가 서먹해진 것이라고들 할 것이다. 요즘 다시 친해지려고 애쓰지만 인디애나로 이사하기 전만큼 가까워지지는 못할 것 같다. 현재 나는 아빠가 사는 주에 있는 학교에 다니고 있지만 둘 다 너무 바빠서 자주 만나지 못한다. 우리 사이가 멀어진 데는 여러 이유가 있지만 거기까지는 들어가지 않겠다. 다만 내가 아빠를 아주 많이 사랑하고 언젠가는 다시 친해지길 바란다는 정도만 말해두겠다.

결국 부모의 이혼에서 부정적인 면이 컸다 하더라도 전체적으로 긍정적인 면도 많았다. 나는 의붓부모들과 점차 좋은 관계를 쌓으면서 더욱 성숙해졌다. 가정불화가 심하다면 자식을 위해서라도 함께 살지 '말기'를 권한다. 길게 보면 자녀에게는 이혼 자체보다는 부부싸움이 끊이지 않는 가정환경이 훨씬 해로운 것 같다. 내가 직접 체험하고 주변 사람들을 보면서 얻은 결론이다. 내게는 이런 경험이 학자들의 통계보다 훨씬 설득력 있게 다가온다.

다른 21살 남학생도 비슷한 결론을 제시했다.

우리 부모님은 이혼했다. 내가 고등학교 2학년일 때 일이다. 그때는 충격이 이만저만이 아니었다. 처음에는 내 잘못이라고 생각했지만 차츰 내 탓이 아니라는 사실을 깨달았다. 나는 이혼이 내 삶을 쥐고 흔들도록 방관하지 않고 긍정적인 방향으로 활용했다. 나는 남보다 일찍 철이 들어 어머니를 보살폈다. 부모님은 여전히 친구로 남았다. 나는 세상일에는 나름의 이유가 있다는 사실을 깨달았다. 부모님은 서로에게 어울리는 짝이 아니었을 뿐이다. 나는 부모님과 사이가 좋은 편이지만 각자와 전혀 다른 성격의 관계를 유지하고 있다. 아버지와 만날 때면 아버지-자식 관계가 된다. 아버지가 경제적 형편을 비롯해 여러 일들을 챙기도록 한다. 어머니와 있으면 내가 남편 역할을 하게 된다. 돈 문제를 비롯해 온갖 문제를 내가 다 알아서 한다.

해설

두 사례의 주인공은 이혼을 최선의 선택으로 여기고, 부모가 이혼한 덕분에 새로운 세계를 접할 수 있었다면서 오히려 고맙게 여긴다. 둘 다 친부모나 의붓부모와 잘 지내려고 애쓴다. 첫 번째 학생은 전형적인 복잡한 이혼 상황을 긍정적으로 해석하는 사람이다. 아주 침착하고 진지하게 만약 부모가 이혼하지 않았다면 만나지 못했을 사람들을 많이 만날 수 있어서 다행이라고 말한다.

두 번째 사례에서는 어머니에게 남편 역할을 대신하는 어려움이 조금 드러난다. 이 사례에는 우리 책에 자주 등장하는 주제가 하나 담겨 있다. 이를테면 이혼 후 과도기나 때로는 무한정으로 부모가 자식(주로 딸이지만 여기서는 아들)에게 절친한 친구의 역할을 요구하는 경우가 있다. 친구 역할은 부모가 다른 이성을 만날 때까지 지속된다. 결국 자식은 부모의 새 연인에게 다시 밀려난 느낌을 받을 수 있다.

다음 사례에서는 22살 여학생이 부모의 이혼에서 장단점을 찾아보고, 가정불화가 심한 환경을 고려하면 자식이나 주변 사람들에게는 말썽 많은 결혼을 지키는 것보다는 이혼과 그 후유증으로 고생하는 편이 낫다고 말한다. 아래 사례에서도 여러 가족에게 나타나는 다양한 적응과 경험이 드러난다.

부모님은 내가 8살일 때 이혼했다. 14살이던 오빠는 나보다 훨씬 부정적인 영향을 받은 것 같다. 이 점에 관해서는 나중에 자세히 설명하겠다.

부모님은 싸우다 지쳐 이혼한 것 같다. 내 기억에 아주 오래전부터 항상 부부싸움이 벌어졌다. 아버지가 걸핏하면 화를 내는 성격이라 부부싸움이 잦았던 것 같고, 그 문제를 해결하지 않으면 안 될 것 같았다. 어쩔 수 없는 현실이었다. 부모님은 늘 싸우지만 누구 잘못도 아니고 그저 아버지의 성격 탓이었다. 엄마가 먼저 싸움을 걸었던 기억은 없다. 아버지는 기분이 좋아지는 법이 없고 지극히 사소한 일에도 화를 내는 사람이었다. 아버지는 공연히 화를 내면서 미친 사람처럼 소리를 지르고 욕했다! 우리에게 직접 폭력을 휘두르지는 않았지만 가끔 물건을 부쉈다(벽에 접시를 던지거나 주먹으로 문을 쳐서 구멍을 뚫어 놓았다). 엄마는 늘 아버지를 진정시켰고, 오빠와 나를 위해 행복한 가정을 꾸리려고 필사적으로 노력했지만 결코 쉽지 않았다. 아닌 게 아니라 아버지는 세상 누구보다 험악한 사람이었는데 적어도 우리가 함께 살던 시절의 기억으로는 그렇다. 게다가 부모님은 성향이 전혀 달라서 서로 어울리기 힘든 부류였다. 사실 부모님도 신혼 때는 행복했을 테지만 둘이 행복하게 사는 모습은 좀처럼 떠오르지 않는다. 엄마는 과하다 싶을 정도로 인자하고 다정하며 너그럽고 이타적인 반면, 아버지는 자기밖에 모르고 철부지처럼 행동할 때가 많았다. 돌이켜보면 나는 부모님이 왜 이혼했는지, 아니 엄마가 어째서 이혼을 원했는지 충분히 이해할 수 있다. 그런데 얄궂게도 이혼을 원한 사람은 아버지고, 오히려 엄마가 상담을 같이 받아보자면서 문제를 해결하려고 애썼다(물론 문제는 해결되지 않았지만!).

아버지는 1988년 여름에 집을 나갔다. 비록 두 분의 결혼생활이 순탄치는 않았지만 그래도 아주 이상한 일이라고 생각했다. 아버지가 왜 집을 나가는가 싶어 어리둥절했던 기억이 난다. 아버지 말로는 아버지가 집을 나간다고 했을 때 내가 많이 속상해했다고 한다(이것도 잘 기억나지는 않는다). 나는 아버지가 어디로 가는지 왜 나가는지 몰랐다. 아버지 말에 따르면 나는 아버지가 아주 멀리, 내가 모르는 어딘가로 '영영' 떠나버려서 다시는 만나지 못할까봐 걱정했던 것 같다. 아버지는 겨우 도시 반대편으로 옮긴 터라 아주 멀리 가진 않았지만 내가 몹시 슬퍼했던 건 사실이다. 아버지는 새 아파트로 대충 짐을 옮기고 나면 곧 나를 데려가겠다고 했다. 그렇게 나는 아버지가 어디로 가는지 눈으로 확인하고 적어도 세상에서 흔적도 없이 사라지는 건 아니라고 안심할 수 있었다. 아버지 말로는 그 후 내가 기분이 한결 좋아져서 엄마한테 돌아가서는 아버지의 새집이 아주 근사하다고 말했다고 한다. 그러고는 내가 그럭저럭 잘 지내는 것 같았다고 한다.

부모님이 별거하던 즈음 나를 괴롭히던 한 가지가 생각난다. 부모님은 아직 이혼을 결정하지 않았고, 게다가 내가 너무 어려서 앞으로 어떤 난리가 벌어질지 말해주지 않았다. 나는 부모님 사이에 무슨 일이 생길 것 같아서 전전긍긍했다. 친구들 중에 부모님이 이혼한 친구가 없어서 마땅히 물어볼 데도 없었다. 부모님이 자세히 말해주지 않아서 내가 아는 것이라고는 아버지가 그 이름도 알쏭달쏭한 '시험별거'라는 것을 위해 집을 나간다는 사실뿐이었다. 나는 사이가 좋지 않으면 '이혼'이라는 걸 한다는 말을 들은 적이 있어서 우리 집에도 그런 일이 생길까봐 슬슬 걱정이 되었다. 그래서 어느 날 밤 엄마가 내게 이불을 덮어줄 때(아버지는 벌써 집을 나간 뒤였다) 솔직하게 물었다. "엄마랑 아빠랑 이혼해요? 정말 그런 일이 일어나요?" 그때 처음으로 솔직한 대답을 들었다. 앞으로 벌어질 상황을 감당할 만큼은 성숙한 아이로 대접받은 것이다. 엄마는 이렇게 대답했다. "그래, 결국엔 그렇게 되겠지. 아빠하고 엄마는 아마 이혼하게 될 거야." 8살 아이에게는 너무 충격적인 말일 거라고 생각할지 몰라도(물론 엄마의 대답을 듣고 슬프기는 했다), 나로서는 마침내 솔직한 대답을 듣고 앞으로 우리 집이 어떻게 될지 정확히 그려볼 수 있어서 오히려 안심이 되었다. 나는 아버지가 집을 나간 뒤로 뭐가 어떻게 되는지도 모른 채 어쩌면 아버지가 다시 집에 들어와서 다 잘될지도 모른다고까지 생각한 터였다. 엄마가 그런 일은 일어나지 않는다고 확인해준 셈이었다.

그 모든 일이 벌어졌을 때 나는 아직 어려서 오빠보다는 잘 견딜 수 있었다. 나는 부모님이 어떻게 결정하든 의문을 품지 않을 나이였다. 부모님은 현명하고 어른이고 권위 있는 사람들이므로 옳다고 판단하고 결정을 내렸다면 분명 옳은 결정일 거라고 믿었다. 나는 이혼을 정해진 현실로 받아들였다. 나는 부모님이 그렇게 결정할 수밖에 없었을 거라고 믿고 순순히 받아들였다. 나와 달리 오빠는 이미 부모에게 불만을 품고 부모를 부끄러워하고 부모가 '멋지지 않고' 매사에 잘못된 의견을 낸다고 생각하는 나이였다. 오빠는 실제로 무슨 일이 벌어지는지 알았던 것 같다. 내가 아는 것보다 훨씬 큰일이 벌어지고 있었고, 오빠는 정말 옳은 선택인지 의문을 품었다. 그래서 나보다 훨씬 고통스러워했다. 오빠는 이혼 때문에 나보다 크게 타격을 입었다. 고등학교에 다닐 때는 말썽을 많이 부렸는데, 부모님은 오빠가 이혼 후 생활에 적응하지 못해서라고 생각했다. 지금까지도 오빠는 아버지에게 앙심을 품고 모든 시련을 아버지 탓으로 돌리는 것 같다. 사실 나도 나이 먹고 어른의 눈으로 그때 일을 돌아보면 오빠와 똑같은 기분이 든다.

어쨌든 나로서는 부모님이 그 시점에 이혼해서 다행이었다. 너무 어렸을 때 일이라 잘 기억나지도 않는데다, 그때는 그냥 현실을 인정하고 걱정하지 않았다. 덕분에 큰 상처 없이 지나간 것 같다. 오빠는 나만큼 운이 좋지 않았다. 오빠는 부모님의 이혼으로 안 좋은 영향을 받았고, 앞으로도 그때의 기억이 지워지지 않을 것 같다. 사실 오빠는 부부싸움을 나보다 많이 지켜봐서 이혼과정 자체만이 아니라 오랜 가정불화에도 시달렸다. 하지만 가족 어느 누구에게도 이런 결혼생활을 지속하는 것이 바람직하지는 않았다. 아버지는 여전히 성질이 불같다. 엄마가 단지 자식을 위한다는 이유로 혼자서 그 성질을 받아줘서는 안 될 노릇이다. 우리 집은 아버지가 떠난 후 조용하고 화목해졌다. 아이들을 키우기에 훨씬 좋은 환경이 됐다.

그렇다고 내가 부모님의 이혼에 아무런 영향을 받지 않았다는 뜻은 아니다. 전혀 그렇지 않다. 지금 와서야 몇 가지 영향이 드러나고 있다. 왜 그런지 몰라도 나는 늘 결혼을 아주 부정적으로 생각했다. 행복하고 건강한 결혼을 보고 자라지 못해서일 것이다. 내가 장차 결혼해도 좋을 사람을 만날지도 의문이다. 결혼은 매우 심각한 사안이라서 아무리 제짝을 만난다 해도 나중에 완전히 오판이었다고 깨달을 날이 올 것만 같다. 만약 결혼이란 걸 한다면 분명 천생배필을 만나 절대 이혼하지 않을 거라는 확신이 들어서일 것이다. 물론 그런 날이 올지 의문이다.

기본적으로 우리 집에서는 이혼이 최선의 선택이었지만, 안타깝게도 사람들은 이혼과정에서 심각한 상처를 입는다. 앞에서 엄마가 이혼 후 우울증에 시달리고 체중이 많이 줄었던 이야기를 빠트렸다. 다행히 엄마가 어려운 고비를 넘기고 다시 평온을 찾기까지 그리 오래 걸리지는 않았다. 아마 오빠와 나를 위해 정신을 바짝 차려야 한다고 생각했을 것이다. 불행히도 아버지는 엄마에게 큰 상처를 안겨주고 자식들을 키우는 데 경제적으로 아무 도움을 주지 않았다. 엄마 혼자 엄청난 짐을 짊어져야 했다! 안타깝게도 오빠는 그 시기를 넘기면서 몹시 힘들어했고, 앞으로도 고통과 분노를 모두 삭이지 못할 것 같다. 나 역시 결혼과 연애를 부정적이고 비관적으로 생각하는 편이다. 나는 남자친구를 믿지 못하고 배우자로도 받아들이지 못한다. 나는 늘 상처받을까봐 전전긍긍하면서 내 감정을 꽁꽁 숨겨왔고, 그러느라 제대로 행복을 누리지 못하고 살았다.

그나마 싸움이 끊이지 않는 집에서 살지 않아도 돼서 다행이다. 그때의 기억은 충분히 불행했다. 안 그래도 힘든 사춘기에 그런 집에서 살아야 하는 건 상상도 하기 싫다. 운 좋게도 세상 누구보다 훌륭한 엄마가 여러 모로 나를 도와주었다. 엄마는 내 행복을 위해 뭐든지 다해주었다! 덕분에 나는 얻은 것이 하나 더 있다. 다름 아니라 엄마와 더 친해진 것이다. 아버지가 떠난 후 오빠와 엄마와 나는 더욱 돈독해졌다. 내가 12살일 때 오빠가 독립해서 이후 7년 동안 엄마와 단둘이 살았다. 우리는 아주 친해졌고 엄마는 내게 제일 친한 친구가 되었다. 아버지하고는 그럭저럭 잘 지내왔다. 나는 아버지를 아버지가 아니라 친구 같은 존재로 생각했다. 고등학교에 다닐 때까지는 2주에 한 번씩 주말에 아버지를 만나 나름대로 즐거운 시간을 보냈다. 내가 아버지를 예전만큼 좋아하지 않게 된 때는 나도 어느 정도 나이를 먹고 아버지의 성격적 결함과 실수, 모든 일에 대한 책임을 알면서부터였다. 아버지는 오빠와 내게 훨씬 든든한 아버지가 되어줄 수도 있었다. 하지만 그런 게 인생인가 보다. 언젠가는 내 마음속에 막 싹트기 시작한 분노가 녹아내리기를, 그리고 언젠가 아버지 스스로 좋은 아버지가 되어 주지 못한 사실을 깨우칠 날이 오기를 바란다.

이 보고서를 쓰면서 부모님의 이혼과 얽혀서 온갖 감정이 밀려왔다. 할 말이 없어서 몇 자 못 쓸 줄 알았는데 막상 지난 시간을 돌아보자 하고 싶은 말들이 마구 떠올랐다. 아직도 할 말은 많이 남았지만 감정을 어떻게 풀어내야 할지 모르겠다. 꼭 하고 싶은 말이 있다면 이혼은 결코 좋은 일이 아니고 모두가 상처를 받기는 하지만, 때로는 이혼도 최선의 선택이 될 수 있다는 점이다. 아이들은 잘 이겨내고 남들처럼 정상적으로 살 수 있다. 나 또한 적응력이 뛰어난 편이라 바람직한 방향으로 잘 가고 있고 대체로 행복하게 살아온 것 같다. 부모님이 이혼하지 않았다면 분명 지금보다 잘살지 못했을 것이다. 이혼은 바람직한 결과를 낳기도 한다. 한쪽(혹은 양쪽) 부모와 더 가까워지고 의미 있는 관계를 맺기도 하고(부모님이 이혼하지 않은 친구들은 내가 엄마와 친해 보인다면서 부러워한다), 이혼가정에서 자라면서 어쩔 수 없이 남보다 일찍 철이 든다. 이혼으로 주위의 모든 사람이 힘들어졌지만 다들 어느 정도 극복하고 또 소중한 교훈도 얻었다.

해설

위의 사례에서는 아이들이 이혼에 잘 적응한 이유를 설명하고 이혼의 긍정적인 결과를 간략히 소개한다. 특히 이 학생은 자기네 집은 불화가 심해서 결혼을 지키기 어려웠다면서 자식 입장에서는 부모가 이혼한 덕분에 이후로도 오랫동안 부부싸움을 지켜보지 않아도 돼서 오히려 다행이라고 말한다. 그러나 오빠는 동생만큼 이혼을 극복하지 못했다. 오빠는 그전부터 가정불화의 한복판에 서 있었고 알 만큼 알 나이인데다 부부싸움 중에 어느 편을 들겠냐는 요구도 받았을 것이다.

황무지를 헤치고 나와 희망 찾기

우리의 책에는 나쁜 이혼이나 시기가 좋지 않은 이혼 때문에 충격적인 결과를 경험한 사람들의 이야기가 많다. 반면에 이혼을 극복하면서 힘도 생기고 철이 들었다고 말하는 사례도 많다. 수많은 젊은이가 나쁜 이혼에 큰 충격을 받고 자기는 연애나 결혼에서 같은 실수를 범하지 않겠다고 다짐했다. 다음 21살 여학생이 좋은 실례다.

이혼은 일상다반사가 되었다. 특히 미국에서 이혼은 더 이상 특별한 사건이 아니다. 미국인의 51퍼센트가 이혼한다는 통계가 있다. 이런 통계를 가볍게 넘기지 말고 섣불리 결혼에 뛰어들거나 재미로 결혼생활을 시작해서는 안 된다. 세상 모든 일처럼 결혼에도 부정적인 측면이 있다. 따라서 그 측면을 파악하고 나서 결혼에 관한 일을 벌이든지 말든지 해야 한다. 내가 보기에는 사람들은 더 이상 결혼의 책임을 지고 싶지 않을 때 그 책임을 벗어던지려면 이혼밖에 없다고 생각하는 것 같다.

우선 나의 외가 쪽으로 이혼에 얽힌 가족력을 언급하겠다. 외할머니와 외할아버지는 두 분의 결혼 전에 각자 다른 사람과 결혼한 상태였다. 두 분 다 18살이 되기 전에 첫 번째 배우자와 결혼했다. 또 이모는 결혼한 지 10년 만에 이모부가 다른 여자와 달아나서 이혼했다. 그리고 엄마는 23년 전에 나의 친아버지와 결혼했다. 엄마는 결혼하고 1년이 지나 나를 낳았다. 우리 아버지는 남편과 아버지 역할을 제대로 해낼 준비가 되지 않아서 내가 6개월 됐을 때 엄마를 떠나기로 결정했다. 아버지는 이혼하면서 엄마의 패물과 자동차까지 몽땅 가져갔다. 엄마는 가진 것을 다 빼앗기고 옷가지와 집, 소중한 자식만 남았다. 사실 아버지는 이혼 후 자식하고 전혀 인연을 맺고 싶어 하지 않았다. 나는 애초에 아버지에 대한 기억이 없던 터라 아무렇지 않았지만 엄마는 사정이 달랐다. 재산도 많이 빼앗긴데다 아주 많이 사랑한 남편까지 잃었다. 엄마는 결혼할 준비가 됐지만 아버지는 준비가 되지 않았던 것이다.

다행히 1년 정도 지나서 엄마는 내게 진정한 아빠가 되어준 분을 만나기 시작했고, 그때부터 그분이 나의 아빠가 되어주었다. 두 분은 내가 5살 때 결혼해서 6개월 후에 남동생을 낳았다. 어쩌면 '휴, 참 행복한 결말이군……'이라고 생각할지 모르겠지만 사실 보기보다는 복잡한 사정이 있었다. 엄마는 첫 남편과 헤어지고 다시 다른 남자를 믿고 다시 결혼하기 위한 용기를 끌어내기까지 5년이 걸렸다. 내가 어렸을 때 새아빠가 심야교대로 밤에 출근할 때마다 엄마가 악몽을 꾸던 기억이 난다. 엄마의 표정을 보고 말을 들어보면 친아버지 꿈을 꾼 것이 분명했다. 나는 엄마가 울음을 멈출 때까지 잠자코 안아주곤 했다.

물이 호스를 따라 흐르듯 이혼은 우리 집안 내력이다. 때문에 나는 나중에 결혼하더라도 악순환의 고리를 끊고 싶다. 엄마와 새아빠의 결혼생활은 대체로 원만한 편이었다. 두 분은 티격태격하면서도 16년간 결혼생활을 이어오고 있다.

어쩌다 심하게 다투는 광경을 본 적은 있지만 대체로 힘든 시기를 잘 견디고 서로 최선을 다했다. 더 이상 부모님 사이에 갈등이 자주 일어나지 않아서 진심으로 뿌듯하다. 월러스틴 교수는 가급적 결혼을 지키려고 최선을 다해야 하고 서로를 충분히 알아보고 나서 결혼식도 올리고 감당하기 힘들 수 있는 생활을 시작해야 한다고 주장했는데, 나도 이 주장에는 동의한다. 다만 월러스틴은 이혼제도의 존재 자체를 부정하면서 나보다 훨씬 강경한 입장을 취했다. 나는 그 정도로 단호한 입장은 아니다. 솔직히 말해 나는 바위처럼 단단해야 할 결혼을 깨지기 쉬운 일로 생각하는 요즘 세태에 신물이 난다. '죽음이 우리 두 사람을 갈라놓을 때까지'라는 맹세를 진지하게 고민해야 한다. 이 말이 바로 월러스틴이 하고 싶은 말이었을 것이다. 요컨대 결혼을 만만하게 보거나 장난으로 생각해서는 안 된다. 결혼은 평생 지켜야 할 약속이다. 모두가 이 사실을 절감하기 전까지 미국의 이혼율은 증가추세를 멈추지 않을 것이다. 나는 결혼을 지키기 위해 최선을 다하고, 이혼은 최후의 수단으로 고려해야 한다고 생각한다.

다음 사례에서는 또 다른 21살 여학생이 부모의 이혼과 관련된 상실을 견디면서 얻은 내면의 힘을 보여준다.

이혼은 주변의 모든 사람에게 영향을 미치는 아주 힘든 일이다. 나 역시 이혼의 희생자다. 부모님은 내가 13살일 때 이혼했는데 그때가 내 인생에서 가장 힘든 시기였던 것 같다. 나는 그때 수많은 새로운 일을 경험했다. 새 학교(중학교)에 들어가 새로운 친구들을 사귀고 사춘기를 지나고 같은 해에 당뇨병 진단까지 받았다. 내 삶이 무너지고 있다는 생각이 들지 않을 수 없었다. 이혼하기 2년 전에 아버지는 다른 여자와 바람이 났다. 알고 보니 그 여자는 어머니의 친구이자 아버지의 직장동료였다. 부모님은 문제를 해결하려고 노력했고, 전보다 더 행복한 것처럼 보였다. 하지만 1년 반쯤 지나서 어머니는 그들이 다시 만나고 있다는 사실을 알았다. 그때 어머니는 다 끝내기로 결정했다.

이혼은 내 생활을 바꿔놓았다. 형제들과 나는 어머니를 따라 집을 나갔다. 다행히 아직 부모님 사이가 아주 나쁘지 않아서 언제든 아버지와 만날 수 있고 양육권에 관해서는 엄격한 제약을 두지 않기로 합의했다. 나는 온가족이 모여 살던 시절이 그리웠다. 고등학교에 다니던 오빠와 언니는 집에 있으려 하지 않았다. 아마 가족이 모두 모여 살지

앉아서 진짜 집 같은 생각이 들지 않은 모양이었다. 전에는 저녁마다 모두 둘러앉아 그날 하루를 어떻게 보냈는지 담소를 나누었지만 이제 그런 시간은 추억으로만 남았다. 모인다 해도 주로 어머니와 여동생과 나만 모였다. 게다가 우리는 소도시에 살고 있어서 우리 집에 일어난 일을 동네 사람들이 다 안다는 사실에 몹시 부끄러웠던 기억이 난다.

내 친구들 중에서 부모님이 이혼한 집 자식은 나 하나였다. 친구 집에 놀러 가서 단란한 가족을 보면 속도 상하고 그런 가족을 되찾고 싶은 마음이 간절했다. 그래도 다들 적극 도와주어서 고마울 따름이다. 어머니와 나는 아주 가까워져서 어머니가 나의 가장 친한 친구가 되었다. 어머니에겐 내가 필요했고 나한테는 어머니가 필요했다. 게다가 아버지와도 잘 지내면서 지금까지도 친밀한 관계를 유지한다. 나는 늘 '아빠 딸'이었기에 아버지가 우리한테 그런 짓을 저질렀을 때 도저히 용납할 수가 없었다. 다행히 나는 쉽게 용서하는 편이라 과거는 덮고 현재와 미래를 위해 살기로 했다.

부모님이 이혼한 후 나는 힘들게 헤쳐 나왔지만 덕분에 더 건강하고 강인한 사람으로 성장했다. 나는 책임감을 배우고 열심히 일하는 법을 배웠다(14살부터 일하기 시작해서 지금도 내 힘으로 대학에 다닌다!). 나는 매사에 감사하고 만족하고 낙천적인 편이다. 생각해보면 우리 가족에게는 이혼이 최선의 선택이었다. 가끔 부모님이 이혼하지 않았더라면 어땠을지 생각한다. 그런데 잘 생각해보면 모든 일에는 이유가 있고, 오늘의 내가 나라는 사람으로 존재하는 이유는 과거에 나한테 일어난 일들 때문이다. 그런 일들 덕택에 나는 훨씬 더 괜찮은 사람이 된 것 같다.

해설

앞의 여러 사례에도 명백히 드러나듯이, 자녀들은 부모가 이혼하는 어려운 환경에서도 긍정적인 측면을 찾으려고 노력해야 한다. 첫 번째 학생은 우리 책의 전형적인 이야기를 소개하면서 '물이 호스를 따라 흐르듯 이혼은 우리 집안 내력이다. 때문에'라는 말을 시작으로 1장에서 설명한 이혼의 세대간(혹은 세대내) 전이에 관한 이야기를 풀어낸다. 그래도 두 학생 모두 나름의 균형 잡힌 생각과 정신력을 드러낸다. 그들은 이혼이라는 역경에 당당히 맞설 수 있고, 앞으로도 자신들의 삶에 영향을 미칠 이혼의 여러 가지 결과에 적응하는 동안 맞닥뜨릴 사건들에도 잘 대처할 수 있다고 자신한다.

'황무지를 헤치고 나와 희망 찾기' 주제의 마지막 사례는 21살 남학생의 이야기다. 이 학생은 부모가 언제 이혼하든 자녀는 엄청난 충격을 받는다고 성찰한다. 그래도 자식은 훌훌 털고 일어나서 앞으로 나가야 한다. 장기적으로는 고비를 넘기기만 하면 이혼을 하지 않은 경우보다 훨씬 좋은 결과를 얻을 수 있다고 말한다.

> 이혼은 아주 비극적인 사건이며 주변의 모든 사람에게 힘든 일이다. 부모든 자녀든 가족 모두가 타격을 입는다. 가끔 아이가 이혼을 경험해도 되는 최선의 나이는 몇 살일까 생각해본다. 6살 정도면 좀 더 쉽게 받아들일 수 있을까? 16살은 어떨까? 26살은 어떨까? 상황에 따라 다르겠지만 내가 보기에 10대들이 이혼을 받아들이기가 가장 힘들 것 같다. 나는 부모님이 이혼할 때 많이 힘들기는 했지만 다행히 대학

생이라 그 시기의 90퍼센트 정도는 집 밖에 나와 있었다. 한집에 살면서 그 과정을 지켜보았다면 어땠을지 상상이 가지 않는다.

부모님이 이혼하기로 선언했을 때 나는 무슨 일이 있어도 함께 살아야 할 부모님이기에 두 분이 나와 동생들에게 빚을 지는 거라고 생각했다. 나는 어떻게 해서든 이혼을 막아보려 했다. 그날 일이 하나도 빠짐없이 기억난다. 무슨 일이 벌어졌고, 내가 어디 있었으며, 나의 첫 반응이 어땠는지 다 생각난다. 나는 그때 막 대학 1학년을 마치고 여름방학을 맞아 집으로 돌아와 있었다. 부모님은 주방으로 우리를 부르고 부모님 사이가 끝났다고 말했다. 아버지가 이렇게 말문을 열었다. "너희 엄마와 내가 너희에게 할 말이 있다. 지금부터 하려는 말은 우리가 내린 결정 중에서 가장 힘든 결정이었다.……" 순간 나는 부모님이 무슨 말을 할지 알아챘다. 부모님이 말을 마치자 나는 막 성질을 부리면서 그건 절대 안 된다고 억지를 부렸다. 어떻게 되든 상관없었다. 이혼만은 막아야 했다. 이혼이 손쉬운 해결책으로 보여도 결과는 아주 심각할 것 같았다.

무엇보다도 부모님이 이혼하자 나의 모든 친밀한 관계가 달라졌다. 동생들과 아버지하고는 그 어느 때보다 가까워졌다. 어머니와 (지금은 헤어진) 여자친구하고는 멀어졌다. 이혼 때문에 인생관과 인간관계를 보는 눈이 얼마나 달라졌는지 생각하면 아주 놀랍다. 그때 이후로 나는 전혀 다른 사람으로 변해서 세상을 다른 눈으로 보게 된 것 같다.

회복은 애도과정에서 중요한 부분인데 나는 이제 회복된 것 같다. 살다 보면 오르막도 있고 내리막도 있지만 나는 모든 일에는 다 이유가 있다고 확신한다. 어떤 알 수 없는 이유로 나는 부모의 이혼을 경험해야 했다. 더 강인한 사람이 되기 위해서였을 수도, 관계를 보는 눈을 뜨기 위해서였을 수도, 동생들과 더 친해지기 위해서였을 수도, 아버지와의 관계를 영영 바꾸기 위해서였을지도 모른다. 내가 부모의 이혼에서 회복됐다는 말은 완전히 '극복'했다는 뜻이 아니다. 언제까지나 '극복'할 수 있을 것 같지 않다. 어떻게 극복할 수 있겠는가? 그것은 내 사춘기 시절의 비극이고, 나라는 사람을 영원히 바꿔놓은 경험이었다. 하지만 삶이 끝난 것도 아니고, 나는 계속 내 앞에 펼쳐진 길을 따라갈 것이다. 지금 나는 부모님이 함께 살던 시절과 비교하면 다른 사람이 되었고, 그 일로 인해 더욱 강인해졌다.

결국엔, 성장과 희망

다음 22살 남학생의 사례에는 일반적인 주제가 담겨 있다. 만약 누군가 어릴 때 이혼의 상실감과 복잡다단한 사건들을 겪고 살아남기만 하면, 그 사람은 이혼이 없었다면 가능하지 않았을 정도로 크게 성장할 수 있다는 것이다.

부모님은 내가 대학 2학년에 올라가기 전에 27년간의 결혼생활을 끝냈다. 불과 1년 전 대학으로 떠나기 전만 해도 늘 사이가 좋아 보였던 터라 나는 큰 충격을 받았다. 부모님이 이혼한 중요한 이유를 하나 꼽자면 엄마가 18살이고 아빠가 19살일 때 결혼했다는 사실을 들 수 있다. 고등학교를 갓 졸업한 부모님은 결혼이 두 분에게 최선의 선택이라고 생각했다. 결혼하고 10달 만에 낳은 첫아이가 우리 형 애런이다. 자식을 너무 일찍 낳는 바람에 두 사람은 부부로서 가까워질 틈이 없었다. 그래서 내가 마지막으로 고등학교를 졸업하고 대학에 들어가서 집을 떠나면 두 분 사이에 문제가 생길 소지가 있었다.

처음 나한테 사정을 알려준 사람은 엄마였다. 두 분 사이에 문제가 있어서 부부상담을 받으면서 지난 27년간 다지지 못한 관계를 새롭게 시작해볼 생각이라고 했다. 자식들이 다 떠나자 두 분 사이엔 남은 것이 아무것도 없었다. 하지만 아빠는 이혼절차가 마무리될 때까지도 두 분에게 문제가 있다는 말조차 꺼내지 않았다. 아빠 스스로 엄마와의 관계를 잘 이어가지 못해서 그 대가를 내가 치르게 됐다고 말하기가 쉽지 않았을 것이다.

나는 자꾸 엄마에게 화가 치밀었다. 엄마는 아빠만큼 재결합하려고 애쓰지 않은 것처럼 보였다. 집에 혼자 남아서 외로워하는 아빠를 보면 자꾸 미안해지곤 했다. 덕분에 나는 엄청난 중압감에 시달리면서 학교생활이나 일, 그리고 부모님이 다시는 같이 살지 못하는 현실 사이에서 중심을 잃지 않으려고 안간힘을 썼다. 부모님과 친구들이 여전히 내 옆에 있지만 나는 아직도 한밤중에 울면서 생각한다. 나한테 왜 이런 일이 일어났을까?

나의 분노는 아빠보다는 엄마에게 향했던 것 같다. 엄마가 나한테 다 말해주지도 않고 심지어 아빠 몰래 다른 남자를 만나는 것 같아서였다. 왜 그렇게 생각했는지는 모르지만 아마도 엄마는 극복하고 잘 지내는 것 같은데 아빠만 내게 아직 엄마를 사랑한다고 말해서였던 것 같다.

부모님 사이가 틀어지면서 두 분이 이혼하지 않았다면 모르고 살았을 일들이 드러났다. 내가 태어나기 1년 전에 친할머니가 돌아가셨다. 나는 어릴 때 할머니가 지병으로 돌아가셨다고 들었는데 알고 보니 할머니는 자살하면서 우리 엄마를 원망했다고 한다. 할머니는 우리 엄마가 아빠를 빼앗아가서 엄마를 막으려면 스스로 목숨을 끊는 수밖에 없다고 믿었다. 아빠는 할머니가 아파서 생각이 온전치 않았던 걸 알면서도 은연중에 엄마를 원망했고, 그래서 자식들이 다 떠나고 나서 관계를 회복하지 못한 것이다.

이혼은 내게 몹시 고통스러운 경험이었지만 덕분에 나는 관계에 관해 많이 배우고 관계를 잘 유지하려면 무엇이 필요한지 배웠다. 내가 얻은 가장 큰 교훈은 대화다. 문제가 생기면 몇 년 뒤로 미루지 말고 당장 문제에 직면해야 한다. 또한 부모 사이가 좋아야 자녀도 집을 떠난 후 건강한 관계를 시작할 수 있다. 우리 부모님은 자식들과 한집에 살 때는 늘 사이가 좋아 보였다. 그 점은 아주 고맙게 생각한다. 나는 대학에 들어갈 때까지도 부모님 사이에 문제가 있는지 전혀 몰랐다. 가족과 친지 모두에게 엄청난 충격이었다. 나는 엄마와 아빠를 용서했다. 두 분 다 나를 무조건 사랑하니까 충분하다고 생각한다. 두 분 다 훌륭한 부모님이고, 실수는 누구나 저지르므로 그것을 통해 배우고 나아가면 된다. 부모님의 이혼 후 나는 가족 모두와 더 가까워졌고, 가족을 사랑하고 고마워하는 마음도 더 커졌다. 세상일은 늘 최선을 향해 나아가는 것 같다.

해설

이 사례는 자녀가 부모의 이혼과정에 (얼마간이라도) 개입하면서 배우는 교훈을 제시한다. 뿐만 아니라 뒤늦게라도 어린 시절의 분노와 좌절의 원천을 이해하면서 얼마나 생각이 깊어지는지 볼 수 있다. 여기서 아들은 어머니가 어긋난 부부관계를 회복하려고 노력하지 않는다고 생각해서 분노한다. 그리고 가까이서 이혼을 지켜보면서 관계를 오래 유지하려면 무엇이 필요한지 깨달았다고 말한다. 더불어 죽음(할머니의 자살)이 개입하면서 아버지에게 얼마나 큰 타격이 있었는지 이야기한다. 현재의 가족관계가 더욱 탄탄해졌다고 말하는 이 학생의 태도를 보면, 아이들은 고통의 한복판에서도 잘 살아남아 삶의 교훈을 얻을 것이라는 희망을 품게 된다.

다음 22살 남학생도 성장에 관해 비슷하게 이야기를 풀어간다. 이 학생은 이혼가정에서 흔히 맏이가 떠안는 과중한 책임에 주목하고 있다. 또한 부모를 인터뷰하면서 이혼 사유를 이해하려고 시도한다.

1988년 5월말 어느 토요일 아침이었다. 그때 난 4학년이었다. 방 안에는 엄마와 아빠가 떨어져 앉아 있었다. 그들 앞에 어떤 길이 놓여 있는지 상징적으로 보여주는 모습이었다. 나는 아빠가 입을 열기도 전에 무슨 말을 하려는지 알았지만 미리 알았다고 해서 상처가 덜한 것은 아니었다. 아빠는 엄마가 앞으로 따로 살 거라고 말했고, 그 말은 내 가슴에 비수로 꽂혔다. 나는 내 방으로 뛰어가서 울었다. 왜 그렇게 슬펐는지 모르지만 온종일 울었다. 나는 엄마와 아빠가 이혼한다는 말을 듣고 무척 화가 났다. 나 자신이 불쌍했다. 나는 이혼한 집의 '그런 애들'이 되고 싶지 않았다. 내가 아는 이혼한 집 애들은 모두 탁아소에 처박혀 지내면서 복잡한 집안 사정에 시달렸다. 이혼가정, 하면 떠오르는 안 좋은 이미지가 무수히 많았다.

며칠 동안 나는 어떻게 해야 할지 몰랐다. 슬프기도 하고 내 삶이 구렁텅이에 빠져 회복될 가망이 없다고도 생각했다. 앞으로는 나 혼자 알아서 커야 한다는 생각이 머릿속을 떠나지 않았다. 이혼 후 몇 주 사이에 부모님 모두 살이 확 빠졌고, 엄마는 독감에 걸렸다. 아빠는 기운이 하나도 없어 보였다. 이제부터는 사업뿐만이 아니라 집안일까지 돌봐야 한다는 중압감에 짓눌린 것 같았다. 이혼과 가족해체에 관한 연구에 따르면, 가정에 비극적인 사건이 벌어지면 부부의 관계가 심각하게 흔들리고 이혼까지 가는 경우가 허다하다. 사실 엄마는 오랫동안 우울증과 알코올중독에 시달렸고, 이혼하기 2년 전엔 자살까지 시도했다. 부모님이 받아온 정신적 스트레스를 생각하면 이혼도 놀라운 일은 아니다. 처음에 나는 이혼을 감당하지 못하고 몇 년이나 고통스런 시간을 보냈다. 이혼 이후 몇 년이 지나도록 상처가 아물지 않아서 부모님이 가까이 있다는 느낌을 받지 못했다. 그런데 처음에는 한부모가정의 자식으로서 떠맡은 책임이 버거웠지만 덕분에 훨씬 의젓하게 성장한 것 같다. 오랫동안 집안일을 돌보면서 성취감과 자신감을 얻었다. 게다가 나의 성격적인 특질 하나를 명확히 파악해냈다. 이를테면 나는 늘 사람들을 기쁘게 해줘야 한다고 생각하는 사람이다. 10대 시절 내내 엄마는 내가 기분을 알아주지 않으면 속상해했기 때문에, 엄마가 우울해지지 않도록 기분을 풀어주고 즐겁게 해주었고,

그러느라 늘 진이 빠졌다.

최근에는 아빠가 재혼해서 모두 행복한 시간을 보냈다. 아빠가 사랑하는 사람을 만나 안정을 찾아서 마음이 한결 가볍다. 결혼식이 끝나고 몇 주 사이에 내 심리상태도 많이 달라졌다. 사실 부모님의 이혼 때문에 속이 꽉 막힌 것 같았다. 그제야 이혼이 무의식적으로 내 정신건강을 얼마나 짓누르고 있는지 깨달았다.

대학생활은 내게 아주 긍정적인 경험이었다. 덕분에 같이 살면서 끔찍이 아끼던 가족을 한 발짝 떨어져서 바라볼 수 있었다. 나는 정신건강을 위해 가족과 일정한 거리를 두어야 했다. 부모님의 재혼은 매우 중요한 의미를 지닌다. 부모님이 재혼하면서 나는 이혼 후 남아 있던 상실감을 정리할 수 있었다. 글쓰기는 상실을 극복하는 좋은 방법인 동시에 상실을 더 잘 이해하는 방법 같다.

내게는 답을 찾지 못한 문제가 하나 있다. 15년이 지난 후에도 아직 찾지 못했다. 나는 답을 모르지만 답을 아는 사람이 누구인지는 안다. 하지만 우리 가족만의 일이라면서 아무도 자세히 이야기하지 않는다. 가족의 울타리 밖으로 새어나가서는 안 된다며 이 문제를 생각하거나 공유하거나 꺼내지 않으려 한다. 이미 벌어진 일이고 엎질러진 물을 어떻게 주워 담느냐는 식이다. 그래도 나는 못내 찜찜했다. 어째서 나는 답을 모르지? 나도 가족의 일원이다. 나도 부모님이 왜 이혼했는지 듣고 이해하고 싶다.

나는 큰맘 먹고 남동생, 여동생, 엄마, 그리고 누구보다 어려운 상대인 아빠에게도 인터뷰해서 물어보기로 했다. 그렇다, 꼭 그래야 했다. 뭐라고? 내가 무슨 생각을 했냐고? 이거 못하겠구나. 얘야, 우리 부모님은 내가 7살 때 이혼하셨단다. 왜 그랬을까? 내 대답도 너랑 같아. 모르겠다는 거지. 믿어지니? 내 아빠는 이렇게 대답할지도 모른다. 우리 가족이 이혼에 잘 적응해온 건 사실이지만 부모님은 애초에 왜 이혼하게 됐을까? 오랜 세월이 지난 지금도 모른다. 입 밖에 꺼내면 안 되는 문제였기 때문이다. 이 문제를 건드리는 건 옳지 않았다. 하지만 조금 더 생각해보면 나는 심지어 부모님이 언제 결혼했는지도 모른다. 몇 년도, 몇 월 며칠에 했는지 모른다. 당황스럽다.

그래서 나는 이 보고서를 준비하면서 간단히 조사하고 문제의 답을 찾아 조금이라도 이해하려고 노력했다(교수님, 고맙습니다). 22살에도 모르면 언제 안단 말인가? 나는 동생들에게 물을 질문 목록을 만들었고 나도 최대한 내 어린 시절의 경험을 돌아보고 답을 채워넣었다. 각자가 느끼는 바가 다르기 때문에 내 생각만 전달하고 싶지는 않았다. 그러고 나서 특히 신경 쓰이는 부분을 적었다. 대체 내가 뭐라고 부모님한테 이런 질문을 던지는 거지? 아냐, 물어보지 못할 건 또 뭐야? 아무도 물어본 적 없다. 지금 그걸 해야 한다.

가족과 인터뷰를 해보기 전에는 부모님이 이혼을 감정적으로 어떻게 생각하는지 전혀 몰랐다. 친밀한 관계를 다루는 심리학 시간에 존 하비 교수는 부부 사이에 이혼이 마무리되기까지는 대체로 한쪽 배우자가 평균 6년간 이혼을 고민한다고 설명했다. 아빠가 이혼이라는 말을 꺼내기 전에 얼마나 고민했을지 짐작이 갔다. 그런데 이상하게도 부모님은 처음 이혼 얘기가 나온 때와 이혼절차를 마무리한 때를 서로 다르게 기억하고 있었다.

묘한 안도감이 들었다. 엄마와 인터뷰할 때는 76분이 걸렸는데 안도감이 들었다니, 이상한 일이었다. 나는 엄청나게 울었다. 내가 시비를 걸어 격렬한 언쟁이 오가기도 했다. (내가 이런 말을 할 자격이 있는지는 모르지만) 나는 엄마가 이혼을 받아들인 방식이 마음에 들지 않았다. 그 문제에 관해서는 심경이 복잡하다. 반면 아빠와의 인터뷰는 생각보다 훨씬 좋게 끝났다. 내게는 충격적인 대답도 몇 가지 있었지만 아빠가 타당한 이유를 들어 결혼을 기다리는 문제에 관해 조언해줘서 좋았다. 엄마는 내가 인터뷰를 요청했을 때 '그 일은 들추고 싶지 않다'고 했다. 그래도 답도 모른 채 15년을 살면서 내 심정이 어땠는지 엄마한테 털어놓을 수 있어서 기분이 한결 좋았다. 아빠는 지금껏 그때 일에 관해서는 한마디도 해본 적이 없다고 했다. 아빠는 그렇게 좀처럼 감정을 드러내지 않는 분이다. 그런 아빠에게 대답을 들을 수 있어서 아빠와 나 모두에게 좋은 경험이었다.

나는 형제자매들에게도 이 인터뷰에 관해 이야기했다. 둘은 부모님의 대답에서 날짜조차 일치하지 않는다는 말을 듣고 꽤 놀랐다. 에리카는 인터뷰 자료를 보여 달라고 하고, 조는 엄마와 아빠의 대답을 전부 듣고 싶어 한다.

이상하게도 기분이 한결 나아졌다. 나는 질문을 했고 대답을 들었다. 어떤 대답은 아직도 충격이 가시지 않는다. 그래도 문제를 덮어두지 않고 들춰냈다는 사실이 좋았다. 이제야 마침내 부모님의 이혼이 종결된 것 같다.

해설

이 사례에서는 부모에게 이혼에 관해 질문하면서 스스로 자녀가 감정을 풀어낼 수 있을 뿐 아니라 상당한 치유효과를 거둘 수도 있다는 사실을 보여준다. 이 학생은 가족을 인터뷰하면서 각자의 입장을 이해했을 뿐 아니라 자기 감정도 어느 정도 분출할 수 있었다. 덕분에 형제자매들도 이해하려는 노력이 서로에게 도움이 된다고 깨닫는다. 그리고 그들도 더 알고 싶어 한다. 인터뷰가 부모에게도 도움이 되었을까? 정확히는 모르지만 부모도 자식들에게 이혼에 관한 그들의 감정을 털어놓으면서 긍정적인 효과를 얻었을 것이다.

'그저 괜찮은' 결혼에 대한 거부

어떤 학생들은 '그저 괜찮은 결혼'을 유지해야 한다는 월러스틴 등(2000b)의 주장에 이의를 제기했다. 다음에 소개하는 사례들은 월러스틴의 논리를 반증하는 전형적인 예다. 첫 번째 사례는 21살 여학생의 이야기다.

> 부모님은 내가 5살 때 이혼했고, 나는 엄마하고 몇 년 살다가 아빠 집으로 들어갔다. 이혼에 관해서는 아무것도 기억나지 않는다. 꼭 한 번 아주 어렸을 때 부모님이 주방에서 언성을 높인 기억은 있다. 나는 겁에 질려서 고함소리가 멈추게 해달라고 빌었다.
> 아빠는 내가 8살 때 다른 여자를 만났는데 나중에 새엄마가 될 그 여자는 아빠를 도와 언니와 나를 보살펴주었다. 두 분은 1994년에 결혼했다. 새엄마는 항상 우리를 친자식처럼 돌봐주었다. 중학교와 고등학

교 시절에 새엄마와 아빠 밑에서 자란 그 시간이 오늘의 나를 만들어 주었다.

고등학교 3학년 때 아빠와 새엄마가 이혼하기로 했다는 말을 꺼냈을 때 나는 큰 충격에 휩싸였다. 두 분이 헤어질 거라고는 상상도 못했다. 커다란 망치로 가슴을 얻어맞은 기분이었다. 내가 기댈 수 있는 든든한 보금자리가 하루아침에 사라져버린 것 같았다. 물론 새엄마를 자주 만나고 계속 좋은 친구로 남겠지만 어쨌든 이혼하고 나면 관계가 달라질 터였다. 새엄마와 아빠의 이혼으로 내 결혼관이 바뀌긴 했지만 그렇다고 이혼에 관한 월러스틴 교수의 의견에 동의하지는 않는다. 월러스틴은 아이에게 이혼은 끔찍한 사건이므로 아이는 인생에서 어떤 관계를 맺든 결코 이혼의 고통을 극복하지 못한다고 전제하고 이론을 정립한 듯하다. 월러스틴의 전제에는 문제가 있다. 나 역시 부모의 이혼을 겪고 많이 달라지긴 했지만 더 강인해지고 바람직한 방향으로 바뀌었다.

나 또한 결혼이라는 제도를 경계하는 건 사실이다. 하지만 웬만한 20대 여자는 나처럼 생각할 것이다. 나 역시 언젠가는 아이도 낳고 결혼도 할 것이다. 이혼을 겪었다고 해서 언젠가 결혼하겠다는 생각까지 바뀌지는 않았다. 게다가 나는 '그저 괜찮은' 결혼을 지키는 것은 모든 당사자의 시간을 낭비하는 일이라고 생각한다. 부부가 불행하고 서로 사랑하지 않는데도 결혼을 지켜야 할 이유가 있을까? 자녀를 위해 어쩔 수 없는 선택이라는 말은 어불성설이다. 자녀를 잘 키우는 것도 비극으로 치닫기 전에나 가능한 일이다. 이혼도 어차피 성장과정에서 넘어야 할 산이다. 결혼을 지키는 것보다 부모 모두가 자녀를 지켜주면서 부모-자식 관계를 돈독히 다지는 것이 더 중요하다.

나는 주말에 집에 내려갈 때마다 새엄마를 만난다. 지금도 우리는 제일 친한 친구로 지낸다. 나는 아빠와 새엄마가 행복해지기 위해 내린 결정을 존중하고, 나와 형제들을 사랑하면서도 가족을 위해 최선의 결정을 내려줘서 고맙게 생각한다. 그보다 더 건강한 방법은 없을 것이다.

해설

위의 사례에서는 부모가 자녀를 위한다면서 끔찍한 결혼생활('그저 괜찮은 결혼'이라고 치장하면서)을 참고 사는 것에 대해 젊은이들이 말하는 반론과 유사한 주장을 펼친다. 학생들은 하나같이 '제발 함께 살지 말라'고 외친다. 다들 부모가 행복해야 자기도 행복하다고 주장하고 있다.

다음 사례에서도 21살 여학생이 월러스틴 등(2000b)의 주장과 다른 입장을 제시한다.

나는 21살이다. 우리 부모님은 작년 2월에 이혼했다. 나는 어렸을 때는 부모님이 싸우는 소리를 들으면서 자랐다. 우리 집에는 '화목한 저녁식사'나 단란한 가족모임 따위는 없었다. 남동생은 어렸을 때 말수가 적었고, 부모님이 서로에게 화가 나서 폭발할 때마다 남동생은 겁에 질렸다. 내 기억에 부모님은 정말 별것 아닌 사소한 일로 싸웠다. 나는 툭하면 싸우는 집에서 살아가는 법을 익히긴 했지만 그런 가정환경은 여러 면으로 내게 영향을 미쳤다.

우선 나는 창피해서 집에 친구들을 데려오지 못했다. 부모님이 갑자기 싸워서 친구들이 불편해할까봐 걱정됐다. 게다가 나는 꼭 할 말이 있을 때도 부모님에게 말을 걸지 못했다. 부모님이 늘 싸우고 있어서 말을 붙일 틈이 없었다. 동생도 마찬가지였다. 동생도 친구들을 집에 데려오지 못하고 학교성적도 형편없었다. 부모님이 자식들 공부는 봐주지 않고 싸우는 데 정신이 팔려서 그러지 않았을까?

나는 주디스 월러스틴 교수가 제안하는 '그저 괜찮은 결혼' 이론에 동의하지 않는다. 월러스틴은 '그저 괜찮은' 결혼이기만 하면 자식을 위해서 결혼을 지켜야 한다고 주장한다. 내 경우에는 그래서는 안 되었다. 우리 부모님은 '그저 괜찮은' 결혼을 유지했다. 두 분은 폭력을 휘두르거나 치고받고 싸우거나 (어쩌다 한 번 정도를 빼고는) 나나 동생한테 소리를 지르지는 않았다. 그렇다 해도 '그저 괜찮은' 결혼은 나나 동생에게 전혀 도움이 되지 않았다. 그래서 나는 부모님이 좀 더 빨리 이혼했더라면, 그래서 동생과 나를 끝도 없는 말다툼에서 더 일찍 해방시켜줬더라면 내 삶이 어떻게 달라졌을지 생각하게 된다. 더 빠른 이혼으로 부모님의 말다툼이 사라졌다면 동생은 말을 많이 했을 것이다. 나는 아마도 아버지와 친해졌을지 모른다. 아버지가 어머니와 말다툼하느라 시간을 허비하지 않고 자식들과 더 많이 시간을 보냈을 테니. 동생은 학교성적이 좋아졌을지 모른다. 부모님이 좀 더 일찍 이혼했더라면 내가 어떻게 달라졌을지 정확히 알 수는 없지만 가정해서 생각해보면 흥미롭다.

이혼이 성사된 건 불과 얼마 전이지만 나는 늘 부모님이 언젠가는 이혼할 줄 알았다. 하지만 늘 부모님이 이혼하지 않게 해달라고 빌었다. 학교 친구들 중에 이혼한 집 아이들이 있었는데 다른 친구들이 그 아이들을 어떻게 보는지 잘 알았기 때문이다. 나는 친구들이 나도 그렇게 볼까봐 두려웠다. 우리 집이 아무 문제도 없는 '완벽한' 집이었으면 좋겠다고 생각했다. 나는 부모님이 이혼할 거라고 눈치 채고는 장차 나한테 무슨 일이 닥칠지 걱정하면서 살아야 했다. 다행히 대학에 진학해 독립할 때까지는 부모님의 이혼을 '감당'하지 않아도 되었다. 아무리 내가 부모님이 이혼하면 싸우는 걸 보지 않아도 돼서 좋을 거라고 생각했다 해도 실제로 이혼을 감당하기는 쉽지 않았을 것이다. 나는 또한 부모님이 이혼하고 나면 더 가까워지고 친구처럼 지내기를 바랐다. 간혹 그런 사람들도 있다는 말을 '들었던' 것이다. 하지만 그렇게 되지는 않았다. 부모님은 지금도 만나기만 하면 싸운다. 아직 동생과 내 문제로 두 분이 만나서 상의할 때가 있다. 이혼이 남긴 또 하나의 결과는 부모님에 대한 내 감정이다. 내가 부모님에게 느끼는 주된 감정은 걱정이다. 부모님이 혼자서 잘 지낼지 걱정되고, 부모님이 여생을 혼자 살게 될까봐 걱정되고, 부모님이 외로울까봐 걱정되고, 아버지와 그다지 가까운 사이가 아니어서 앞으로 아버지와 더 멀어질까봐 걱정된다.

한편으로 나는 책임감도 느낀다. 아버지와 연락이 끊기지 않도록 내가 노력해야 한다는 책임감이 생긴다. 내가 먼저 연락하지 않으면 아버지도 연락하지 않을 것이다. 지금까지만 보면 괜한 걱정이긴 하다. 아버지는 자주 전화하고 이메일도 보낸다. 또한 부모님이 잘 지내는지 확인해야 할 것 같은 책임감도 느낀다. 그래서 자주 전화를 걸어 안부를 묻고 '확인'한다. 동생은 부모님에게 자주 연락하지 않는다. 동생도 이혼을 '좋은' 선택으로 여기지만 아버지와 연락하려고 노력하는 것 같지는 않다(둘은 관계가 좋았던 적이 없다). 동생은 아버지가 먼저 전화하기를 마냥 기다린다. 어머니하고는 자꾸 부딪히면서 어머니 심정은 조금도 헤아리지 않고 못된 말을 쏟아놓는다. 오랫동안 부모님의 치열한 말싸움을 보고 자란 탓일까? 반면에 나는 어머니와 사이좋게 지내고 말다툼은 거의 하지 않는다. 나는 어머니와 아버지 마음을 헤아려서 두 분 다 외롭지 않게 해주려고 애쓴다. 동생은 내키는 대로 집에 들어오고, 오지 않으면 어머니가 얼마나 걱정할지는 안중에도 없다(동생은 어머니와 같이 산다).

물론 앞서 제기한 질문에는 정답이 없다. 그래도 여전히 부모님이 좀 더 빨리 이혼해서 동생과 나를 위해 열악한 가정환경을 일찍 끝내주는 편이 좋았을지, 아니면 제때 잘 이혼했는지 궁금하다.

해설

이 사례의 주인공은 이혼이 자신의 가족에게 꼭 필요했다고 생각한다. 나아가 부모가 더 빨리 이혼했더라면 동생과 자기에게 더 바람직한 환경이 조성됐을 거라고 믿고 있다. 이 학생은 부모가 외로워하지 않도록 애쓰고 동생의 행복을 지켜야 한다는 책임감도 느낀다. 나이답지 않게 성숙한 태도는 어느 정도 이혼과 그 여파로 인한 결과로 보인다.

미묘한 입장 차이

다음 사례에서 20살 여학생은 자녀가 상황을 평가하면서 느끼는 이혼의 장점과 단점을 제시하고, 월러스틴 등(2000b)이 탐구한 이혼이 자녀에게 미치는 부정적인 영향을 제시하면서 둘 사이의 미묘한 차이를 드러낸다.

> "결혼을 결정할 때와 달리 이혼을 결정할 때는 자녀가 있는 가정에서 서로 합의 하에 결정을 내리는 예가 거의 없고……한쪽 배우자가 다른 한쪽보다 결혼에서 벗어나고 싶은 열망이 강하지만……다른 한쪽은 전혀 이혼을 원하지 않을 수도 있다." 주디스 월러스틴의 『이별을 견디는 법Surviving the Breakup』에 나오는 이 글은 우리 부모님이 이혼했을 때의 상황을 그대로 설명해준다. 나는 두 번이나 부모의 이혼을 경험했다. 사람들은 우리 집을 정상적이지 않다고 여기는데 사실 그렇다. 내게는 부모님 네 분, 이복남동생 둘, 친언니 한 명이 있다. 지금은 부모님의 상황이 조금도 불편하지 않지만 예전에도 그랬던 건 아니다.
>
> 나의 친부모님은 대학을 졸업하자마자 결혼해서 내가 2살도 되기 전에 이혼했다. 여기서는 친부모님의 이혼에 관해 자세히 설명하지 않겠다. 어머니는 내가 3살일 때 재혼했다. 새아버지 톰은 내게는 최고의 아버지였다. 친아버지도 만나기는 하지만 같이 살지 않아서 내게 실질적인 보호자는 새아버지였다. 내게는 어머니와 톰과 함께 사는 것이 당연해 보였다. 우리는 여느 가족과 다르지 않고 그저 덤으로 부모님

이 한 명 더 있을 뿐이었다. 나는 주로 어머니와 톰의 집에서 살면서 격주로 주말에 아버지와 아버지의 새부인 쉴라의 집에 갔다. 처음에는 아버지집에 가는 걸 싫어했다. 언젠가는 어머니에게 우리가 항상 가는 집에 사는 그 이상한 아저씨는 누구냐고 물었다. 좀 더 자라면서 아버지집에 가는 것이 좋아졌다. 아버지는 설탕이 든 시리얼도 먹게 해주고 영화관에도 데려갔다. 집에서는 못하던 것들을 마음껏 하게 해주었다. 우리 집에는 규칙이 더 많았다. 일주일에 한 번만 친구들하고 놀 수 있고 잠자는 시간도 정해져 있었다. 어머니는 영양가에 광적으로 집착하는 사람이라 단 음식은 절대 못 먹게 했다. 그리고 엄격한 규칙을 정한 사람은 톰이었다. 나는 톰에게 자주 화가 나서 울면서 어머니에게 달려갔다. 하지만 어머니는 나를 도와주지 않았다. 어머니는 자기를 대신해서 자식을 엄격하게 훈육할 사람이 있어서 다행이라고 생각했다.

하지만 시간이 흐르고 좀 더 자라자 나는 어머니가 행복한 적이 없었다는 사실을 깨달았다. 어머니와 톰은 항상 싸웠다. 말 그대로 매일 싸웠다. 그리고 절대로 일어나지 않을 줄 알았던 일이 터졌다. 어느 날 어머니와 톰이 가족회의를 열자고 했다. 모두가 둘러앉자 갑자기 톰이 울음을 터트렸다. 다 큰 어른이 우는 모습은 차마 보고 있기가 힘들었다. 나는 7학년이어서 두 분이 무슨 말을 하려는지 벌써 눈치 챘다. 톰은 눈물을 흘리면서 "네 엄마와 나는 갈라서기로 했다"고 말했다. 나는 울음을 터트리고는 아무 말도 하지 못했다. 화가 치밀었다. 어머니는 울지 않았지만 톰은 울었다. 어찌된 일일까? 어머니가 톰에게 왜 그러는지, 나는 그 생각에서 벗어나지 못했다. 얼마 후 톰은 작은 아파트를 얻어 나갔다. 나는 톰이 불쌍했고, 그래서 어머니가 미웠다.

그때 일에 관해서 할 말은 많지만 몇 장에 다 쓸 수가 없다. 나는 이제 20살이고 모든 것이 달라졌다. 어머니는 다른 사람을 만나 마침내 행복을 찾았고, 어머니가 행복을 찾아서 나도 기쁘다. 그리고 오랜 시간이 걸리긴 했지만 결국에는 어머니가 톰과 이혼한 이유를 이해하고 받아들일 수 있었다. 어머니는 행복하지 않았다. 누구나 행복할 권리가 있다. 나는 그 이혼 후 힘든 시기를 보냈다. 늘 죄책감에 시달렸다. 문제를 해결하는 데 내가 도울 수 있는 일이 있었을 것 같았다. 한편으로는 화도 많이 났다. 그래서 고등학교 시절에는 가족에게서 멀어지고 내 정체성을 잃었다. 대학교 2학년이 돼서야 이혼과 그 후유증으로 인한 여러 문제를 해결하기 시작했다.

나도 이혼이 싫다. 다들 '결혼'의 의미를 심사숙고하지 않고, 함부로 결혼을 결정하는 것 같다. 결혼을 진지하게 생각하지 않아서 불필요한 이혼이 양산되는 것 같다. 나는 부모님과 같은 실수를 저지르고 싶지는 않지만 그들의 선택을 원망하지도 않는다. 결혼한 부부에게 문제가 생기면, 특히 자식을 둔 가정이라면 문제를 해결해보려고 최선을 다해야 한다. 하지만 해결되지 않는 문제가 있다면 자식을 위해서라도 같이 살아서는 안 된다. 나는 노상 싸우기만 하는 부모와 함께 살면 얼마나 괴로운지 알기에, 지금처럼 떨어져 살더라도 부모님이 행복한 모습을 볼 수 있어서 기쁘다. 나는 만반의 준비를 마치고 화목하게 살 자신이 생길 때까지는 결혼할 생각이 없다. 그래도 앞날은 아무도 모른다.

해설

이 사례는 수많은 이혼가정 아이들을 대신해 '솔직한 심정'을 밝히고 있다. 한마디로 이혼이 썩 마음에 들지는 않는다고 말하는 것이다. 이 학생은 끝까지 결혼을 지켜낼 자신이 없으면 처음부터 결혼하지 않겠다고 다짐한다. 부부 사이에 문제가 생기면 해결하려고 노력해야 한다. '아이에게는 불화가 심한 결혼이라도 이혼보다는 낫다'는 주장에는 동의하지 않고, 불화가 심한 결혼까지 지킬 필요는 없다고 말한다. 그리고 이 학생은 자신의 어머니가 마침내 누구에게나 필요한 행복을 누리고 있다면서 기뻐한다.

다음의 마지막 사례에서는 21살 남학생이 복잡하고 미묘한 생각을 보여준다. 이 학생은 부모의 이혼에서 혜택을 보았고, 길게 보면 모든 일이 잘 풀릴 것이라고 말하고 있다. 또한 이혼가정의 아이들이 공통으로 품는 생각을 밝힌다. 자기 자식은 같은 일을 겪게 하고 싶지 않다는 것이다. 우리 책에 실린 다양한 사례에는 공통점이 하나 있다. 아이는 '이혼'이라는 말을 처음 들었을 때의 슬픔과 실망을 오래도록 생생하게 기억한다는 것이다.

이혼은 아이들에게 가장 힘든 경험 가운데 하나다. 이혼은 상상을 넘어선 다양한 방식으로 아이의 삶에 충격을 가한다. 가족구조 전반에 영향을 미칠 뿐 아니라 아이의 사회적 생활과 자존감에도 큰 타격을 준다.

부모님은 내가 1학년일 때 이혼했다. 그때는 피부로 느끼지 못했지만 얼마 지나지 않아 내 삶이 완전히 달라졌다는 사실을 깨달았다. 부모님은 우리를 불러 앉혔다. 지금도 어제 일처럼 생생하다. 형과 함께 '놀이방'에서 놀고 있을 때 거실로 나오라는 말을 들었다. 부모님은 적갈색 소파 양쪽 끝에 앉고 우리를 가운데에 앉혔다. 어린 나이에도 뭔가 심상치 않은 일이 벌어질 거라는 직감이 들었다. 그때는 몰랐지만 얼마 후 나는 주변 친구들이나 친척들과 달리 전형적인 미국가정에서 자라지 못하게 되었다.

두 분 다 두려움과 슬픔에 젖은 눈으로 우리를 바라보았다. 우리가 기뻐할 소식이 아니라는 것을 잘 알기 때문이었다. 부모님은 우리를 많이 사랑한다고 말했다. 그러고는 두 분 다 눈물을 흘리면서 각자 따로 살기로 했고 아빠가 나가서 살고 형과 나는 엄마와 함께 집에 남을 거라고 설명해주었다. 아빠가 우는 모습을 본 건 두 번인데 그때가 첫 번째였다. 아빠는 이혼해서 슬퍼했다기보다는 앞으로 자식들과 떨어져 살게 돼서 슬퍼하는 것 같았다. 형과 나는 처음에는 우리 때문에 이혼한다고 생각했지만, 부모님은 모두가 더 행복하게 살기 위해서지 우리 때문에 이혼하는 것이 아니라고 설명해주었다.

요즘은 지난날을 돌아보면서 부모님이 잘 이혼했고 보다 행복한 삶을 위한 결정이었다고 생각하지만, 오늘의 행복은 분명 큰 희생을 치르고 얻은 것이다. 지금까지 살아오면서 이혼은 내가 겪은 일들 가운데 가장 힘든 경험이었다. 이혼보다 더 힘든 일은 부모님과 형제의 죽음밖에 없을 것이다. 이혼의 영향은 앞으로도 사라지지 않고 계속 남겠지만, 이혼으로 얻은 경험은 오늘의 나로 성장하도록 이끌어준 엄청난 자산이기도 했다. 돌이켜보면 이혼가정에서 자라는 것만큼 상처가 되는 일도 없을 것이다. 친구들이나 친척들은 다들 온가족이 함께 살고 있어서 나 혼자 왕따가 된 기분이었다. 나는 다른 친구들과 달리 아버지-아들 관계를 경험하지 못했다. 나는 운동도 못하고 자신감도 부족해서 스스로 재능을 발견하지 못했다. 늘 자신감이 부족해서 괴롭힘도 많이 당했는데, 지금처럼만 나 자신을 믿었다면 저지르지 않았을 실수를 저지른 탓이었다.

나이를 먹으면서 나는 부모님의 이혼으로 벌어진 상황을 수용하고 그 안에서 행복을 발견했다. 행복을 발견했지만 지금도 내가 맺는 모든 관계에 의문을 제기한다. 나는 절대로 부모님과 똑같은 실수를 저지르고 싶지 않다. 다시는 이혼(나의 이혼)을 경험할 생각이 없고 장차 내 자식들이 나의 어린 시절 같은 처지에 놓이는 건 절대 보고 싶지 않다. 이혼은 어느 누구도 겪어서는 안 되는 고통이다. 지금 이 순간 이혼의 고통 속에 있는 사람들에게 해주고 싶은 말은 이혼하더라도 좋은 방향으로 풀릴 거라고 믿으라는 말뿐이다. 아무리 힘들어 보여도 결국 다 잘 풀려서 삶이 얼마나 위대한지 깨달을 날이 올 것이다.

'좋은 이혼'은 가능하다

이 4장의 사례들을 읽다 보면 이혼가정의 아이들을 위한 희망의 목소리가 들린다. 수많은 젊은이들이 부모의 이혼에 적응해왔다. 그것도 아주 잘 적응했다. 그리고 수많은 젊은이들이 그 시기를 견뎌내고 성숙해졌다. 또 많은 사람이 슬픔에 빠져봤다. 하지만 슬픔을 긍정적으로 승화하여 보다 성숙한 자세로 부모를 바라보고 삶의 복병을 바라보면서 관계를 새롭게 시작하는 경우도 많다. 부모가 가족을 위한다면서 억지로 결혼을 지키는 것만이 능사가 아니다. 오히려 형식적 관계를 끝내면 가족이 더 행복해져서 부모와 자식 모두 갈등이 적고 건설적인 관계를 다질 수 있다. 학생들은 아무도 상처 입지 않고 성장하는 '좋은 이혼'도 존재한다고 보는 애런스(1994)의 주장을 뒷받침하는 증거를 찾아낸 것이다. 끝으로 여러 가지 사례들이 시간이 흐르면 긍정적으로 적응할 수 있고 시간이 약이라는 말을 입증해주고 있다.

이 4장의 사례에서 분명히 드러나듯이 아이들은 부모 모두의 애정 어린 지지를 원하지만 이혼이 임박했을 때는 이혼 가능성에 관해 솔직하게 대답해주길 바라고 있다. 부모의 결혼생활에서 자녀에게 영향을 주는 일이 벌어지고 있다면 자녀의 나이에 맞게 (적어도 일부라도) 설명해주어야 한다. 이 4장에서 어떤 학생은 부모의 결혼에 금이 갔다는 것을 알아채고는 부모가 별거와 이혼 가능성을 어떻게 생각하는지 꼭 알고 싶어 했다. 부모가 아이에게 솔직하게 말해주면 아이는 더욱 쉽게 적응하고 의사결정에 관해 긍정적인 태도를 기를 수 있다. 앞의 사례에서 보면 부모가 이혼의 이유 중 몇 가지라도 말해주면 나중에 자녀는 부모를 '용서'하고 서로 만족스러운 부모-자식관계를 발전시키는 데 어려움을 겪지 않는 것으로 보인다.

마지막으로 22살 남학생은 상당수의 젊은이들이 부모의 이혼에 관해 전하는 희망의 메시지를 요약하여 말한다.

이혼이 내 삶에 중요한 영향을 미쳤다는 데는 의심의 여지가 없다. 재미있게도 그동안의 일들이나 내 경험을 일부 바꿀 수 있게 해준다 해도 바꾸고 싶지 않다. 나는 그 모든 일들을 겪으면서 더 강인하고 독립적인 사람으로 성장했다. 형제들과 사이좋게 지내고 자립심이 강한 사람으로 성장할 수 있었다. 누구에게도 이혼을 경험해보라고 권하고 싶지는 않지만 어떻게 보면 나는 부모의 이혼을 거치면서 더 좋은 사람으로 성장한 것 같다.

아버지 부재 사례에서는 흔히
아버지가 이혼 즈음에 떠났다가
나중에 다시 나타나서 자녀를
만나고 싶어 하는 이야기가 나온다.
하지만 관계를 다시 잇기에는
너무 늦게 나타난 경우가 많다.
어머니를 잃는 경우도 있지만 드물다.

5

이혼으로 인한 '부모 부재'

"아버지는 15분 거리에 살면서도 우리 집에 오지 않으려 했다. ……아버지와 석 달이 넘도록 한 마디도 나눠보지 못해서 항상 속상하다. 나는 진심으로 아버지와 계속 만나고 싶지만 이제 인연이 끊어진 것 같다."

—22살 여학생

"아동과 청소년은 자리를 비운 아버지를 영원히 마음에 새깁니다. 그리고 어른이 되면 아버지를 찾아갑니다. 아이는 아버지에게 버림받았다고 생각하면 끔찍한 고통에 시달립니다."

—주디스 월러스틴, 엘리자베스 판즈워스와의 라디오 인터뷰 중에서 (2000. 12. 19.)

위의 인용문은 아이가 아버지나 한쪽 부모에게 버림받았다고 느끼는 특별한 종류의 상실감에 관해 이야기한다. 수많은 이혼에서는 '상실'이라는 단어가 자주 나온다. 대체로 아버지가 자녀의 삶에서 자리를 비울 때 상실감이 가장 크다. 책이나 영화에도 '아빠는 이제 여기 살지 않는다', '아빠 어디 있어요?', '아빠가 다시 집에 돌아올까?' 같은 제목이 많다. 많지는 않지만 어머니가 부재하는 이야기도 있다. 그러나 대체로 어머니가 계속 보호자 역할을 수행하는 편이다. 아이들은 부모를 잃으면 슬픔에 빠지는데, 요즘은 부모 상실에 관한 아동책이 상당히 많이 나오고 있다.

7장에서 자세히 설명하겠지만 개정판을 위해 새로 수집하고 검토한 사례들 중에는 어머니가 자녀에게 무관심한 사례가 많아졌다. 그래서 초판에서 5장의 주제는 '아버지 부재'였지만 이 개정판에서는 '부모 부재'로 범위를 넓혔다. 그래도 대부분 아버지를 상실한 이야기라서 5장에서는 이혼으로 인해 아버지를 잃은 이야기를 중심으로 소개하고, 7장에서는 어머니를 상실한 사례 몇 가지를 제시하겠다.

표 5.1 학생들의 사례에서 나타난 아버지 부재에 관한 주요 주제

- 아버지가 자녀에게 관심을 가져보려 하지만 '때가 너무 늦었다.'
- 아버지는 너무 바쁘다.
- 아버지를 일찍 잃고 불규칙하게 만난다.
- 아버지를 두 번 잃다.
- 형제의 죽음, 그리고 아버지의 상실.
- "이제부터 네가 이 집의 가장이다."
- 희망과 상실의 어우러짐.

이 장의 주요 주제를 위의 표 5.1로 정리했다. 주로 아버지가 자주 연락하지 않고 진심으로 관심을 보이지 않는 등 아버지를 상실한 이야기에 초점을 맞춘다. 하지만 아버지 부재의 결과는 사례마다 다르다. 아버지의 부재로 인해 자식이 더 책임을 떠맡아야 한다고 생각하는 사례도 있고, 혹은 형제의 죽음을 경험한 사례도 있다. 다음에 소개하는 사례들에서 학생들은 '아버지 부재'를 느끼는 경험을 이혼의 결과라고 생각한다.

'너무 늦은 관심'

아버지 부재 사례에서는 흔히 아버지가 이혼 즈음에 떠났다가 나중에 다시 나타나서 자녀를 만나고 싶어 하는 이야기가 나온다. 하지만 관계를 다시 잇기에는 너무 늦게 나타난 경우가 많다. 어머니를 잃는 경우도 있지만 드물다. 아버지가 자녀에게서 멀어진 이유가 양육권이나 이혼수당(배우자 생활비)을 부인에게 넘겨주고 억울하다고 생각하기 때문인 경우도 있다. 때로는 알코올중독 때문이다. 아니면 새로운 애인이나 성적 파트너를 따라 멀리 떠나기도 한다. 사례에는 자세히 언급되지 않지만 그밖에 다양한 요인에 의해 아버지나 넓게는 부모가 자녀의 삶에 적극 개입하지 않을 수도 있다.

첫 번째 사례는 사라졌던 아버지가 뒤늦게 돌아와서 자녀의 삶에 개입하려는 전형적인 이야기다. 이 사례에서 22살 여학생은 아버지에게 연락을 시도하다 실패하고 괴로워한다. 그런데 그 아버지는 이혼 후 딸을 사랑하지 않았던 것으로 보인다. 이 학생은 젊은 여성들이 이혼 후 아버지가 떠나면 얼마나 심각한 소외감에 시달리고 사귀는 남자에게 얼마나 높은 기대치를 갖게 되는지 진지하게 고찰한다. 무엇보다도 가족을 떠났던 아버지가 자녀의 삶에 의미 있는 방식으로 개입하기에는 때가 너무 늦은 경우가 많다고 지적하고 있다. 이 주제를 중심으로 다루는 사례는 한 편이지만 학생들의 이야기에 흔히 등장하는 내용이다. 아래 사례에는 바로 '너무 늦은 관심'을 보이는 아버지에 관한 다양한 이야기가 담겨 있다.

부모님이 내게 이혼한다고 말했을 때 나는 겨우 4살이었다. 너무 어려서 앞으로 어떻게 된다는 뜻인지 전혀 몰랐다. 나는 이혼한다는 말을 듣고도 친구네 집에 놀러 가도 되냐고 물었지만 7살이던 오빠는 울음을 터트리면서 한 마디도 하지 못했다. 어머니는 결국 오빠를 상담소로 데려가기로 했다. 하지만 오빠는 지금까지도 온전히 회복되지 못하고 무뚝뚝한 성격 뒤로 고통을 숨기고 있는 것 같다.

어머니는 알코올중독이던 아버지를 더 이상 감당할 수 없는 지경에 이르자 이혼소송을 시작했다. 어머니는 자식들을 남부럽지 않게 키우고 싶었던 데 비해 아버지는 우리를 키우고 가르치는 데 아무 도움을 주지 않았다. 그리고 내가 태어났을 때 아들을 하나 더 원하던 아버지는 갓 태어난 딸과 어떻게 친해져야 할지 몰랐다. 어머니는 아버지의 태도를 눈치 채고 나한테 더 신경 썼다. 대학에 다니는 지금까지도 이제껏 한 번도 연결된 적 없는 아버지와의 끈을 연결해보려고 눈물겹게 노력하는 내 모습을 보고 어머니는 마음이 아팠을 것이다.

고등학교에 들어가기 2주 전 우리 가족이 아이오와로 이사했을 때 나는 작별인사를 나누면서도 그것이 아버지를 직접 보면서 나누는 마지막 대화가 될 줄 몰랐다. 그날 아버지는 언제나처럼 늦게 집에 찾아와서 어머니에게 오빠와 나의 양육권을 완전히 넘기기로 약속하는 서류에 서명했다. 아버지는 한숨을 내쉬었지만 머뭇거리지는 않았다. 온가족이 앞뜰에 모여 사진 몇 장 찍고 아버지는 떠났다. 아버지의 눈에는 눈물 한 방울 맺히지 않았다. 벌써 오래전에 우리와의 관계를 끊어버린 사람 같았다.

나는 대학교 2학년 때 아버지에게 편지를 보냈다. 아무 노력도 해보지 않고 뒤늦게 돌이킬 수 없는 지점에 도달한 사실을 깨달으면 나 스스로를 용서하지 못할 것 같아 최후의 노력으로 핑계거리를 마련하고 싶었던 것이다. 나는 기숙사의 내 방 컴퓨터 앞에 앉아서 아버지에게 보낼 이메일을 써내려갔다. 늘 알고 싶었던 어려운 질문을 죄다 적었다. 아버지가 내 삶에 조금이라도 개입하고 싶었을까? 아버지가 한 번도 먼저 연락하지 않은 이유는 무엇일까? 질문은 끝이 없었다.

이메일을 보내고 며칠이 지나서 답장이 왔다. 아버지는 사실 내 삶의 일부가 아니라 큰 부분을 차지하고 싶었다고 했다. 과거의 일들에 관해서는 변명할 여지가 없고 그저 미안하다고만 했다. 몇 년 일찍 그런 말을 들었다면 아주 기뻤을지 모르지만 그때는 아버지가 내 삶에 들어오기에는 때가 너무 늦었다. 아버지가 이미 딸의 삶에서 많은 부분을 놓치기도 했고, 내가 그 공백을 채워주려고 아무리 노력해도 돌아오는 관심이 너무 적어 보였다. 아버지는 내가 나오는 학교 공연, 부녀가 함께하는 행사, 생일, 졸업, 휴가를 비롯해 많은 일들을 놓쳤다. 물론 아버지에게도 오랜 세월 이런 행사에 참여하지 못한 핑계거리가 있었다. 석사학위 시험을 치러야 해서 못 왔다고 했다. 나도 그 핑계를 여러 번 들었지만 어떻게 학사학위도 없는 사람이 석사학위를 받는다는 얘긴지 아직도 모르겠다. 아버지는 별별 핑계를 다 대면서도 이메일에서만큼은 그렇게 미안해할 수가 없었다.

우리는 두세 달 정도 이메일로 연락하고 몇 차례 문자를 주고받았다. 아버지는 그동안 어떻게 살아왔는지 구구절절이 들려주면서도 내게 어떻게 살아왔냐고는 묻지 않았다. 나는 마음이 아팠지만 그해 여름 아버지에게 전화를 걸어 만회할 기회를 주기로 했다. 나는 한참동안 전화번호를 가지고 다니다가 전화를 걸었다. 무슨 말부터 꺼내야 할지 몰랐다. 아버지 목소리는 어떨까? 나인 줄 아실까? 바빠서 통화할 시간이 없으면 어쩌지? 모든 의문을 제쳐두고 마침내 수화기를 들고 떨리는 손으로 번호를 눌렀다가 끊어버렸다. 두려웠다. 다시 걸었다. 수화기를 들고 천천히 번호를 누르면서 아버지가 집에 없으면 좋겠다고 생각했다. 그런데 '이 번호는 없는 번호입니다'라는 안내 목소리가 나왔다. 이번에도 아버지는 나를 만날 기회를 내팽개치고 도망친 것이다.

그날 이후 아버지와 통화한 적도 없고 아버지도 내게 더는 이메일을 보내지 않았다. 나는 아버지 목소리도 모른다. 아버지가 진심으로 미안해하는지 아닌지도 모른다. 아버지가 어디 사는지도 모르고, 술에 절어 거짓말과 변명을 일삼는 동안에도 나에 대한 기억을 간직하는지 알 수 없다.

아버지는 비록 눈앞에 나타나지는 않았지만 분명 내 삶에서 관계에 관해 지대한 영향을 미쳤다. 나는 예전만큼 순수하게 사람을 믿지 않는다. 누가 변명을 늘어놓으면 꼬투리부터 잡는다. 무엇보다도 남자를 만날 때는 다른 건 차치하고 진실성을 꿰뚫어보는 법을 배웠다. 나는 여느 여대생처럼 남자가 단지 매력적이라는 이유만으로는 사귀지 않는다. 남자를 만날 때 기대치가 높다. 남자를 만날 때 언젠가 함께 결혼식장에 들어서는 모습이 그려지지 않으면 쓸데없이 시간 낭비할 필요가 없으니 일찌감치 관계를 정리한다. 나는 선불리 약속하지 않는 편이라 결혼을 약속하기 전에 몇 년 동안 만나볼 것이다.

그래서 여러 사람의 마음을 아프게 해온 것도 사실이지만 그래도 우리 부모님처럼 살고 싶지는 않다. 나중에 내 자식이 부모가 부부싸움하는 모습을 보고 자란다면 나 스스로를 용서하지 못할 것 같다. 얼마나 많은 아이가 그런 공포 속에서 살아왔는가?

해설

앞의 사례에는 흥미로운 주제 몇 가지가 추가로 들어 있다. 이 5장의 여러 사례에는 젊은 여성이 아버지를 그리워하고 찾으려 하는 주제가 공통으로 담겨 있다. 가령 이 학생은 아버지와 몇 차례 이메일을 주고받는 데까지는 성공했지만 아버지는 끝내 딸을 소홀히 대한다. 아버지로서는 이메일을 주고받는 일조차 버거웠다. 그래도 딸은 아버지를 찾고 싶었다. 늘 그렇듯 갈구할수록 갈증만 심해진다. 딸은 중요한 날마다 아버지가 오지 못한 이유를 듣고는 핑계라고 여기고 다소 냉소적으로 변했다. 또한 연애할 때도 자기한테 맞는 남자인지 일찍 알아보는 법을 배웠다고 한다. 사례에서도 밝히듯이 이 학생은 갑자기 관계를 끝내버리고 떠나서 남자들의 마음을 아프게 하는 자신의 연애방식을 '잃어버린 아버지' 탓으로 돌린다.

너무 바쁜 아버지

다음 20살 여학생의 사례에서는 또 다른 일반적인 주제를 다룬다. 아버지가 너무 바빠서 자식과의 관계에 충실하지 못하는 주제다. 여기서도 다시 한 번 '너무 늦게 나타난 아버지'라는 주제를 거론한다.

> 결국 아버지는 '너무 바빠져서' 우리를 찾아오지 못했다고 한다. 그래도 생일과 크리스마스에는 카드에 용돈을 넣어 보내고 가끔 한 번씩 집에 들르기도 했다. 그러다 몇 년 사이에 그마저도 끊겼다. 오빠도 나도 더 이상 아버지에게 연락하지 않았고, 아버지도 우리를 만나러 오지 않았다. 그 후 아버지를 다시 만난 건 15, 16살쯤에 친구들과 함께 들른 슈퍼마켓에서였다. 나는 아버지를 쫓아 주차장까지 갔는데 아버지는 나를 비하하는 말을 퍼부었다. 임신했느냐, 아직도 패스트푸드를 먹느냐, 학교에서 쫓겨났느냐는 등 온갖 모욕적인 말을 뱉었다. 아버지는 친구들 앞에서 나를 초라하게 만들고 창피를 주었다. 나를 만나서 반갑지도 않은 것 같았다. 다행히 친구들이 나서서 아버지한테 '꺼져요'라고 말하고 나를 아버지에게서 떼어놓았다.
>
> 그다음에 아버지를 만났던 건 대학 3학년 때 월마트에서였다. 역시 같은 취급을 당했다. 하지만 이번에는 내 얘깃거리가 많아서 대학생활을 어떻게 보냈고 일은 어디를 다니는지 이야기했다. 그저 아버지에게 내가 어디쯤 가고 있는지 알리고 싶었다. 두 번 모두 마켓에서 우연히 마주쳤는데 그때마다 아버지는 맥주를 사고 있었다. 알코올중독자 모임에 나가는 사람치고는 너무 많은 양이었다.

오빠는 가끔씩 아버지 집에 들르지만 아버지는 먼저 전화 한 통 걸지 않는다. 오빠와 나는 각자 다른 관점에서 아버지를 바라본다. 나는 아버지의 행색이나 나를 대하는 태도 때문에 아버지를 미워하지만 오빠는 끝까지 포기하지 않았다. 아버지는 우리 남매의 고등학교 졸업식에도 오지 않았다. 그때 나는 처음이자 마지막으로 오빠의 눈물을 보았다. 요즘은 12월에 있을 내 대학 졸업식을 알릴지 말지 고민 중이다. 오리라고 기대해서가 아니라 아버지가 무엇을 놓치고 사는지 다시 한 번 일깨워주기 위해서다.

언젠가 아버지도 자식들을 내팽개치고 잃은 것이 무엇인지 깨닫기를 바란다. 아버지는 재혼도 하지 않고 지금도 어머니 집 근처에 살고 있다. 아버지에게는 다른 자식도 없으니 핑계거리도 없다.

어머니는 여러 해 전에 재혼해서 지금은 행복하게 잘산다. 새아버지가 아버지 자리를 대신하지는 못했지만 내가 존경할 수 있는 유일한 아버지였다. 그나마 새아버지라도 있어서 다행이다.

해설

이 사례에는 아버지가 자식의 삶에 전혀 관심을 보이지 않아서 결국에는 자식이 아버지를 무시하는 내용이 나온다. 이 학생이 아버지를 만난 상황을 보면 그럴 법도 하다. 이 학생은 아버지가 자기를 형편없는 아이로 취급했다고 여긴다. 자세히 설명한 것은 아니지만 아버지의 알코올중독 문제도 잠깐 언급된다. 하지만 이 학생이 보기에 오빠는 아버지와의 끈을 놓지 않았다. 그러나 이 학생은 진심으로 끈을 놓아버린 듯하다. 다만 아버지가 아무리 무시해도 자기는 결국 성공했다는 사실을 알리고 싶을 뿐이다.

일찍 잃어버린 아버지, 그리고 불규칙한 만남

다음 사례에서는 22살 여학생이 어릴 때 가끔씩 만나다가 나중에는 전혀 교류가 없었던 아버지와 자신의 관계를 말한다. 그러면서 안타깝게도 너무도 많은 여성들이 20살이 되기 전에 이런 관계의 단절을 경험한다고 개탄한다. 역시나 특별한 '아버지-딸의 순간'을 놓치는 것은 이 학생을 비롯한 많은 여성들에게 고통스러운 일이다.

이혼은 내 기억이 시작되는 순간부터 내 삶에 영향을 주었다. 부모님은 내가 태어나기도 전에 별거에 들어가서 내가 2살 되던 해에 이혼했다. 아버지는 약물중독에 빠져서 어머니와 언니와 나를 위험에 빠뜨렸다. 이혼 후 아버지는 우리 가족의 그림에서 빠졌다. 두 분에게 물어본 적은 없지만 당시 아버지는 약을 끊지 못하고 가족을 방치했던 것 같다. 그런데 5학년 무렵 아버지가 갑자기 우리 삶에 끼어들려고 했다. 아버지는 플로리다에 살면서 약을 끊었다고 했다. 아버지가 떠나 있던 시간 동안 어머니 혼자서 언니와 나를 키웠다. 어머니가 두 가지 일을 해야 해서 나보다 4살 많은 언니가 어머니를 도와 나를 돌보았다. 친할머니도 많이 도와주었다. 당신 아들이 떠난 탓에 어머니로서 책임감을 느꼈던 것 같다. 어릴 때 우리는 친가 쪽 친척들과 가깝게 지냈다. 언니와 나는 방학이나 주말마다 할머니 댁으로 놀러 갔다.

어릴 때 아버지를 보고 자라지 못해서 내게는 부녀관계를 발전시킬 기회가 주어지지 않았다. 아버지와 딸이 함께해야 할 모든 순간을 놓쳤다. 아버지는 어린이축구부를 코치해주러 오지도 않았고 남자애들처럼 공을 던지는 법을 가르쳐주지도 않았다. 그러던 아버지가 느닷없이 내 삶에 끼어들어 우리를 흔들어 놓으려 했다. 내가 순순히 받아줄 줄 알았던 모양이다. 언니는 그분이 아버지라는 걸 기억하기에 나보다는 쉽게 받아들였다. 하지만 나로서는 어느 날 갑자기 낯선 남자의 딸이 되어야 했다. 나는 고집이 센 편이라 그런 갑작스런 관계를 받아들이지 못했다. 이해하려고도 했지만 아버지는 이해하고 사랑하기에는 힘든 사람이었다. 아직도 우리는 사이가 좋지 않다. 아버지는 플로리다에 살면서 괜찮은 여자와 진지하게 만나고 있다. 그 여자는 아버지는 물론, 언니하고 나한테도 잘해준다. 아버지는 1년에 두어 번, 주로 크리스마스와 할머니 생일에 찾아온다. 일주일에 한두 번 전화통화를 하지만 날씨나 축구부 이야기 같은 피상적인 말뿐이다.

부모님이 이혼해서 좋은 점이 있다면 어머니와 언니하고 아주 가까워졌다는 것이다. 어릴 때 어머니가 우리를 위해 견뎌야 했던 모든 희생을 마음속 깊이 존경한다. 우리 셋은 똘똘 뭉쳐 서로를 보살폈다. 어머니는 그 후 좋은 분과 재혼했고, 나는 그분을 진정한 아버지로 여긴다. 새아버지는 내가 7학년일 때부터 같이 살았다. 어머니를 사랑해주고 어머니가 마땅히 받았어야 할 대접을 해준다. 언니와 나도 친자식처럼 사랑해준다. 나는 성적을 잘 받거나 새로 남자친구를 사귀면 새아버지에게 전화한다. 새아버지 덕분에 내 삶이 달라졌다.

나는 아버지 없이 자랐고, 그 점이 남자들과의 관계에도 다소 영향을 미쳤다. 누군가와 친해지면 버림받을까봐 겁이 나서 먼저 밀쳐내는 식이다. 그러다 점차 모든 사람이 사랑하는 사람을 떠나는 것은 아니라는 사실을 깨닫기 시작했다. 어머니와 새아버지를 보고 많은 것을 느꼈다. 나도 새아버지와 사이가 좋아서 얼마나 다행인지 모른다. 여전히 친아버지와 부녀의 정을 나누었으면 좋았을 것 같아 아쉽지만 새아버지와의 관계와 맞바꾸고 싶은 마음도 없다.

해설

이 사례에는 여성들이 아버지를 그리워하는 마음에서 생겼다고 말하는 '버림받음'의 주제가 잘 드러난다. 더욱이 일반적인 관계양상도 명확히 드러난다. 이를테면 아버지와의 관계(혹은 관계 결핍)가 현재 이성과의 관계에 상당히 부정적인 영향을 미치고 있다. 한편 이 사례에는 어머니를 존경하고 보호하며, 아버지의 무관심을 어머니 탓으로 돌리지 않는 이혼가정 아이들의 일반적인 모습 또한 드러난다. 또한 이 학생은 미운 정 고운 정이 든 아버지에게 새어머니가 잘 해준다고 긍정적으로 칭찬한다.

아버지를 두 번 잃다

다음 사례에서는 '자식에게 소홀한 아버지'라는 주제의 의미가 조금 달라진다. 이 사례에서 22살 여학생은 아버지가 어머니와 새아버지 때문에 딸의 삶에서 중요한 역할을 하지 못했다면서 그런 아버지가 세상을 떠나자 상실감이 2배로 컸다고 말한다. 아이들이 이혼의 격랑에 휩쓸려 막대한 상실감과 고통에 시달리고 나아가 이혼과 육친의 죽음에 직면해서 용기를 끌어내는 모습 또한 드러난다. 이 학생의 경우 부모가 이혼하고 한동안 아버지와 떨어져 지내는 사이 아버지가 갑자기 세상을 떠났다. 이 학생은 우등프로그램(honors program. 우수학생을 위한 수준 높은 강의와 연구활동을 제공하는 프로그램으로 이수기간이 단축되기도 한다—옮긴이)을 이수하는 학생이었다.

부모님은 내가 4살로 넘어가고 오빠가 7살일 때 이혼했다. 난 너무 어려서 이혼이 무슨 뜻인지도 몰랐다. 당시의 사정은 구체적으로 기억나는 것이 없다. 아빠도 잘 생각나지 않는다.

엄마는 큰 분쟁 없이 나와 오빠의 양육권을 얻었다. 들은 얘기로는 무엇보다도 그(우리 아빠)가 우리를 원하지 않았다고 한다. ……아빠는 같은 주의 반대편으로 이사했다. 처음 몇 년간은 소식을 전혀 듣지 못했다. 어디 사는지, 무슨 일을 하는지도 몰랐다. 그때 나는 어려서 아빠 없이 사는 현실이 어떤지 몰랐다. 아빠는 양육비를 내기로 했지만 거의 보내지 않았고, 보내더라도 전액을 보내주지도 않았다. 엄마는 혼자서 자식 둘을 키우느라 늘 돈에 쪼들렸다.

엄마는 지푸라기라도 잡는 심정으로 우리를 이끌고 친척들이 사는 지역에서 2시간 떨어진 큰 도시로 이사했다. 우리를 키우려고 좋은 직장을 찾아 떠난 것이다. 부모님이 오래 알고 지낸 한 남자도 함께였다. 그 남자까지 함께 살면서 우리는 가난한 편이었다. 몇 년 후 두 사람은 결혼하기로 결정했다. 당시 8살과 12살이던 나와 오빠는 그 남자를 극구 반대했다. 그 남자는 엄마한테 필요 없고, 우리도 그를 좋아하지 않으며, 그는 절대 우리 아버지가 될 만한 사람이 못 된다고 생각했다. 우리는 아빠가 우리를 원하지 않는다고 생각한 터라 몹시 혼란스러웠다. 집안에 아빠를 욕하는 소리가 끊이지 않아서 더욱 그렇게 생각했다. 엄마도 옆에서 거들긴 했지만 대부분 새아버지의 입에서 나온 말들이었다.

오빠와 내가 아빠에게서 등을 돌리게 하려는 수작 같았다. 우리는 가난했고 양육비를 충분히 보내지 않은 건 아빠의 잘못이었다. 나중에 들어보니 아빠도 돈이 없어서 어쩔 수 없었다고 한다. 우리는 아빠가 원할 때 아빠를 만나러 갈 수 있었는데, 그때마다 기분이 아주 이상했다. 나는 어려서 아빠를 거의 본 적이 없었다. 아빠는 낯선 사람 같았다. 낯설긴 하지만 내게 생명을 준 사람이므로 아빠를 사랑하고 싶었다. 그래도 두렵고 화가 났다.

아버지 자리를 차지하려 한 새아버지는 좋은 사람이 아니었다. 그 남자는 오빠와 나를 단속하지도 않고 폭언만 퍼부었기에 나는 그 사람을 미워했다. 심지어 그 남자는 14살밖에 안 된 오빠를 집에서 내쫓기까지 해서 나는 다시 한 번 버림받은 기분이었다. 학교에 아버지-딸 행사가 있거나 명절이 다가올 때 보면 친구네 아빠들은 다들 좋은 사람들 같아서 나는 왠지 억울했다. 간혹 크리스마스 선물은 받았어도 생일 선물은 제대로 받아본 적이 없었다. 친아버지 쪽 친척들과는 교류가 없었다. 나는 아빠에게 편지도 쓰고 학교에서 찍은 사진도 보내주었다. 몇 차례 미안한 마음이 담긴 애정 어린 답장도 받았다. 아빠는 재혼해서 새 인생을 시작했고, 나는 그들에게서도 쫓겨난 기분이었다. 나는 아직 겁이 나서 아빠한테 가서 지내지 못했지만 아빠는 서서히 먼 길을 돌아 내게 다가오고 있었다.

마지막으로 아빠를 본 건 아빠가 오빠를 이모네 집 앞에 데려다주었을 때였다. 어색하게 짧은 시간이 흐르고 우리는 말 한 마디 나누지 못했다. 하지만 아빠는 한참 나를 꽉 끌어안고 울면서 나를 아주 많이 사랑한다고 말했다. 나는 혼란스럽고 겁이 났다. 그로부터 몇 년 후 아빠는 45살 나이에 심장마비로 세상을 떠났다. 나는 아빠를 더 많이 알려고 하지 않아서 죄송스러웠다. 나는 제대로 애도하지도 못했다. 부모님이 아빠를 좋아하지 않은 데다 사람들은 내가 아빠를 잘 몰라서 슬퍼하는 거라고 생각했던 탓이다. 그래도 우리 아빠이지 않은가!

오빠가 아빠를 만나러 가기 시작한 지 얼마 안 된 때였다. 나는 스스로를 원망하면서도 아직 어린 나를 세뇌시킨 부모님에게도 책임을 돌렸다. 하지만 자식들 삶에 더 적극적으로 나서지 않은 아빠의 잘못도 있었다.

나는 애초에 부모님이 왜 이혼했는지 모른다. 엄마가 한 번도 제대로 설명해주지 않았지만 상관없다고 생각했다. 하지만 늘 궁금하다. 친아빠와 우리 집에서 함께 진정한 어린 시절을 보냈다면 내 삶은 어떻게 달라졌을까? 억울하고 속상하고 분하다. 그래도 이성을 만나는 데는 아무런 영향도 받지 않기를 바라고 있다. 그래서 어릴 때보다 건강하고 행복해지려고 안간힘을 쓴다. 나중에 결혼해서 자식을 낳으면 잘 살자고 다짐한다. 요즘은 이혼이 숨겨야 할 비밀이 아니라 다행이다.

나는 어릴 때 대화 상대가 없었다. 친구네 집은 다들 화목해 보였고, 오빠는 집에 없었다. 내 어린 시절이 참 억울하다 싶기도 하지만 우여

곡절을 겪으면서 잊어버리는 법을 배웠다. 그때 일은 그냥 잊어버리는 편이 낫다. 때로는 내가 그런 일을 겪었고 그것이 정상은 아니며 내게 주어지지 않은 삶도 있다는 사실조차 잊는다. 가끔씩 아빠 없는 삶이 정상이고 남들이 모르는 현실의 한 조각인 것 같다. 나는 아빠를 두 번이나 잃었다. 진짜 아빠와 살았다면 어땠을지 모르겠다. 내 삶에 그 모든 일이 일어나지 않았다면 어땠을까?

해설

아버지에게 버림받은 감정과 아버지의 죽음까지 더해진 이 사례는 일반적인 예로 보기는 어렵다. 이 학생은 새아버지와 사이가 좋지 않은 데다 여러 사정이 있어서 친밀한 관계를 맺을 때 부정적인 영향을 받을까봐 걱정한다. 게다가 자기는 친부모가 이혼한 이유를 제대로 모르고 어머니가 자신에게 이혼 사유를 설명해주지 않았다고 지적한다.

다음 사례에서는 21살 여학생이 처음에는 이혼으로 아버지를 잃고 다음엔 사고로 아버지를 잃을 뻔했던 고통스런 경험을 소개한다. 이 사례에는 아버지를 영영 잃고 싶지 않은 자식의 마음이 드러난다. 이 학생은 아버지를 미워할 수 없다면서 자신이 결혼해서 자식을 낳기 전에 화해하고 싶어 한다. 자신의 아이들이 할아버지를 알고 지내기를 바라기 때문이다.

내가 13살이던 해에 부모님은 이혼을 결정했다. 그때부터 아빠와 함께 살지는 않았지만 남부럽지 않은 어린 시절을 보냈다. 부모님이 이혼한 이유는 아빠가 바람을 피웠기 때문이다. 온라인 채팅방이 화근이었다. 사람들은 그저 아빠가 중년의 위기를 겪는 중이라고 가볍게 넘기려 했다. 그런데 아빠는 자기 생일날에 우리 가족 휴가비를 들고 도망쳤다. 나는 어떻게 해야 할지 몰랐다. 엄마는 하염없이 울기만 하고 남동생도 울었다. 나는 아무것도 하지 않았다. 친구들한테도 우리 집에 일어난 일을 말하지 않았다. 다 털어놓았다면 기분이 한결 나았을 것이다. 그때부터 친구들과 사이가 나빠지기 시작했다. 누구보다도 나를 필요로 했던 엄마를 비롯해 모든 사람과 거리를 두었다.

아빠는 그날 캔자스시티로 도망쳐서 1년 남짓 그곳에 살았다. 처음 몇 달 동안 아빠가 나한테 전화하지 않았는지, 혹은 내가 일부러 통화하지 않았는지 모르지만 아무튼 대화한 기억이 없다. 오랫동안 나는 아빠를 경멸했다. 아빠가 떠난 이유가 용납되지 않았다(지금도 마찬가지다). 사는 데 아무런 지장이 없다고 믿었다. 그 후 5년간 아빠와 가끔 통화하고 한 달에 한 번 정도씩 만났다. 그렇게 별 탈 없이 지내다가 아빠가 나를 화나게 할 만한 행동을 해서 석 달간 한 마디도 하지 않았다. 나는 18살에 약혼했다. 아직 앞길이 창창한 어린 나이인 줄은 알지만 그러는 게 옳은 일 같았다. 뻔히 아빠가 어떻게 나올지 알아서 아빠한테는 몇 달간 알리지 않았다. 하지만 우리가 살던 작은 도시에서 큰고모가 어떻게 소문을 듣고 아빠에게 알렸다. 그렇게 막판에서야 아빠에게 이메일을 보냈다. 아빠는 나한테 정말 실망했고 남자친구가 진짜 사나이라면 아빠에게 먼저 허락을 구했어야 하지 않느냐고 답장을 보냈다. 몇 년씩이나 떠나 있던 아빠가 무슨 자격으로 나한테 이래라저래라 훈계하는지 분통이 터졌다.

그리고 몇 달이 지나서 아빠는 끔찍한 사고를 당했고, 겨우 목숨을 건졌다. 불행히도 누군가를 잃거나 잃어버릴 뻔한 순간이 돼서야 그 사람이 얼마나 소중한지 깨닫는 모양이다. 나는 여름 내내 병간호를 하면서 아빠와 가까워졌다. 아빠가 사고를 당한 지 2년 가까이 지나고 부모님이 이혼한 지 7년이 지난 지금도 아빠가 우리에게 한 일만큼은 용납할 수 없다. 그런 내가 지금처럼 아빠와 가까워질 줄은 상상도 하지 못했다. 아빠가 왜 그랬는지는 이해가 가지 않고 앞으로도 그럴 것이다. 그렇다고 해서 아빠를 영원히 미워할 수는 없는 노릇이니 잘못을 덮어두고 넘어가야 할 것 같다. 언젠가 나도 자식을 낳을 텐데 내 아이들이 할아버지를 모르고 살기를 바라지 않기 때문이다. 나는 그저 아빠가 자기만 생각하지 말고 한 번쯤 자식들을 먼저 생각해주면 좋겠다.

해설

이 사례에서는 비록 큰 사고를 당한 후이긴 하지만 잃어버린 아버지를 되찾을 가능성을 제시하고 있다. 또한 성인 초기의 자녀가 아버지와의 관계를 회복하려고 계속 노력해야 할 필요가 있다고 강조한다. 이는 노력할 만한 가치가 있는 일이지만 때로는 실망할 수도 있다. 이 학생이 아버지와의 관계를 유지하려고 부단히 노력하는 이유는 미래의 자식들에게 안정적인 가족(아이들이 할아버지와 잘 지내는 가족)을 물려주기 위해서인 듯하다. 바로 자신의 인생에서 부족했던 부분 말이다.

형제의 죽음, 그리고 아버지의 상실

마지막 사례에서는 가족의 죽음을 포함한 힘든 상황을 소개한다. 아버지는 자식을 잃고 또 다른 죽음들을 경험하면서 끝내 일어서지 못한다. 이 21살 여학생의 사례에서 아버지는 사랑하는 사람들을 잃은 상처와 분노를 삭이지 못한다. 여러 사람의 죽음 끝에 아버지는 어머니와 이혼하고 아이들은 아버지를 잃는다. 이 이야기는 정서장애가 심한 아버지가 상당한 심리적 문제를 보여주는(성적 학대를 비롯하여) 폭력을 휘두르며 가족에게 극심한 고통을 안겨주고 떠나는 과정을 보여준다.

나는 살면서 이혼에 직접적으로 영향을 받아왔다. 1980년에 태어났을 때는 비교적 평범한 삶이었다. 우리 가족은 아이오와에 살았는데 아버지는 직장에 나가고 엄마는 전업주부였다. 엄마는 사랑이 넘치는 분이지만 아버지는 자식들에게 냉담한 편이었다. 아버지는 일찍이 할아버지를 자살로 여의고 할머니를 암으로 잃었다. 부모님이 다 돌아가시자 아버지는 다른 가족들과 관계를 끊었다. 엄마를 처음 만났을 때 아버지는 평범한 청년처럼 보이면서도 다소 강압적인 성향이 있었다. 그러다 우리 집안에 평지풍파가 일어났다. 1983년에 내 여동생이 태어나자마자 죽었다. 여동생이 죽은 후 아버지는 끝내 제자리로 돌아오지 못했다. 아버지는 사람들을 멀리하고 엄마를 때리기 시작했다. 매우 엄하고 강압적인 사람으로 변해갔다. 우리는 매일 아버지가 퇴근하기 전에 집 안을 깨끗이 청소해서 아버지 눈에 완벽한 모습으로 정돈

해놓아야 했다. 그렇지 않으면 아버지는 엄마를 때리고 간혹 언니도 때렸다. 바닥에 장난감이 떨어져 있거나 찬장에서 통조림 깡통이 엉뚱한 자리에 놓여 있기라도 하면 아버지는 폭발했다.

1987년에 아버지는 제일 친한 친구를 심장마비로 잃은 후 갈수록 과격해졌다. 소중한 사람을 잃는 경험이 쌓여서 감당하지 못할 지경에 이르렀지만 아버지는 여전히 속으로만 삭이려고 했다. 부활절 이틀 전, 아버지의 친구가 죽고 한 달이 지나서 아버지는 마침내 폭발했다. 그날 아버지는 찬장 안에 깡통이 엉뚱한 자리에 놓여 있다면서 악을 쓰기 시작했다. 나는 참나무 식탁 밑으로 들어가 벌벌 떨면서 그간 수없이 보았던 광경을 지켜보았다. 아버지는 찬장에 놓인 그릇을 모두 꺼내 바닥에 집어던지고 나서 빵덩어리를 움켜쥐고 엄마의 머리를 후려쳤다. 언니가 계단을 뛰어올라오자 아버지는 언니의 뺨을 때렸다. 나는 남동생 톰과 함께 식탁 밑에 숨은 채 무서워서 꼼짝도 하지 못했다. 엄마가 고통스럽게 울부짖는데도 아버지는 사정없이 얼굴을 내리쳤다. 언니가 아버지를 엄마에게서 떼어내려 했지만 아버지가 밀치는 통에 번번이 실패했다. 남동생과 나는 살금살금 전화기가 있는 데로 기어가서 경찰에 전화를 걸어 빨리 와달라고 했다. 그리고 다시 식탁 밑으로 기어들어가 구조를 기다렸다. 몇 시간이 지난 것처럼 긴 시간이 흐른 후 경찰이 도착했다. 아버지가 문을 열고 아무 일 없다는 듯이 행동하자 엄마도 웃으면서 고개를 끄덕였다. 경찰은 신고를 받고 확인하러 왔다는 정도에 만족해서 떠났다. 아버지는 방에 들어갔다가 한 시간 정도 지나서 밖으로 나왔다. 아버지는 다시 엄마를 때리기 시작했다. 이번에는 한 치의 망설임도 없이 엄마를 때려눕혔다. 그러고는 엄마를 감자자루처럼 들어서 머리 쪽부터 방문에 집어던졌다. 엄마는 미동도 하지 않았고 나는 그 모습에 충격을 받아 꼼짝 못했다. 아버지는 엄마가 살아 있는지도 확인하지 않았다. 그저 문을 쾅, 닫고 걸어 나갔다. 나는 피투성이로 축 늘어진 엄마에게 뛰어가면서 엄마가 죽었을지도 모른다고 생각했다. 결국 엄마는 정신을 차렸고, 우리는 응급실에 들렀다가 부활절 휴가에 호텔방으로 향했다.

그 일이 있고 얼마 후 엄마는 이혼소송을 제기했다. 별로 놀랍지 않았다. 솔직히 나는 부모님이 이혼해서 기뻤다. 부모님이 이혼하지 않고 함께 살다가 언젠가는 엄마가 죽을까봐 무서웠다. 다만 이혼이 얼마나 골치 아픈 과정인지는 몰랐다. 나는 이내 부모님의 도구가 되었다. 두 분은 나를 이용해 원하는 것을 얻고 서로에게 해를 입히려 했다. 그 후 가끔씩 아버지가 집에 들를 때마다 나는 배신당한 기분이었다. 엄마가 아버지한테 너무 잘해주었기 때문이다. 나는 그런 모습에 혼란스러워서 아버지가 오면 어떻게 행동해야 할지 몰랐다. 이혼하고 얼마 지나지 않아서 아버지는 나 혼자 있을 때 집에 와서 나를 성적으로 학대했다. 어느 날 남동생이 들어오다 그 모습을 보고 엄마에게 일렀다. 그리고 다시 법정싸움이 벌어졌다. 엄마가 고용한 변호사는 내게 법정에서 증언하지 않도록 해주겠다고 약속했다. 그런데 막상 재판이 열리는 날이 되자 나는 증언해야 한다는 통보를 받았다. 내가 울고불고해서 결국 증언하지는 않았지만 엄마는 못마땅한 기색이었다. 엄마는 나를 한쪽으로 불러내서 언니나 동생들에게 무슨 일이 생기면 다 내 책임이라면서 화를 냈다. 이 말 한 마디로 엄마와 내 관계는 사실상 끝이 났다. 요즘 나는 엄마하고도 아버지하고도 연락하지 않는다. 오랜 세월 어린 시절의 상실 경험을 극복하려고 애썼지만 결코 쉽지 않았다.

해설

이 이야기는 불화가 심하고 불안정한 가정환경에서 자라는 힘겨운 여정을 소개하는 수많은 사례 가운데 하나다. 이 21살 여학생과 형제들은 어릴 때 생지옥에서 살았다. 그런데도 개인사를 공개할 만큼 솔직하고 용기가 있다. 이 학생은 부모 모두와 멀어졌다. 아버지는 결코 용서하지 못할 비열한 짓을 저질렀다. 그리고 더 이상 어머니하고도 친하게 지내지 않는다. 가정폭력과 학대에 시달리고 법정에 대한 반감을 불러일으키는 힘든 사건들이 연달아 일어났기 때문이다. 사실 이 학생은 우리에게 이런 가정사를 들려준 것만으로도 엄청난 용기를 보여주었다. 이 학생은 대학생활도 잘해왔고 조만간 졸업할 계획이다. 앞으로 이 학생은 부모와 어떤 관계를 이어갈까? 안타깝게도 이 문제에 관한 연구가 충분히 이루어지지 않아서 오직 시간만이 답할 수 있을 것이다.

"이제부터 네가 이 집의 가장이다"

다음 22살 남학생의 사례에서는 아버지가 집을 떠나면서 아들에게 '집안의 가장'이라는 무거운 짐을 떠넘긴다. 이 학생은 지금까지의 고된 삶을 술회하면서 그간 어떻게 자신이 강인하고 독립적인 사람이 되었는지 설명한다. 이 학생은 앞길을 이끌어줄 아버지 없이 성장해야 했다.

어린 시절을 돌아보면 부모님이 행복해 보이던 때가 전혀 떠오르지 않는다. 기억나는 거라고는 아버지와 어머니가 주로 형 문제로 말다툼을 시작하면 나는 방문을 걸어 잠그고 밖에서 벌어지는 현실을 외면하려 했던 기억뿐이다. 초등학생으로 아직 어렸던 나는 언젠가 모든 갈등이 사라지고 부모님도 원만한 결혼생활을 되찾을 거라고 믿었을 뿐, 두 분 모두 관계 안에서 허우적대면서 18년의 결혼생활에 종지부를 찍을 방법만 찾고 있는 줄은 몰랐다.

내가 10살일 때 아버지가 내게 이혼하고 집을 나가겠다고 말했다. 나는 몹시 화가 났다. 나는 아버지가 우리가 사는 도시를 떠나 다시는 만나주지도 소식을 전하지도 않을 거라고 생각했다. 하지만 아버지는 곧바로 나를 안심시키면서 (직장 때문에) 겨우 몇 킬로미터 떨어진 곳으로 이사할 것이고 가족 모두를 위해 헤어지는 편이 낫다고 설명해주었다. 처음에는 아버지가 말한 대로였다. 집안이 평온해져서 더 이상은 학교가 끝나고 전쟁터 같은 집으로 돌아가지 않아도 되었다. 이혼 후 두 분 모두 더 행복해지고 독신자로서 새로운 삶을 시작해서 나도 차츰 마음이 놓였다. 하지만 부모님이 새 인생을 찾아 나설수록 아버지가 집을 떠나기 전에 남긴 말의 정체가 명확히 드러났다. "브렌트, 이제부터 네가 이 집의 가장이다. 집안일, 잔디 깎는 일, 엄마를 보살피는 일까지 네가 책임지고 스스로를 잘 챙겨야 한다."

나는 6학년에 올라갔고, 형은 3시간 거리에 있는 대학에 들어갔으며,

부모님 모두 새로 이성친구를 사귀고 전처럼 정규직을 얻었다. 따라서 나는 주로 집에 혼자 남아 음식을 만들고 청소하고 집안일을 돌보았다. 아버지가 짊어지던 책임이 고스란히 내 어깨에 얹혀서 나는 중학생다운 즐거움을 누리지 못했다. 집안일을 하다보면 시간이 다 가버려서 나처럼 그런 일을 하지 않아도 되는 친구들과는 점점 멀어졌다. 주말에 친구들이 스키를 타러 가거나 축구시합을 할 때 나는 집에서 어머니를 돕고 집 안팎의 잡다한 일을 도와드려야 했다. 중학교 내내 나는 청소년다운 자유를 누리지 못했다. 새로 짊어져야 할 책임은 값진 교훈이 아니라 이혼이 남긴 상흔처럼 느껴졌다.

22살인 지금은 남보다 철도 빨리 들고 독립심을 기를 수 있어서 인성 계발에 큰 도움이 되었다고 절실히 느낀다. 이제는 부모님의 이혼에서 의미를 찾을 수 있다. 부모님이 이혼한 덕분에 일찍부터 독립적이고 책임감 있는 청년으로 성장할 수 있었다. 사랑하는 사람들이 지지해준다 해도 내 앞길은 내가 헤쳐 나가고 필요한 것이 있으면 남한테 기대지 말고 내가 알아서 해결해야 한다는 것을 배웠다. 또 남보다 독립심이 강해져서 스스로를 돌보고 책임을 다하는 법도 배웠다. 솔직히 내 또래 젊은이들이 스스로를 책임질 수 있다고 말하기는 어렵다. 결국 이혼으로 부모를 잃었지만 영원히 나를 지켜줄 강인한 성품을 얻은 셈이다.

해설

전적으로 우연이지만 이 5장에서 유일한 남학생의 사례로, 일찍부터 어른의 책임을 떠맡는 이야기다. 유일한 남학생의 사례이기 때문에 자녀가 집안일을 떠맡을 때는 여전히 아들이냐 딸이냐에 따라 차이가 존재하는 현실을 여실히 드러내준다. 이를테면 남자는 집안에서 무거운 책임을 떠맡고, 여자는 평소 집안일을 도와온 터라 이혼 후 막중한 책임이 주어져도 크게 휘청거리지 않는다. 이 학생은 이혼 후 아버지와 의미 있는 관계를 유지하지 못해서 아쉬워하면서도 자기에게 주어진 책임을 다해서 기뻐했다. 이 학생은 또래친구들이 누리는 즐거움을 자신은 빼앗겼다고 생각한다. 하지만 몇 년이 지난 지금은 어릴 때부터 막중한 책임을 떠안은 덕분에 더 괜찮은 어른으로 성장했고, 그와 그의 형에게 막중한 짐이었던 말썽 많은 가정생활도 해결했다고 결론짓고 있다.

희망과 상실의 어우러짐

다음에 나오는 기나긴 사례에서는 21살 여학생이 아버지를 잃은 상실감뿐 아니라 새아버지와의 관계에서 얼마나 많은 것을 얻었는지 설명한다. 이 사례에서는 학생이 이혼과 그 결과에 관한 연구문헌들을 자주 언급하고 있는데, 연구문헌을 언급하는 부분은 여러 다른 사례에서도 심심치 않게 나온다. 학생들은 이혼을 연구한 학자들의 이론과 그 연구 결과에서 자신의 삶을 발견하는 것 같다. 따라서 관련 문헌을 이해하고 자기 자신의 삶과 관련지어서 생각하려는 열의가 상당히 강하다.

이혼가정 아이들과 이혼의 여파에 관한 연구는 특히 이혼율이 부쩍 늘어난 요즘 사람들의 흥미를 끈다. 이혼이 자녀에게 미치는 영향에 관해서는 의견이 엇갈린다. 애런스는 『좋은 이혼The Good Divorce』(1994)이라는 책에서 이혼과정에서 서로 예의를 갖추고 협조하면 자녀를 보호할 수 있다고 설명한다. 어떤 이들은 부모가 이혼하면서 자녀에게 어린 동생을 돌보는 일과 같은 책임을 떠안긴다고 말한다. 주디스 월러스틴은 이혼이 자녀에게 부정적인 영향을 주므로 '그저 괜찮은' 결혼이기만 하면 결혼생활을 유지하는 편이 낫다고 주장한다. 나는 이혼가정의 자녀로서 어떤 이론은 수긍하지만 어떤 이론은 받아들이지 못하겠다. 이론을 떠나 무엇보다 중요한 사실은 이혼가정의 아이로 살아온 내 삶을 돌아보면서 삶에 대해 많은 교훈을 얻을 수 있다는 점이다.

이혼이 우리 가족과 내 삶에 어느 정도로 영향을 미쳤는지 알아보기 위해선 파국의 서막부터 돌아보아야 할 것 같다. 부모님은 중학생 시절부터 사귀었고 친구들에게 항상 '천생연분'이란 소리를 들었다. 두 분은 고등학교를 졸업하자마자 결혼했다. 얼마 지나지 않아 어린 부부는 어린 부모가 되었다. 그리고 결혼한 지 2년 만에, 내가 2살밖에 되지 않았을 때 이혼했다. 친척들에게 들은 얘기에 따르면 부모님은 무척 힘든 시간을 보냈다고 한다. 지금도 엄마는 "우리가 어려서 너무 쉽게 포기한 것 같아"라고 말한다. 아빠는 술을 많이 마시고 엄마한테 막말을 퍼부었다. 엄마는 아빠가 술주정을 부리면 벽장 안에 숨어 있었다. 엄마는 계속 그렇게 살고 싶지 않아서 아빠를 떠났다.

결국 엄마가 이혼을 결심해서 나는 아주 어릴 때부터 '결손가정broken

home'에서 자랐다. 내가 너무 어려선지 부모님이 함께 살던 때나 이혼했을 때의 기억은 거의 없다. 하지만 부모님이 살던 집은 아주 또렷이 생각난다. 아빠가 직접 설계해서 엄마가 임신했을 때 완공한 집이었다. 눈을 감으면 그 집 안으로 들어가서 카펫 색깔 같은 세세한 부분까지 떠올릴 수 있다. 아침에 아빠와 함께 푹신한 쿠션의자에 앉아 텔레비전 만화영화를 보던 기억도 떠오른다. 부모님이 함께 살던 시절, 아빠와 내가 같이 있던 유일한 기억이다. 그 장면 말고는 엄마와 내가 집을 떠날 때 아빠는 계단 위에서 내게 손을 흔들고 엄마는 울었던 기억만 있다. 남들은 고작 2살밖에 안 된 애가 어떻게 기억하느냐면서 믿지 않지만 내 기억은 틀림없다. 누군가는 그것은 기억이 아니라 내가 오랫동안 상상한 그림이라고도 한다. 하지만 내 기억은 분명한 사실이다.

어린 나이에도 나는 부모님이 이혼했을 때 무척 슬펐다. 하비 교수님 말로는 아이들은 '인정받지 못하는 슬픔'을 가장 또렷이 표현할 수 있다고 한다. 사람들은 아이들이 상실을 겪으면서 무엇을 이해하고 느끼는지 모른다. 교수님이 설명하듯이 아이들은 경험이 부족해서 애도하는 법을 배우지 못했을 가능성이 크다. 엄마는 당시 내게 이렇게 말해주었다고 한다. "엄마하고 아빠는 언제까지나 친구로 지내지만 앞으로 같이 살지는 않는단다. 우리가 항상 네 곁을 지켜줄게." 아마 2살짜리 아기에게 해줄 수 있는 최선의 설명이었을 것이다. 하지만 나는 아빠가 그립고 엄마가 자꾸 울어서 슬펐다. 나는 엄마가 걱정돼서 '나쁜 짓'을 하지 못했다. 인정받지 못하는 슬픔이란 앞서 말한 기억과도 관련이 있다. 내가 이혼 당시를 기억한다고 하면 아무도 믿지 않고 이혼을 이해하기에는 너무 어려서 상실감도 느끼지 못했을 거라고 생각한다.

인정받지 못하는 슬픔의 결과였는지는 몰라도 나는 이혼할 때부터 10살 무렵까지 아빠를 꽤 좋게 생각했다. 그때는 누구 하나 아빠를 나쁘게 얘기한 사람이 없었다. 내가 아빠와 통화하고 신나서 떠들면 엄마는 가만히 웃으면서 들어주었다. 새아버지는 내가 답장도 받지 못할 편지를 줄기차게 보내도 간섭하지 않았다. 엄마는 아빠한테 생일카드 한 장 오지 않을 줄 알면서도 내가 아빠 생일선물을 살 때 같이 가주었다. 나는 몇 년 동안 상상 속에서 살았던 것 같다. 엄마와 새아버지는 나를 보호하려고 그랬겠지만 안 그랬으면 좋았을 것 같다. 사실 아빠는 내 삶에 들어오길 거부했던 것이다. 그래도 오랜 시간 동안 내게는 내 아빠가 있다는 사실만 중요했다. 나는 아빠에 대한 호기심을 부풀리고 '최고의 아빠'를 상상해서 현실을 대체했다.

아빠가 아버지 역할을 하지 않았다는 사실이 실은 냉정한 현실이었다. 아빠는 이혼하고 곧바로 군대에 들어갔고, 지난 20년 동안 고작 네 번밖에 나를 만나주지 않았다. 나는 지금까지도 아버지의 부재 때문에 엄청난 고통과 분노에 시달린다. 아빠를 향한 기대가 처음 깨진 때가 정확히 언제였는지는 모르지만 아빠는 더 이상 내가 상상한 '최고의 아빠'가 아니었다. 나는 아버지라면 딸을 사랑하고 딸의 인생에 관심을 갖고 딸이 필요로 할 때 와주어야 한다고 믿었다. 내가 눈을 뜨고 아빠의 참모습을 보기 시작하자 내 믿음은 산산조각이 났다. 그래서 하루하루가 고통스러웠다.

아빠와의 만남은 해가 갈수록 달라졌다. 아빠의 태도는 크게 달라지지 않았지만 내가 아빠를 보는 눈이 변했다. 내가 아직 '최고의 아빠'를 꿈꾸던 시절에 아빠를 만나러 간 적이 있다. 아빠는 두어 시간 동안 시내에서 나를 데리고 다니면서 쇼핑을 했다. 장난감가게로 데려가서 갖고 싶은 장난감을 다 고르게 해주었다. 그때는 아빠가 최고라고 생각했다. 나는 장난감을 받고 좋아서 매일 만나는 사이라도 되는 양 다정하게 '고마워, 아빠'라고 말했다. 하지만 얼마 전에 아빠를 만나 아빠네 식구들과 저녁을 먹었을 때는 예전만큼 사랑하고 용서하고픈 마음이 생기지 않았다. 아빠하고 내가 남남인 것 같아 영 어색했다. 아빠는 내가 어떻게 살고 어떤 성격인지 거의 모른다. 아빠가 저녁값을 치르거나 심지어 내 컵에 음료수를 다시 채워주려고 하자 나는 그마저도 거절했다. 몇 년 전에 아빠가 장난감 공세로 현실을 감추려 했던 기억은 쉽게 지워지지 않았다. 더 이상 아빠가 내 사랑이나 관심을 돈으로 사도록 내버려두고 싶지 않았다.

지난 8년간 한마디로 감정의 롤러코스터를 탄 기분이었다. 지금처럼 아빠를 향한 분노가 깊어지기 전에는 진심으로 아빠를 알고 싶었다. 아빠가 먼저 손을 내밀지 않겠다면 나라도 먼저 다가서야지, 안 그러면 평생 가까워지기 힘들 것 같았다. 몇 번이나 이메일로 내가 어디서 일하고 누구를 만나는지 자잘한 일상을 적어 보냈다. 나는 진심으로 아빠를 알고 싶었고 내가 어떤 사람으로 성장했는지 알려주고 싶었다. 아빠가 처음 재혼했을 때는 아빠의 관심을 끌기가 힘들었다. 재혼한 여자는 전통적인 가족상을 중시하는 한국인이었다. 이혼을 부정적으로 보는 편이라 한 번 결혼한 적 있는 아빠와 결혼을 결심하기까지도 힘들었다고 한다. 그녀는 나를 아빠의 이전 결혼과 연결된 끈이라고 생각해서 내가 아빠를 만나는 것도 좋아하지 않았다. 아빠가 새부인을 핑계로 내 삶에서 관심을 끊으려고 한 건지, 그녀가 정말 그렇게 생각했는지는 확인할 길이 없다.

내가 16살 즈음 아빠가 잠깐 달라진 모습을 보였다. 아빠는 당시 텍사스에 살고 있었는데 내게 일주일 정도 놀러 오라면서 비행기표를 보내주었다. 도무지 믿기지가 않았다. 좋으면서도 내심 두려웠다. 나는 9살 이후로 아빠를 만난 적이 없었다. 아빠가 지난 번 만남을 생각하고 10대 딸이 아니라 어린아이가 나타나길 기대할까봐 두려웠다. 아빠와 무슨 말을 하고 어떻게 다가갈지 걱정스러웠다. 나는 망설임을 뒤로하고 아빠를 만나러 갔다. 텍사스에 도착해 비행기에서 내려서 나를 기다리는 아빠를 발견하자 눈물이 왈칵 쏟아졌다. 아빠와 포옹을 하자 놀라운 감정이 일어났다. 우리 사이에는 시간도 끊지 못한 끈이 연결되어 있었다. 나는 그저 우리가 그 끈을 함부로 내팽개치지 않기를 바랐다.

텍사스에 머물던 일주일은 멋진 시간이었다. 아빠는 매일 나를 데리고 나가 관광을 시켜주었다. 우리는 일주일 내내 밖으로 나가 뭔가를 했다. 우리 둘 다 한방에 둘만 남아 대화해야 하는 상황이 올까봐 두려웠던 것이다. 나는 아빠와 함께 있어서 무척 기쁘기는 했지만 아빠와 나의 관계나 가족의 지난 시간에 관해 이야기하고 싶지는 않았다. 한편으로는 몇 시간이고 소리를 지르고 실컷 욕을 퍼부으면서 지난 세월 내가 얼마나 상처받았는지 알려주고 싶었다. 하지만 나는 일주일 내내 가슴속 응어리나 분노를 내비치지 않았다. 아빠와 나는 밝고 활기찬 사람들이라 일주일 동안 별 탈 없이 지낼 수 있었다. 나는 그저 우리 아빠를 마음껏 바라보고 싶었다. 그런데 그 낯선 사람을 쳐다보고 내 아버지라고 생각하자 형언하기 힘든 감정이 밀려왔다. 나는 '평범한' 아버지와 딸 사이를 원했지만 우리는 결코 그렇게 되지 못할 것 같았다.

그때 나는 아빠뿐 아니라 이복동생들도 만났다. 여동생은 9살이고 남동생은 5살이었는데 그때 처음 만난 것이다. 엄마와 새아버지 사이에는 자식이 없어서 나는 동생들을 만난다는 생각에 몹시 들떴다. 나는 워낙 아이들을 좋아하고 늘 동생이 있었으면 좋겠다고 생각했던 터라 동생이 둘이나 생겨서 좋았다. 여자아이는 나를 언니라고 부르면서 동네 친구들한테 자랑했다. 조금 어색했지만 여동생과 아주 재미있게 놀았다. 아빠가 그렇듯 동생들도 내게는 남이었다. 하지만 아빠가 같다는 사실만으로도 우리는 일주일 동안 한가족처럼 사이좋게 지낼 수 있었다. 새러와 알렉스를 데리고 놀아주면서 좀 더 자주 만날 수 있으면 좋겠다고 생각했다. 떨어져 살지 않고 같이 살 수 있었다면 좋겠다고도. 서로 멀리 떨어져 산 탓도 있지만 아버지가 나를 자기 인생에 들여놓지 않으려 한 것이 더 큰 원인이었다.

그때의 만남은 대체로 즐거운 경험이었다. 아빠와 동생들과 즐거운 시간을 보내긴 했지만 안타깝게도 진실한 만남이라기보다는 한바탕 쇼에 가까웠다. 어느 정도 서로의 삶을 엿볼 수 있었지만 일주일 만에 서로의 참모습을 알기는 불가능했다. 그때의 만남을 계기로 자주 만나기를 바랐지만 그렇게 되지는 않았다. 텍사스를 떠나자 다시 예전으로 돌아갔다. 아빠는 자기가 내킬 때, 5년에 한 번 정도 재미있는 아버지 역할을 하고, 다른 때는 보이지 않는 아버지 역할을 했다. 몇 달에 한 번 간단히 안부를 묻는 이메일을 보냈을 뿐이다. 아빠를 내 인생에 끌어들이려고 발버둥을 쳐봐도 별다른 반응이 없자 나는 깊은 절망에 빠졌다. 아빠에게 마지막으로 이메일을 보내면서 가벼운 안부 말고 아빠 인생에서 중요한 이야기를 해달라고 요구했다. 나는 아빠의 다리가 부러진 소식을 할머니를 통해 전해 들어야 했다. 두루뭉술하게 "안녕, 잘 지내니? 난 잘 지내" 하는 이메일 말고 자세한 소식을 듣고 싶다고 요구했다. 내 요구는 묵살됐고, 요즘은 이메일이든 무엇으로든 아빠 소식을 전혀 듣지 못하고 있다.

이제는 정의를 구현할 시점이 온 것 같다. 너무 오랜 세월 속도 없이 굴어서 억울하다. 아빠는 내게 생일카드 한 장 보내준 적 없고 내 삶에서 중요한 다른 날에도 온 적이 없다. 폭력으로 가족을 잃고 가해자를 처벌하길 원하는 사람들처럼, 나는 내게 고통을 안겨주었던 만큼 아빠도 고통 속에 살기를 희망한다. 언젠가 할머니가 아빠한테 내게 비행기표를 보내서 그쪽으로 초대하라고 하자, 아빠는 "지금은 우리 애들한테 쓸 돈도 모자라요"라고 대답했다. 자식 둘을 새로 낳았으니 나는 더 이상 아빠의 자식이 아니라는 뜻이다. 할머니한테 이 얘기를 들었을 때 나는 마구 고함을 지르고 싶었다. 좋든 싫든 나는 언제까지나 아빠의 딸이다.

내가 아빠한테 실망한 역사는 아주 길다. 나는 오랜 세월 나름대로 최선을 다했지만 결국 포기해버렸다. 아빠가 자꾸 약속을 어겨서 신물이 난다. 최근에도 아빠는 나를 다시 초대하겠다는 약속을 지키지 않았다. 아빠는 내 고등학교 졸업선물로 현재 아빠가 살고 있는 하와이행 항공권을 보내주겠다고 약속한 적이 있었다. 나는 지금 대학 4학년이지만 항공권은 아직도 오지 않았다. 내가 항공권을 받을 날은 오지 않을 것이다. 나는 아빠 인생에서 뒤로 밀려나 있다. 그래서 나도 아빠를 밑으로 밀어냈다. 나는 더 이상 아빠에게 이메일을 보내지 않는다. 생일이나 크리스마스에도 선물은커녕 카드 한 장 보내지 않는다. 꼭 한 번이라도 카드든 전화로든 아빠한테 '생일 축하해'라는 말을 듣고 싶다. 어쨌든 아빠는 지금의 나를 있게 한 사람이니까.

정의를 구현하기 위한 나의 계획에는 아빠를 대놓고 무시하는 것 말고도 비밀전략이 하나 더 있다. 나는 4년 전에 남동생이 하나 더 있다는 사실을 알게 되었다. 할머니 말로는 아빠가 엄마와 헤어지고 지금의 부인을 만나기 전에 잠깐 다른 여자를 만난 적이 있다고 한다. 그때 아들을 얻은 모양이다. 지금은 10대가 된 그 아이는 내가 존재하는 줄도 모른다. 그 아이가 아빠의 부모인 할머니와 할아버지에게 연락을 해왔다. '아버지를 찾고 싶다'고 했다. 그 아이도 아빠에게 편지를 보냈지만 아빠가 그냥 묵살한 것이다. 그리고 할머니와 할아버지에게 전화를 걸어 자기 자식이 아니라면서 그 아이에게 다시는 연락하지 말라고 전해달라고 했다. 불행히도 그 아이는 아버지를 쏙 빼닮았다. 무시하지 못할 만큼이나. 나는 그 아이한테 동병상련을 느꼈다. 아빠는 내가 딸인 줄 알면서도 똑같이 나를 거부한 사람이었다.

앞서 말했듯이 나는 진심으로 아빠에게 내가 받은 고통이 얼마나 큰지 알려주고 싶었다. 지난 4년간 나는 아빠의 아들을 찾아내서 같이 하와이로 깜짝여행을 가볼까 진지하게 고민했다. 아빠의 현재 부인도 아빠에게 아들이 있는지 모른다. 아빠의 군대 월급에서 양육비가 빠져나가는데도 그 부인은 아무것도 모른다. 결혼과 자식에 관해 엄격한 한국식 가치관을 가진 그녀는 아빠에게 아들이 하나 더 있는 줄 알면 분명 결혼생활을 끝내려고 할 것이다. 나는 그 아들을 데리고 아빠 집에 쳐들어가 버림받고 무시당한 기분을 고스란히 갚아주고 싶었다. 하지만 그렇게까지 모질게 굴지는 못한다. 결국 나는 아빠의 아들에게 연락하지 않았다. 그 아이는 여전히 나라는 존재가 있는 줄도 모른다. 그 아이 역시 나의 반쪽짜리 동생이다. 그 아이를 위해서는 어떻게 하는 것이 최선이고, 만약 연락을 한다면 언제 해야 할지 종잡을 수가 없다. 아직도 마음을 정하지 못했다. 아직 연락조차 하지 않아서 마음을 정하지 못하는 것 같다. 아마 언젠가는 만날 것이다.

모든 복잡한 문제에도 불구하고 나는 친가 쪽과 줄곧 가깝게 지내왔다. 우리 집만의 독특한 특징이다. 남들은 어떻게 그렇게 잘 지내냐고 놀란다. 이혼할 때 엄마는 아빠가 어떤 선택을 하든지 내가 친가 친척들과 잘 지내게 해주겠다고 다짐했다. 요즘 엄마는 이혼할 때 그 부분이 가장 힘들었다고 털어놓았다. "그쪽 가족을 잃는 건 힘든 일이었지. 그나마 좋은 관계를 유지하긴 하지만 그렇다고 일상을 다 나누는 건 아니니까." 엄마는 재혼한 뒤에도 명절마다 나를 친할머니 댁으로 데려갔다. 어른이 된 지금도 마찬가지다. 명절마다 나는 외갓집에서 친가로 갔다가, 다시 새아버지의 부모님 댁으로 간다. 쉬는 날에도 정신없이 바쁘지만 나를 든든하게 받쳐주는 친척이 많아서 좋다.

새아버지는 나를 위해 자애로운 부모가 함께 이끄는 가정을 만드는 데 기여했다. 친아버지는 내 삶에서 중요한 존재가 아니지만 새아버지는 좋은 아버지 역할을 톡톡히 해주었다. 엄마는 자식과 이혼에 관해 이렇게 말했다. "자식이 몇 살이든 부모가 이혼하면 영향을 받는단다.

내가 새아버지랑 결혼한 덕분에 네가 더 강해진 것 같아. 새아버지하고 엄마는 네가 기죽지 않게 하려고 네가 무슨 일을 어떻게 하든 늘 용기를 주었단다. 네가 A학점을 받을 때나 힘든 시기를 보낼 때나 우리가 네 곁에 있어주었지." 엄마 말이 맞다. 아빠와의 관계가 무수히 어긋나서 실망하면서도 나는 약해지기보다는 오히려 강해졌다. 내 곁에 있던 사람들이 사랑과 지원을 아끼지 않았기에 나는 월러스틴이 말하는 그런 이혼가정의 아이가 되지 않았다.

부모님의 이혼 덕분에 강인한 성격 말고 독립적인 성격도 생겼다. 내가 이 이혼에서 얻은 고통은 대부분 아빠에게서 온 것이다. 어릴 때나 어른이 되었을 때도 아빠는 한 번도 내 인생에 관심을 보이지 않았기 때문이다. 그래서 나는 어린 나이에 결혼하는 건 절대 반대다. 우리 부모님이 중학생 때부터 사귀었다고는 해도 고작 18살에는 결혼할 준비가 되지 않았다. 두 분 모두 결혼 전에 성인으로 독립해서 살아봤어야 했다. 혼자서 잘살 수 있다는 자신감을 길렀다면 같이 살 때 사랑과 안정감도 컸을 것이다. 그래서 나는 독립적인 사람이 되려고 노력하고 가급적 남에게 의지하지 않으려고 한다.

지금껏 살면서 관계에 관한 최고의 교훈은 부모님의 이혼을 겪으면서 배웠다. 나는 '결손가정'에서 자라면서 관계를 지키려면 무엇이 필요한지 배웠다. 덕분에 이성을 만나면서도 건강하지 않고 경솔한 관계는 피할 수 있었던 것 같다. 나는 진실로 신뢰하고 사랑하는 남자와 결혼을 약속했다. 직접 겪지는 않았지만 부모님의 실수를 보고 배운 터라 부모님처럼 끝날까봐 겁나지는 않는다. 엄마는 이렇게 말한다. "새아버지하고 내가 서로 사랑하듯이 너도 사랑하면서 살게 될 거야. 너는 서로 존중하고 사랑하는 좋은 집에서 자랐잖니." 나는 미래의 남편과 나를 위해 아주 건강한 결혼생활을 지켜낼 자신이 있다. 그뿐만 아니라 아이들을 사랑하고 마땅한 관심을 보여줄 것이다.

대체로 이혼가정의 아이는 고통도 많이 받지만 배우는 것도 많다. 나는 앞으로도 오랫동안 아빠와 갈등을 겪겠지만 아빠 대신 친가 친척들과 새아버지, 그밖에 모든 친구와 가족들에게 지지를 받을 것이다. 존중하는 법, 사람들과의 굳건한 관계, 무조건적 사랑을 배울 수 있어서 감사하다. 나는 앞으로 살면서 이런 가치들을 가꿔나갈 것이다.

해설

이 사례에는 성장과 갈등의 이야기가 모두 나온다. 우선 갈등이 드러나는 대목은 아버지에게 손을 내밀어도 아무런 반응을 보이지 않자 아버지가 자기를 버려서 극심한 상처를 입혔다면서 복수하고 싶은 마음을 암시하는 부분이다. 한편으로는 아버지와 아버지의 새로운 가족을 보호하려는 의도에서 새어머니에게 새로 나타난 남동생의 존재를 알리지 않고 새어머니가 알면 결혼이 파탄날 거라고 걱정한다. 이 학생은 아버지의 무관심에 분개할 만도 한데 아버지와 그의 가족들을 보호하는 쪽을 선택했다. 자꾸 거리를 두려는 아버지의 행동에도 불구하고 아버지를 향한 정이 잘 드러난다. 그러면서도 슬픔이 선명하게 드러나고 쓰리고 고통스러운 기억이 가득하다. 이 글 곳곳에서 이 학생의 감정이 묻어난다.

이 사례에서도 알 수 있듯이 아이들은 부모가 이혼하면 몹시 슬퍼하고 어른이 되고 나서도 한참 동안 슬픔에서 헤어나지 못한다. 주위에서는 좋은 일만 생기지만 이 학생은 늘 가슴이 아프고 화가 난다. 그러면서도 아버지와 아버지의 현재 부인과 아이들에게 손을 내민다. 하지만 아버지가 아무런 반응을 보이지 않아서 지쳐간다.

이 학생은 긍정적인 결론으로 글을 맺으면서 어머니, 새아버지, 조부모, 그 외 여러 가족들이 자신의 관계(곧 결혼할 관계)를 유지하는데 힘을 길러주고 스스로를 긍정적으로 생각하도록 이끌어주었다고 강조한다. 이 글을 보면 사람의 심리적 힘은 분명 가족이나 사랑하는 관계에서 나온다. 더불어 이 학생의 어머니와 몇몇 중요한 가족 구성원은 이혼이 이 학생의 삶에 어떤 영향을 주고 있는지 솔직하게 설명해주었다. 이 학생은 가까운 사람들끼리 솔직하게 속내를 털어놓은 덕분에 지금처럼 성숙해질 수 있었다고 강조한다. 그리고 조만간 시작할 결혼생활을 '건강하게' 유지할 수 있을 것이라고 자신한다.

'부모 부재', 그 함의

우선 이 5장의 여러 사례에서 아버지의 행동과 무관심을 강력히 비판하면서도 그 아버지들의 이야기는 들어보지 않았다는 사실을 짚고 넘어가야겠다. 어떤 상황이든 제각기 입장은 다른 법이다. 특히 오랜 시간에 걸쳐 감정이 뒤얽혀 일어난 가족사라면 더욱 그렇다. 따라서 힘들겠지만 사연 속 아버지들 이야기를 들어볼 수 있다면, 그들은 또 그들대로 자기를 변호하는 사정을 들려줄 것이다. 대다수가 양육권을 결정할 때 부당한 취급을 받았다고 말할 것이다.

그렇다 해도 우리 책 전반에 걸쳐 강조하고 앞서 이야기 방법론을 옹호하면서도 강조했듯이, 학생들의 진실하고 솔직한 기억과 생각이야말로 부모의 이혼에 대한 가장 중요한 반응이다. 따라서 일부 사례에서 아버지의 행동을 일방적으로 묘사하거나 지나치게 부정적으로 과장했을 수도 있지만, 대체로 생생하고 명료하게 묘사한 것을 보면 지금으로서는 이것이 우리가 알 수 있는 가장 정확한 '외부 현실'일 것이다. 아버지의 어떤 행동은 자식을 버린 죄책감의 결과일 수 있다. 또한 애초에 자식에게 관심이 없어서 아버지 역할을 수행하지 않은 아버지도 있을 수 있다. 어떤 경우든 아버지의 입장은 여기서 알아보지 않았다. 아버지의 행동에 작용하는 동기라는 중요한 연결고리가 빠져서 '아버지 부재'라는 경험을 온전히 이해하기는 어렵다.

따라서 일단 아버지의 입장은 접어두고, 아이들의 이야기에서 두 가지 서로 밀접한 결론을 끌어내보자. (1) 아이의 삶에는 아버지가 필요하다. (2) 아이들은 이혼 후 아버지가 관심을 끊으면 극심한 상실감에 시달린다. 이혼가정의 아이들은 아버지의 관심을 받지 못해 슬퍼한다. 하지만 아버지를 잃고 상실감과 슬픔에 시달리고 아버지의 영향을 거의 받지 못하면서 한쪽 부모 슬하에서 자랐더라도 대체로는 잘 자라는 것 같다. 게다가 새아버지가 친아버지의 빈자리를 충분히 메워줄 뿐 아니라 더 나아가 아이의 인생에서 '중요한 아버지상'으로 자리 잡기도 한다.

그래도 친아버지들이 자식들의 고통에 관심을 가져주는 일은 중요하다. 우리에게 사연을 제공한 학생들은 자애로운 아버지의 존재가 성인 초기 자녀의 행복과 성공에 중요한 역할을 한다고 강조했다.

자식에게 적극 관심을 갖는 아버지는 자식들이 안정적이고 발전적으로 살고 학교나 사회에서 열심히 활동하도록 도와준다. 보수적인 작가 데이비드 블랭큰혼(David Blankenhorn, 1995)은 『아버지 없는 미국Fatherless America』이라는 책에서, 아버지 부재가 미국 청소년폭력 문제의 주된 원인이라고 주장했다. 물론 아버지의 관심이 부족한 것 말고도 청소년폭력의 원인은 다양하지만 이 5장에 실린 사례를 보면 젊은 사람들은 삶을 준비할 때 아버지의 역할이 중요하다고 생각하는 것으로 보인다. 그들은 또한 아버지 부재로 인한 슬픔이 끝나지 않는다고 말한다. 어느 21살 여학생의 이야기를 들어보자.

부모님은 내가 4살일 때 이혼했다. 그때는 뭐가 뭔지 몰랐다. 아빠가 다시는 오지 않는다는 정도만 알았다. 아빠는 나를 사랑하지 않았다(엄마가 아빠 대신 변명이라고 해준 말이다). 처음부터 나를 원하지도 않았다. 나는 아빠에게 원한을 품었다. ……어떻게 그렇게 오랫동안 자기 딸과 가족들을 멀리할 수 있단 말인가?

가족은 본래 복잡하게 뒤엉키고
미묘하게 굴러가는 조직이다.
가족은 대부분 최상의 조건에서
이해하기 어렵다. 가족은 취약성과
회복탄력성을 동시에 보여준다.
가정에 불화가 심하고 분열할 조짐이
있을 때 어린 자식은 가족을 풀리지
않는 수수께끼이자 끝없는 고통의
원천이라고 받아들일 수 있다.

6
가족의 혼란과 '회복탄력성'

"나는 이혼한 집 자식이다. 그렇다고 해서 나를 그 범주 안에 가둘 생각은 없다.
우리 가족은 서로를 아낌없이 지지해주는 사람들이라
한 번도 뭔가 빠졌다는 느낌을 받아본 적이 없다."
—한 남학생

이 6장은 이혼상황에서 가족과 그들의 복잡한 역동에 초점을 맞춘다. 여기에 소개된 사례에서는 가족의 이혼을 경험한 수많은 학생의 마음속에 혼재하는 혼란과 회복탄력성을 잘 보여준다. 이혼이란 고통스러운 상황에서도 각자가 느끼는 감정과 결과는 복합적이다. 긍정적 감정과 부정적 감정을 동시에 경험할 수도 있다. 이 6장에서는 더 다양한 경험이 뒤섞인 사례들을 심도 깊게 다룬다. 앞에서도 이혼할 때의 가족의 역할을 언급했지만 여기서 소개하는 사례에서는 가족의 역할에 더욱 초점을 맞춘다.

이 장의 주요 주제를 표 6.1로 정리했다. 모든 주제에는 복잡하게 뒤엉킨 가족의 상황에 대처하려는 노력의 기본 차원이 담겨 있다.

표 6.1 가족의 혼란과 회복탄력성의 중심 주제

- 복잡한 가족 상황 속에서 힘과 의지 발견하기.
- 여러 번의 이혼을 겪고 살아남기.
- '정상'인 것처럼 행세하는 가족.
- 힘든 상황에 대처하기 위해 빨리 철들어야 한다는 강박관념.
- 새아버지 인정의 어려움.
- 혼란스런 환경에서 온전한 정신 찾기.

복잡한 상황을 이해하면서 강인해지기

첫 번째 장문의 사례에서는 자식이 부모의 불안정한 상황을 감당하면서 유난히 빨리 성숙해지는 모습을 보여준다. 이 남학생은 가족의 복잡한 역동으로 인한 인생의 오르막과 내리막을 냉철하게 분석한다. 그리고 '컵에 물이 반이나 비었네' 식보다는 '컵에 물이 반이나 찼네' 식의 태도로 담담하게 사연을 풀어내면서 비슷한 처지에 놓인 사람들이 존중할 만한 강인한 성품을 보여준다. 구체적인 내용을 보면 이 학생이 생각하는 부모의 이미지가 지나치게 불안정하고 무책임한 모습으로 점철된 것도 이해가 간다.

21살의 경영학도 마이크는 성인이 된 자녀가 부모의 이혼을 여러 차례 겪으면서 부딪히는 다양한 문제에 초점을 맞춘다. 앞에서 여러 번 살펴본, '의붓부모가 성인자녀의 사회적 지지체계에서 친부모보다 더 중요한 역할을 할 수 있다'는 주제에도 주목한다. 나아가 형제마다 이혼에 얽힌 사건을 얼마나 다르게 경험하고 반응하는지도 보여준다.

1977년 9월에 나는 중서부지방의 한 소도시에서 태어났다. 형제로는 나보다 여덟 살 많은 누나가 하나 있었다. 아버지는 지역 식료품점에서 부지배인으로 일했고 어머니는 공장에 다녔다. 그럭저럭 평범하게 살다가 1985년 8월의 어느 날이 왔다. 그날 어머니가 '휴가를 떠난다'면서 도시 반대편의 아파트로 이사한 것이다. 넉 달 후 아버지와 어머니는 정식으로 이혼했고, 어머니는 인근의 큰 도시로 떠났다. 1988년에 아버지는 같은 도시에 사는 팸이라는 여자와 재혼했다. 그리고 1995년에 아버지는 팸과 나를 버리고 다른 여자 집에 들어가 살았다. "현재 18살 미만의 아동과 청소년 중 50~60퍼센트 정도는 한부모가정에서 자란다"는 자료가 있다. 나는 18살이 되기 전에 두 번이나 부모의 이혼을 겪었다. 이 글에서 나는 가족을 잃은 상실감을 극복한 과정을 설명하고, 누나는 같은 상황에서 어떻게 대처했는지 비교하려고 한다.

친부모님은 1986년 1월에 이혼했다. 어머니는 16살이던 누나 제시카와 나를 아버지한테 맡기고 주도州都로 떠났다. 나는 당시 정확히 어떤 상황이었는지 알아보려고 부모님 두 분과 인터뷰를 시도했다. 어머니에게는 연락이 닿지 않았지만 아버지하고는 이혼에 관해 이야기를 나눌 수 있었다. 아버지 말에 따르면 어머니는 아버지에게 '나도 이제 40살인데 내 삶을 살아본 적 없이 남이 시키는 대로만 하고 살았다'고

푸념했다고 한다. 이혼한 지 얼마 지나지 않아 아버지는 사회적 관계를 넓히기 위해 노력하기 시작했다. 집 근처 전문대에서 운영하는 이혼자 지원모임에 나가기 시작한 것이다. 그리고 얼마 지나지 않아 장차 새어머니가 될 팸이라는 여자와 사귀었다.

나는 아직 어려서 부모의 이혼을 잘 극복하지 못했다. 아버지는 이번의 인터뷰에서 당시 내가 나 때문에 이혼한다고 생각하는 눈치였다고 말했다. 부모의 이혼에 나처럼 반응하는 현상은 월러스틴과 켈리의 연구에서도 입증된다. 두 연구자에 따르면 아이들은 자기가 잘못해서 부모가 싸우고, 단 한 번의 싸움이 이혼까지 이어지는 것으로 생각한다고 한다. 당시 나를 뒷받침해주는 사회적 지지망은 그리 탄탄하지 않았다. 아버지는 정규직으로 늦게까지 일해야 했고, 간혹 자정이 지나도록 집에 오지 않을 때도 있었다. 게다가 나는 누나하고 사이가 좋지 않았다. 이혼 후 누나가 예전에는 하지 않던 역할을 해야 했기 때문이다. 나는 유치원 때부터 6학년까지 가톨릭계 학교에 다녔다. 내가 2학년일 때 부모님이 이혼했는데 우리 반 학생 15명 중에서 이혼한 집 아이는 나 하나였다. 몇몇 아이들한테 놀림을 받고 괴롭힘을 당하면서 나의 사회적 관계망은 크게 손상됐다. 친구들에게 놀림 받은 이유는 꼭 부모님의 이혼 때문이 아니라 이혼 후 내 행동 때문이었다. 부모가 이혼하고 얼마 후부터 나는 머리카락을 꼬기 시작했고, 그중 몇 가닥이 빠져 정수리에 원형탈모가 생겼다. 이혼 직후에는 울다 지쳐 잠드는 밤이 셀 수 없이 많았다. 갈수록 상태가 심해지자 아버지는 나를 우리 교구 신부님에게 보내 상담을 받게 했다. 얼마간 시간이 흐르자 나도 차츰 안정을 찾았다. 새어머니 팸이 내 삶에 들어오면서부터 상황이 좋아지기 시작했다.

제시카 누나가 이혼에 적응한 방식은 나와 달랐다. 누나가 별 탈 없이 적응할 수밖에 없었던 가장 큰 이유는 주어진 책임이 늘어난 탓이었다. 누나는 저녁식사 준비와 청소를 책임졌다. 예전에는 어머니와 아버지가 나눠서 하던 집안일을 이제는 누나와 아버지가 나눠서 맡았다. 나는 아버지를 인터뷰하면서 이혼 후 누나와 어머니의 관계는 어땠냐고 물었다. 아버지는 "썩 좋지는 않았지. 제시카가 나한테 그러더구나. 엄마가 돌아오고 싶다고 해도 받아주지 말라고. '엄마는 또 떠날 사람이에요' 하더라"라고 대답했다. 누나의 사회적 지지망은 이혼 후에도 탄탄했다. 누나에게는 믿음직한 친구들이 많았다. 누나를 인터뷰했을 때 누나는 부모의 이혼을 '더 나아지기 위한 과정이었어'라고 말했다. 누나와 어머니는 사이가 좋지 않았다. 인터뷰 중에도 누나는 어머니에게 모성애를 느낀 적이 꼭 한 번밖에 없다고 대답했다. 이혼이 누나의 사회적 관계에 어떤 영향을 주었냐고 묻자, 누나는 부모님이 이혼했을 때 물론 기쁘지는 않았지만 이혼의 여파는 무난히 견뎌냈다고 했다. 다만 지금도 연애할 때 문제가 생기거나 연애가 지겨워지면 문제를 해결하려 하지 않고 그냥 내버려둔다고 했다.

이혼 후 어머니는 방문권을 이용해 나를 만났지만 누나는 한 번도 어머니를 만나러 간 적도 없고 통화도 거의 하지 않았다. 나는 오랫동안 어머니와의 관계를 유지했다. 이혼 후 처음 2년간은 한 달에 한두 번 어머니를 만나러 갔다. 하지만 세월이 흘러 만나는 횟수가 줄었고, 결국 1995년에 어머니는 남부의 다른 주로 떠났다. 시간이 흐르면서 어머니와의 만남이 줄어든 데는 여러 이유가 있었다. 우선 어머니를 만나도 재미가 없어졌다. 어머니는 불안정하게 사는 사람이었다. 저임금 직장을 전전하고 룸메이트와 몇 달 이상 같이 살지 못했다. 이성관계도 몹시 불안정해서 이 남자 저 남자를 만나고 다녔다. 나는 아들로서 여러 애인들과도 만나야 했다. 하나같이 어머니 옆에 없었으면 좋겠다 싶은 남자들이라 그런 만남이 몹시 불편했다. 두어 번 정도 어머니의 친구인지 애인인지 모를 사람과 얽혀서 경찰을 부른 일도 있었다. 나도 나이를 먹으면서 주말마다 볼일이 많아져서 어머니를 만나러 가는 날이 줄기 시작했다.

이혼 후 아버지와 누나와 나는 함께 있는 시간이 많아져서 한가족으로 더욱 똘똘 뭉쳤다. 어머니와 자식들은 갈수록 멀어진 반면, 아버지와 자식들은 점점 가까워졌다. 연구에 따르면 이혼 후 딸들은 분리불안에 시달릴 가능성이 높고, 많은 자녀가 부모의 재결합을 갈망한다고 한다. 처음에는 나도 부모님이 다시 결합하길 원했지만 누나는 한 번도 재결합을 원하지 않았다. 나는 아버지와 팸이 약혼할 무렵까지도 부모님이 화해하게 해달라고 빌었다.

아버지와 팸이 가까워지면서 새로운 문제가 불거졌다. 누나는 팸을 가족으로 받아들이기 싫다면서 반감을 드러냈다. 이혼은 받아들이면서 아버지가 재혼하는 건 왜 싫다는 건지 이해되지 않았다. 나는 팸이 우리 어머니 자리를 차지하려는 것 같아 썩 내키지 않았다. 어머니가 나를 남자친구들에게 소개할 때와 비슷한 기분이었다. 그런데 알고 보면 팸은 나를 차분하게 붙잡아준 사람이었다. 아버지보다 11살 많은 팸은 벌써 장성한 아들 셋과 손자 일곱을 두었다. 나는 점차 팸과 친해졌다. 새로운 관계는 온갖 고난을 이겨냈다. 가령 어머니의 친구 하나가 팸과 아버지가 부모의 이혼 전부터 바람을 피웠다는 소문을 퍼트리기도 했다.

1988년에 아버지는 팸과 결혼했다. 그때 제시카 누나는 대학 신입생으로 인근 대학에 다녔고, 나는 초등학교 4학년이었다. 아버지와 나는 시골에 있는 팸의 집으로 이사했다. 아버지와 팸은 진심으로 사랑하는 것 같았다. 어머니와의 사이에서 보지 못한 무언가가 있었다. 팸은 처음부터 내게 집안일을 배정해서 나를 가르치려고 했다. 간혹 부딪힐 때도 있었지만 팸은 갈수록 친어머니보다 더 진짜 어머니 같았다. 그래도 팸에게 '엄마'라고 불러본 적은 없다.

아무리 그래도 이번 결혼에도 고비는 있었다. 1989년에 친할아버지가 뇌졸중으로 돌아가셨다. 크게 상심한 아버지는 60킬로미터 이상 떨어진 곳에 사는 할머니를 자주 찾아뵙고 싶어 했다. 1992년에 할머니는 대장암 진단을 받았는데 병원에서는 이미 회복할 가망이 없다고 통보했다. 그해 여름 우리 가족과 나는 일주일에 다섯 번 이상 병문안을 갔다. 팸은 인터뷰에서 그때부터 '부부 사이에 즐거움이 사라졌다'고 말했다. 할머니는 같은 해에 돌아가셨다. 불행히도 아버지가 지독한 상실감을 떨쳐내기도 전에 집안에 다른 고비가 찾아왔다. 팸의 큰 손자인 밥이 자기 아버지와 갈등이 심했다. 팸과 아버지는 밥의 문제를 두고 의견이 달랐다. 팸은 손자를 도와주고 싶었던 데 반해 아버지는 밥이 자기 집으로 돌아가서 제 힘으로 문제를 해결하기를 바랐다. 아버지는 몸이 건강한 사람이 아니었다. 당뇨병과 고혈압을 앓았고 지병 때문에 늘 약을 달고 살아야 했다. 그런데 밥의 일로 짜증이 늘어나서 둘 사이에 긴장감이 흐르기 시작했다. 물론 나는 얼마나 심각한 상황인지 전혀 몰랐다.

1994년 어느 겨울밤 나는 친구들과 놀다가 집에 들어왔다. 아버지는 컴퓨터 카드게임을 하고 있었고, 우리는 잠깐 대화를 나누었다. 내가 방으로 들어가려고 일어설 때 아버지가 어떤 여자를 만나 고민을 털어놓으면서 즐거운 시간을 보냈다고 말했다. 나는 미심쩍은 눈길로 아버지를 보면서 말했다. "괜한 문제를 만들지 마세요. 우리 잘살고 있잖아요." 그날 이후로 한동안 아버지의 새로운 여자에 관해서는 아무 말도 듣지 못했다. 그러다 1995년 어느 일요일, 친구들과 축구를 하고 돌아왔을 때 아버지가 집을 나가기로 했다고 말했다. 나는 충격을 받았다. 어느 날 밤 아버지가 다른 여자 얘기를 꺼낸 것 빼고는 우리 집에 문제가 있을 줄 몰랐기 때문이다. 밥은 1994년 여름에 이미 우리 집에서 나간 터였다. 나는 아버지와 한참 대화를 나누면서 팸을 떠나지 말고 두 분이 문제를 해결하라고 설득했다. 아버지가 내 말에 설득된 줄 알았다. 그리고 며칠 후 아르바이트를 하려고 집을 나서는데 아버지는 내게 집을 나갔다가 다른 여자하고 다시 오겠다고 말했다.

차를 몰고 가던 15분 동안 나는 1985년에 시작된 일이 결국 1995년에 끝나서 우리 가족도 다 끝이구나 싶었다. 누나는 대학에서 로스쿨을 준비하고 있었고, 어머니는 남부에 살고 있었으며, 아버지는 어떤 여자 집에서 살림을 차리려 했다. 내게는 가족이 없었다. 내가 팸에게 가면 어떻게 될지, 팸이 나를 받아줄지 걱정스러웠다. 팸을 만나자 그녀는 울면서 나를 안아주었다. 그 순간 우리 가족이 다 끝장난 건 아니라는 안도감이 들었다. 팸은 나를 받아주려고 마음먹은 터였다. 그리고 며칠 동안 나는 아버지가 팸에게 어떤 고통을 남겨주고 떠났는지 지켜보아야 했다.

짜증이 분노로 바뀌고 결국 나는 폭발했다. 더 이상 아버지로 인정하고 싶지도 않아서 그때부터 아버지를 조라고 불렀다. 대학에 들어가기 전까지 고향에 머무는 동안 아버지하고는 거의 연락하지 않았다. 만남이 뜸할수록 아버지를 향한 분노가 커졌다. 나의 분노는 1995년 어느 날 밤에 절정에 달했고, 나는 몇몇 친구들을 이끌고 아버지 집에 계란을 던졌다. 생각해보면 철없고 우스꽝스러운 행동이지만 그때는 그 어떤 방법보다 엄숙한 의식처럼 여겨졌다. 이미 나는 아버지와의 인연을 끊었다.

누나는 첫 번째 이혼보다 이번의 두 번째 이혼을 훨씬 힘들어했다. 인터뷰에서 팸은 그때 누나가 이혼을 감당하지 못해 무척 힘들어했다고 말했다. 누나는 가족이 사라져서 고아가 된 기분이라고 말한 적이 있었다. 두 번째 이혼 전에 누나는 아버지와 아주 가까웠지만 그 이혼 후 친밀한 관계가 깨지고 첫 번째 이혼 때의 나처럼 분노로 대응했다. 당시 독립해서 살던 누나는 상황이 심각해질 때 집에 없어서 더욱 힘들어했던 것 같다.

이혼 후 누나와 나는 우리를 떠나지 않은 유일한 부모인 팸과 가까워졌다. 누나와 팸과 나는 예전보다 더 끈끈한 정을 나누었다. 그 무렵 아버지와는 남남이나 다름없었다. 이혼 전에 누나는 적어도 일주일에 한 번은 아버지와 통화했지만 이혼 후에는 두어 달에 한 번 통화할까 말까였다. 통화하더라도 진지한 대화를 나누는 게 아니라 스포츠 이야기나 별 시답잖은 이야기만 나눈다. 내가 대학에 들어간 후 고향에 돌아올 때면 팸은 내가 찾아가는 유일한 부모였다. 아버지한테는 한 번도 가지 않았다. 어쩌다 아버지와 통화하는 경우는 전화를 골라 받다가 잘못 받았을 때뿐이었다. 나는 1999년까지도 아버지를 용서하지 않았다. 아직도 다 용서한 것이 아니라 그저 아버지의 행동을 이해하는 정도다. 지난 2년간 아버지와 훨씬 가까워지긴 했지만 두 번째 이혼 전처럼 가까워지기는 불가능하다.

1997년 10월에 아버지는 결국 그 여자와 결혼했다. 나는 결혼식에 가지 않았다. 청첩장을 받고 곧장 쓰레기통에 던져버렸다. 진이라는 이름의 새어머니는 만난 적이 없으며 앞으로도 만날 생각이 없다. 비록 지금은 아버지의 행동을 이해한다고는 하지만 아직 그 여자를 향한 분한 마음은 풀리지 않았다. 지금도 나는 그 여자와 마주치고 싶지 않아서 아버지 집에 방문하지 않는다. 주로 전화로만 이야기하고, 크리스마스 다음날 누나와 함께 셋이서 만나서 점심이나 저녁을 먹는 게 전부다. 절대 크리스마스 당일에는 만나지 않는다. 그날은 내게 아주 중요한 날이기 때문이다.

친어머니와도 그다지 가깝게 지내지 않는다. 나는 15살부터 17살 때까지 어머니와 한 달에 한 번 정도 겨우 연락하고 지냈다. 다만 내가 팸과 아버지가 이혼한다는 소식을 전했을 때 어머니가 찾아온 적이 있다. 그때 어머니는 아버지와 다시 합치고 싶다고 말했다. 결과적으로 재결합은 성사되지 않았고, 오히려 잘된 일이었다. 누나와 나는 우리의 처지가 얼마나 달라졌는지 이야기했다. 우리는 두 사람이 재결합한다고 해도 그들과 같이 살고 싶지 않았기 때문이다. 나는 어머니와 멀어졌다. 더 이상 어머니하고 같이 살고 싶지 않았다. 그때까지도 우리는 전화로만 안부를 물을 뿐이었다. 누나는 나보다 심했다. 누나는 1999년 이후로 어머니와 전화통화 한 번 하지 않았다. 누나는 어머니를 삶의 일부로 받아들이지 않으려 했다.

나는 이 글에서 이혼이 두 아이의 삶을 어떻게 이끌어왔는지 소개했다. 누나와 나는 두 차례 부모의 이혼을 겪었고, 그때마다 우리는 인생의 다른 단계로 넘어갔다. 나는 8살에 부모의 이혼을 겪으면서 엄청난 충격을 받았다. 자존감은 떨어지고 내 삶은 소용돌이에 휩쓸렸다. 아버지가 팸과 진지하게 만나기 전까지 나는 소용돌이에서 빠져나오지 못했다. 17살에 나는 두 번째 이혼을 겪었다. 이번에는 자존감에 흠집이 나지는 않았다. 오히려 우리 가족의 미래를 걱정했다. 나는 아버지가 모든 사단을 일으킨 장본인이라고 생각해서 아버지에게 화를 분출했다. 4년이 지나서야 아버지가 왜 그랬는지 이해할 수 있었다.

누나는 16살에 부모님의 첫 번째 이혼을 경험했다. 당시 누나는 두 번째 이혼 때의 내 반응과 비슷한 반응을 보였다. 누나는 어머니에게 잘못이 있다고 생각하고 어머니를 향해 엄청난 분노를 표출했다. 누나는 지금도 어머니를 용서하기는커녕 행동을 이해하려고도 하지 않는다. 1999년부터는 통화조차 하지 않았다. 누나는 24살에 두 번째 이혼을 겪었다. 첫 번째보다 훨씬 힘들어했고, 아버지가 벌인 일 때문에 '고아'가 된 기분이라고 했다. 비록 증거로 제시할 만한 연구 자료는 없지만 이혼을 경험한 자녀들 중 10대가 다른 연령대보다 훨씬 강렬한 분노를 표출하는 것 같다.

두 번의 이혼이 내 삶에 어떤 영향을 미쳤는지 파악하기는 어렵다. 분명 이혼을 겪었다고 해서 결혼을 두려워하게 되는 건 아니다. 언젠가 때가 되면 나도 결혼할 것이다. 부전자전이라고 해서 내가 아버지의 전철을 밟아 장차 내 아내와 자식들을 떠나는 일은 없을 것이다. 두 번의 이혼을 겪으면서 배운 것이 있다면 가족은 핏줄 이상의 무엇으로 연결된 사람들이라는 점이다. 나는 친부모에게는 이제 온정 이상의 끈끈한 정을 느끼지 못한다. 앞으로 무슨 일이 있어도 그들에게는 의지하지 않을 것이다. 이제는 첫 번째 새어머니 팸과 그녀의 가족들이 내 가족이다.

첫 번째 이혼의 결과인지 누나는 연애관계를 힘들여 지키려 하지 않고 문제가 생기면 쉽게 포기해버린다. 나는 이성관계에 관해서는 누나와 정반대다. 나는 좋은 관계를 유지하려고 애쓰고 문제를 해결하려고 노력할 생각이다. 쉽게 포기하지 않을 것이다. 누나는 두 번째 이혼을 겪으면서 관계를 더 부정적으로 보게 되었다. 누나는 인터뷰에서 아버지의 외도로 부모가 이혼한 탓에 남자를 믿지 못하게 되었다고 했다. 게다가 누나는 사람은 다 꿍꿍이속이 있으므로 오직 자기 자신만 믿을 수밖에 없다고 생각했다.

크리스마스가 코앞에 다가온 요즘 나는 팸의 가족들과 시간을 보내려고 계획 중이다. 친부모님은 관심 밖이지만 어머니한테는 카드를 보내고 아버지에게 드릴 선물을 사고, 크리스마스 다음날 카드와 선물을 주고받기는 할 것이다. 가끔씩 나는 첫 번째 이혼이 없었다면 내 인생이 어땠을지 생각해본다. 돌이켜보면 부모님이 이혼해서 다행이다. 내 인생에 팸이라는 사람이 나타나서 기쁘고, 오늘의 나로 성장하는 데 중요한 역할을 한 새어머니 팸에게 나는 언제까지나 감사할 것이다.

해설

통찰력이 뛰어난 이 글은 20대 초반 남학생의 이야기다. 이 글에는 나이보다 월등히 성숙한 면모가 드러난다. 아마도 남보다 빨리 철이 들어야 살아남을 뿐 아니라 학교생활도 잘해낼 수 있었을 것이다. 이 학생의 가족은 셰익스피어의 표현대로 '퇴장도 많고 등장도 많은' 집안이었다. 앞으로 얼마나 더 많은 사건이 벌어질지 모른다. 이 학생은 이렇게 불안정한 처지에서도 침착함을 잃지 않고 누가 진정한 가족인지 파악하고 있다. 그리고 놀랍게도 아버지의 재혼으로 얻은 새어머니와 그녀의 가족을 '진짜 가족'으로 선택한다. 명절마다 새어머니의 가족을 만나고, 친부모가 새로 꾸린 가족은 만나고 싶어 하지 않는다.

이 글에는 그밖에도 흥미로운 요소들이 있다. 이 학생은 가족들을 직접 인터뷰했다. 가족 인터뷰는 우리 연구의 공통과제였다. 여러 인터뷰 작업을 살펴보면 온 가족이 절망에 빠진 이혼의 순간에 가족 구성원 각자가 어떻게 느꼈는지를 학생들이 얼마나 알고 싶어 하는지 알 수 있다. 이 학생 또한 자기만큼 긍정적이지 못한 누나를 걱정하고 보호하려고 애쓴다.

무엇보다도 이 학생은 지금까지 가족이 지나온 잦은 변화의 과정에서 자신과 사랑하는 가족들이 얼마나 괴로워했는지 신랄하게 보여준다.

다음에 나오는 다소 짧은 사례 하나도 가족의 이혼으로 고통을 받고 결국 인생과 친밀한 관계를 꿰뚫어보는 통찰력을 얻은 한 학생의 과정을 보여준다. 여기에는 이혼과정을 지켜보면서 모든 것을 긍정적 측면에서 보려고 하는 낙관적인 태도 역시 엿보인다.

여러 번의 이혼

앞서 장문의 사례에서처럼 여러 번의 이혼은 나름의 고통과 불안정의 역동을 유발한다. 두 번째 이상의 결혼이 이혼으로 끝나는 경우가 약 60퍼센트에 달하는 현실에서 이혼은 점점 더 많은 아이들에게 일반적인 경험이 돼가고 있다. 다음은 21살 여학생이 부모의 이혼을 여러 번 겪은 과정에 대한 이야기다.

> 나는 이혼가정의 아이이다. 나는 오래전부터, 어둠이 깔리고 나서 차를 타면 다시는 집에 돌아가지 못할 것 같은 기분에 휩싸이곤 했다. 다시는 가족도 못 만나고 이전의 생활로는 영영 돌아가지 못할 것만 같았다. 근심 걱정 하나 없는 예전의 삶을 잊고 살아야 할 것만 같았다. 차를 탈 때마다 그런 생각에 사로잡혔다. 부모님은 내가 8살 때 별거를 시작했다. 부모님은 이혼소송을 제기했고 우리는 내가 아는 유일한 집과 가족을 떠나야 했다. 우리는 짐을 싸서 외삼촌이 운전하는 작은 짐차에 실었고, 외삼촌과 엄마, 여동생 둘과 나 이렇게 다섯이서 태어나서 가장 먼 여행길에 올랐다.
>
> 우리는 남부에서 출발해 외가가 있던 아이오와로 향했다. 외갓집에 가본 적은 있지만 아직 내게는 모든 것이 낯설었다. 엄마는 우리도 거

들게 하려고 작은 짐 보따리를 꾸리게 했다. 화이트보드와 마커를 싸느라 애를 먹은 기억이 난다. 그리고 한동안은 마커 냄새를 맡으면 공연히 슬퍼졌다. 부모님이 이혼한 첫해에는 밤에 차를 탈 일이 많지 않았다. 우리는 시내에 집을 구했고 엄마도 시내에서 일했다. 2년이 지나서야 이혼이 내게 얼마나 막대한 영향을 미쳤는지 실감이 났다. 어두워지고 나서 차를 타면 이상하게 속이 울렁거렸다. 계속 그런 울렁거림에 시달리면서 내 삶이 얼마나 달라졌는지 절감했다. 걱정거리 하나 없는 8살 꼬마였던 내가 2년 만에 (두 동생을 돌봐야 하는) 엄마가 되었다. 엄마는 학교에 시간제 일자리를 구해서 학업과 노동을 겸하는 인턴으로 일했다. 나는 2년 만에 요리, 청소, 빨래, 동생 돌보는 법을 익혔다. 동생들은 내게 자식이나 마찬가지였다. 10살 나이에 벌써 웬만한 아기엄마들보다 아이를 잘 돌보았다. 그리고 가족의 어려운 형편, 경제적 불안정, 생활보조비, 결손가정에 관해 배우게 되었다. 내 또래 아이들이 알아야 하는 정도를 넘어 자세히 알게 되었다. 게다가 나는 엄마에게 제일 친한 친구가 되었다. 엄마는 기분이 어떻고 일이 얼마나 고되고 앞으로 우리 가족이 어떤 곤경에 처할지 나한테 모두 털어놓았다. 나는 아빠가 미워졌다. 엄마가 아빠 욕을 많이 해서가 아니라 아빠가 너무 쉽게 발을 빼고 나한테 책임을 떠넘긴 것 같아서였다. 전에는 동생들을 돌보지 않아도 되었다. 인생이 훨씬 단순했다. 아니, 적어도 내 눈에는 단순해 보였다.

한 해가 더 흐르자 사정이 나아졌다. 엄마는 결국 학위를 땄지만 나는 절대 애 딸린 몸으로 대학에 다니지 않겠다고 결심했다. 한 번 해봤으면 충분했다. 우리는 다른 도시로 이사했고, 그 후로도 몇 년 동안 여러 번 이사를 다녔다. 나는 짐을 절반만 풀었다. 가끔씩 쓰는 물건은 상자에 넣어두었다. 어차피 석 달 만에 다시 짐을 싸야 했다. 점차 한쪽 부모만 있는 처지에 익숙해졌다. 아니, 그런 줄 알았다. 그런데 그즈음 내 삶에서 가장 심오한 순간이 찾아왔다. 그 순간 나는 삶에서 그 무엇과 그 누군가를 잃어버렸다는 생각이 들었다. 그리고 다른 집들은 우리 집과 다르다는 것도 깨달았다. 지금은 별것 아닌 걸로 보이지만 당시에는 그 차이가 커 보였다. 당시 나는 크리스마스 휴가에 걸스카우트 캠프에 참가하기로 했다. 아직 생활보조비를 받을 때라 있는 돈 없는 돈 다 긁어모아야 참가할 수 있었다. 하지만 나 혼자 양말을 신지 않아서 얼굴을 베개에 묻고 펑펑 울었던 기억이 난다. 아빠 양말 한 켤레를 가져와야 했는데 나만 가져오지 않은 것이다. 나는 외롭고 텅 비어버린 기분이었다. 고작 양말 따위로 펑펑 울다니 다시 어린애가 된 기분이었다. 안타깝게도 나도 그냥 어린애일 뿐이라고 말해주는 사람이 아무도 없었다. 나는 너무 많은 일을 겪어서 너무 빨리 커버렸다. 어린애들은 어떤 존재인지 잊어버렸다. 그 캠프 사건이 끝나고 지도선생님들은 이제 양말 대신 커피잔을 사용했다. 나는 그 시간을 견뎠다.

전과 다름없는 생활이 이어져 나는 빨래와 설거지를 하고 식사 준비와 청소를 했고, 엄마는 겨우 먹고살 만큼의 밥벌이를 위해 터무니없이 긴 시간 동안 일했다. 내가 할 수 있는 일이라고는 집안일을 거들고 동생들을 돌보는 일뿐이었다. 12살 나이에 만들 수 있는 음식이란 게 뻔하고 우리 형편에 장만할 수 있는 식료품이 정해져 있어서 지금도 나는 남들보다 입이 짧다. 우리는 싸거나 보조받은 음식을 주로 먹고

라면, 인스턴트 파스타, 인스턴트 파이 같은 음식만 먹고 살아서 지금도 그런 음식을 떠올리면 구역질이 난다. 복지센터에서 가져다준 피넛버터, 마카로니, 칠리, 비프스튜 따위의 음식만 먹고 살아서 지금도 나는 그런 음식에는 손도 대지 않는다.

걸스카우트 캠프에서 돌아오고 2년도 지나지 않아서 나는 결손가정의 아이들 대다수가 겪는 사건을 맞이했다. 엄마가 재혼한 것이다. 아빠는 그보다 1년 전에 재혼했는데 나는 아빠와 결혼한 여자를 인정하지 않았다. 아빠가 엄마를 떠나게 만든 여자였기 때문이다. 그래도 아빠와 함께 지내는 시간은 1년에 두 달밖에 되지 않아서 아빠의 재혼은 나한테 큰 영향을 주지 않았다. 하지만 엄마의 재혼은 사정이 달랐다. 무엇보다도 엄마의 이름을 바꿔야 하는 문제가 있었다. 남들은 엄마와 내가 이름이 같을 거라고 생각했다. 누가 나를 엄마 이름을 줄여서 미니라고 부르거나 내 성을 보고 엄마를 스미스 부인이라고 부르는 것이 정말 싫었다. 이상할 정도로 싫어했다. 지금은 누가 엄마와 내 이름을 잘못 부르면 가볍게 웃어넘기고 때로는 전화판매원에게 개인정보를 알려줄 때 유용하다고 생각한다. 이제 나는 새아버지를 진심으로 사랑한다. 누구보다도 착하고 재미있는 새아버지를 엄마가 알아봐줘서 얼마나 다행인지 모른다. 가끔은 〈브래디 번치〉(1970년대 미국의 유명한 TV 가족드라마—옮긴이)에 나오는 가족이 된 기분이다. 새아버지의 자식이 넷이고 엄마의 자식이 셋이라 우리 집에는 애들이 너무 많다. 게다가 나는 흑인이지만 다른 자매들이 모두 금발이어도 어쩔 수 없다.

작년 11월에 나는 두 번째 이혼을 경험했다. 앞서 말했듯이 아빠의 재혼은 크게 신경 쓰지 않았지만 아빠의 두 번째 이혼은 몇 주 동안이나 내게 타격을 주었다. 그때 일을 생각하기만 하면 화가 치밀었다. 아빠의 부인, 즉 새어머니가 아버지를 떠났다. 새어머니는 어느 날 갑자기 행복하지 않다면서 떠났다. 나는 내 여동생이 걱정스러웠다. 동생은 3년 정도 남부에서 아버지 가족과 함께 살아서 새어머니를 어머니로 받아들이고 있었다. 그리고 새어머니가 데려온 오빠는 또 어떤가? 오빠에게는 우리 아빠가 유일한 아버지였다. 무엇보다도 나는 새어머니를 믿었기에 더 배신감이 들었다. 부모님이 이혼하고 오랜 시간에 걸쳐 나는 겨우 다시 사랑하고 신뢰하는 법을 배운 터였다. 그 전에는 어차피 다 상처가 될 테니 마음을 줄 필요가 없다고 생각했다. 그러다 새어머니를 믿기 시작하고, 비록 8년이나 걸렸지만 그냥 인정하는 수준을 넘어 사랑하기까지 했다. 나는 새어머니를 믿었는데 새어머니는 내 가슴을 찢어놓고 떠났다. 도무지 용납할 수 없었다. 나는 다시 원점으로 돌아가 8살 아이처럼 상실감에 휩싸였다. 화는 삭였지만 지금도 마음이 아프다. 친엄마에게 버려진 오빠는 오죽 속이 상할까? 오빠는 대학을 그만두었고 직장도 잃고 다시 담배를 피우기 시작했다. 여동생은 또 어떻게 될까? 동생은 성적도 떨어지고 다시 우울증에 빠졌다. 우리 가족은 그렇게 두 번째 이혼을 견디고 살아남았다. 그래도 어렸을 때보다는 잘 참은 것 같다. 이 글을 맺기 전에 하고 싶은 말이 있다. 나는 이 두 번의 이혼을 겪으면서 자식을 위해 결혼생활을 유지해야 하느냐 마느냐의 문제를 달리 생각하게 되었다. 외조부모는 평생 함께 살다가 우리 엄마가 40살일 때 두 분이 헤어졌는데 엄마는 그 일로 큰 충격을 받았다. 엄마는 할머니와 할아버지에게 시간을 어떻게 분배해야 할지 난감해했고, 기껏 힘들게 운전하고 가서 한쪽 부모밖에 만나지 못한다는 생각에 부당하다고 여겼다. 그런데 아이들은 그렇게 생각하지 않는다. 나는 아빠를 1년에 두 달밖에 만나지 못한다고 해서 부당하다고 생각해본 적이 없었다. 동네에 제일 친한 친구가 있는데, 그 친구네 부모님도 별거하고 이혼수속을 밟고 있다. 그 친구는 고등학교 시절 내내 거짓 속에서 산 것 같다고 했다. 따라서 부모가 행복하지 않은데도 단지 자식을 위해서 참고 함께 살아야 하느냐는 논쟁에서 나는 이혼하는 쪽에 손을 들어주고 싶다. 위태롭고 불행한 가정환경은 자녀에게 전혀 도움이 되지 않는다. 경제적 지원이든 심리적 지원이든 이혼을 경험하는 사람들을 위해 좋은 프로그램들이 나왔으면 좋겠다.

해설

이 학생은 8살 때 부모가 이혼한 후, 10여 년에 걸쳐 일어난 자신의 가족사에 관해 놀라운 통찰을 보여준다. 이 6장의 첫 번째 사례처럼 사건이 복잡하게 전개되어 따라가기 버거울 정도의 가족사를 가지고 있다. 어쨌든 이 학생 역시 어려움을 견디고 대학교육까지 받고 있었다. 경제적 어려움도 힘든 문제였지만 특히 동생들에게는 엄마 역할을 하고 어머니에게는 친한 친구 역할을 해야 하는 책임도 떠맡고 있었다.

집안 사정이 향후 수십 년 동안 이 학생에게 어떤 영향을 미칠까? 앞으로 무슨 일이 터져도 감당할 만큼 강인한 사람이 될 수 있을까? 지금으로 봐서는 아주 심지가 굳은 학생 같다. 하지만 어릴 때부터 무거운 책임을 짊어져야 했기에 나중에 나가떨어지지는 않을까? 이혼의 장기적 영향에 관한 연구가 부족한 지금의 현실에서 이 학생의 미래를 예측하는 것은 섣부른 시도로 보인다.

'정상'인 것처럼 행세하는 가족

20살의 간호학과 학생 멜리사는 문제 많은 집안에서 흔히 나타나는 '가식'이라는 주제에 관해 이야기한다. 가족들은 간혹 가족의 치부를 드러내기 어려워한다. 가족의 치부를 인정하고 나름대로 최선을 다하기는 훨씬 더 어렵다. 불화와 갈등이 생기면 대개 거짓꾸밈으로 덮어버리려고 하기 때문이다.

나는 청소년기 내내 그리고 성인이 된 후에도 내가 평범하게 살고 있는 것처럼 행동했다. 나는 결혼 부부의 절반이 이혼하던 시대에 성장기를 보냈다. 우리 부모님이라고 왜 대세를 따르지 않았겠는가? 부모님이 이혼한 친구들이 많은 분위기에서 나와 같은 불행을 겪은 아이들한테 내 불행을 털어놓는 것은 어리석어 보였다. 어째서 내가 평범하지 않단 말인가? 내 삶은 비교적 평범한 편이라고 생각하고 나한테 벌어진 상황 때문에 내 삶이 크게 달라지는 건 아닌 것처럼 굴었다. 어떻게 보면 사실이고 또 어떻게 보면 거짓이다. 아무도 진실에 직면하고 입 밖으로 내지 못했다. 우리는 남들 앞에서 아무 문제 없는 가정인 양 지내면서 가식적으로 살았다.

부모님의 이혼은 내가 자라면서 겪은 가장 힘든 일도 아니고 내 삶을 바꿔놓은 사건도 아니었다. 부모님은 늘 싸웠고 경제적으로도 다시 일어설 수 있을까 싶을 정도로 곤두박질치고 있었다. 그래서 이혼하겠다고 했을 때도 크게 놀라지 않았다. 울었던 기억은 나지만 딱히 왜 우는지도 모르고 울었던 것 같다. 그 후 어머니와 언니와 나는 아버지만 남겨두고 새 아파트로 이사했다. 전혀 불편하지 않았고 모든 것이 만족스러웠다.

내가 아버지와 사이가 나빠지기 시작한 때는 부모님이 이혼하기로 결정하기도 전으로, 아주 오래전부터였다. 그러니 우리는 이혼 때문에 멀어진 것이 아니었다. 나는 최근 들어서야 상실감을 되새김질하는 가족에게 내가 얽매어 있다는 생각이 들었다. 내 삶은 상실이 한 개인에게 얼마나 영향을 미치고, 나아가 다른 사람들에게 어떤 영향을 미치는지 보여주는 전형적인 사례다. 아버지와 어머니 두 분 다 엄청난 상실감에 시달려온 탓에 지금까지도 우리 모두가 힘들다. 아버지가 상실감을 느끼는 이유는 특히 나와 관계가 멀어지거나 전혀 관계를 유지하지 못한 탓이었다. 하지만 아버지는 이혼하기 오래전부터, 그러니까 내가 13살일 때부터 이미 마음이 떠나 있었다. 나는 말하자면 아버지 없는 자식이고, 그래서 내 처지는 다르다.

나는 사례를 작성하고 토론하면서 이렇게 끊임없는 상실감의 분위기에서 내가 어떤 영향을 받았는지 깨닫기 시작했다. 나아가 부모님이 견뎌온 상실 경험이 두 분에게 어떤 영향을 미쳤는지 이해하기 시작했다.

나는 이 글을 쓰면서 내 이야기를 털어놓고 나의 고통을 치유하려고 노력할 기회를 얻었다. 지극히 개인적인 이야기를 글로 적으면서 나 자신을 이해할 수 있었다. 이 연구 자체가 그런 과정인 것 같다. 글을 통해 토론에서 꺼내기 어려운 이야기를 안전하게 토로할 뿐 아니라 내 이야기를 계속 써내려가면서 치유효과도 얻었다.

해설

이 사례는 5장의 사례들과 겹친다. 이 학생 또한 '아버지 부재'를 경험한다. 이 글에는 가족이 와해되기 시작했는데도 아무 일 없이 정상적으로 지내는 것처럼 꾸미는 가족의 모습뿐 아니라, 일부 젊은 사람들이 이혼을 현대사회의 '정상적 과정'으로 여기는 세태도 드러난다. 이혼이 빈번하게 발생하고 친구들도 대부분 이혼을 경험한다. 특히 친구관계가 넓을수록 이혼가정의 아이가 많을 것이다. 그렇다고 해서 이혼과정이나 결과에 상처를 덜 받는 것은 아니다. 참고로 이 학생은 '이야기 만들기' 과정을 이제 막 시작한 반면, 앞의 두 사례의 주인공들은 이런 유형의 분석법을 접해본 듯하다. 말하자면 우리 연구를 진행하는 강의에서 '이야기 만들기' 방법론을 듣기 한참 전부터 가족에 관한 스토리텔링을 이해해온 것으로 보인다.

해묵은 갈등

21살의 심리학과 학생 그렉은 오랜 시간 가족의 이혼을 극복하기 위해 고군분투해온 경험담을 소개한다. 그렉은 실질적 문제만이 아니라 심리적, 정서적 문제로 싸워야 했다. 4장에서 소개한 사례의 주인공들과 마찬가지로 그렉도 혼란스런 상황에서 살아남기 위해 이혼가정 자녀 특유의 긍정적인 태도를 보여준다. 아버지가 오랫동안 멀리 떠나기로 선택한 것으로 보이는데도 그렉은 이혼이 진행되는 동안 상당히 성숙해진다. 따라서 이것은 아버지를 잃어버린 동시에, 꿈꾸던 가족의 삶을 잃어버린 복잡한 이야기 사례에 속한다.

나는 이혼가정의 자식이다. 그렇다고는 해도 결코 나 자신을 그 부류로 규정하지 않는다. 우리 집은 서로 적극 지지해주는 분위기라서 한 번도 내 삶에서 뭔가 빠져 있다고 생각해본 적이 없다.

나는 아이오와에서 태어났다. 아버지는 내가 태어난 후 길어야 몇 달 정도 이곳에 머물렀다. 아버지는 얼마 후 새 직장을 구해 뉴잉글랜드로 떠났고, 나머지 식구들은 아버지가 자리 잡은 후 뒤따라가기로 했다. 내가 1살 때 우리 식구 모두 뉴잉글랜드로 옮겼다. 어머니 말로는 그때부터 내가 아버지에게 가는 것을 불편하게 생각했다고 한다. 우리는 뉴잉글랜드의 도시에서 살았는데, 내가 4살 때 어머니는 아버지가 혼자 살던 시기에 다른 여자와 바람이 나서 3년간 교제해온 사실을 알고 이혼을 원했다. 그래서 어머니와 누나, 형 둘과 나는 다시 아이오와로 돌아왔다. 처음에는 친척집에 얹혀살다가 나중에 어머니가 아이오와의 대도시에 집을 구하고 정식 직장도 구했다(그러기까지 한 달 정도 걸렸다). 아버지와 바람을 피운 여자에게는 자식이 셋 있었는데 아버지는 그 아이들을 자식으로 받아주었다. 그리고 18년간 나는 아버지를 세 번 만났다. 이혼 후 아버지는 양육비를 보내오지 않았다. 아버지가 책임을 방기한 채 지급하지 않은 금액이 30,000달러에 이르자 어머니는 아버지를 법정에 세웠다. 그사이 아버지는 개인파산 선고를 선언해서 양육비를 지급할 의무가 없었다. 아버지가 다시 직장을 구하자 법원에서도 다시 아버지에게 급여 압류를 명령했다. 그때부터 어머니는 매달 최소한의 양육비를 얻어냈고, 아버지는 그것 외에는 다른 지원을 제안하지 않았다.

어머니는 신앙심이 깊은 분이라 꿋꿋이 견디는 한편 그래서 오히려 고통을 받기도 했다. 어머니는 결혼이 실패로 끝났다는 생각에 죄책감에 시달리고 지금까지도 '용서'라는 문제로 괴로워한다. 다행히 혼인무효를 인정받아서 용서를 향해 한 단계 나아가긴 했지만 아직도 가슴의 응어리를 풀지 못했다. 어머니 말에 따르면 우리 아버지는 헤픈 사람이다. 어머니도 한때는 행복한 여자였던 것 같다. 언뜻언뜻 그런 모습이 엿보인다. 하지만 삶에 지치고 피로하고 상처받은 여인의 흔적을 감추기란 쉽지 않다. 얄궂게도 어머니의 응어리는 사랑받지 못하고 아버지가 자식들에게 무관심하던 시기에 생겼지, 아버지가 어머니를 함부로 대하던 때에 생긴 것이 아니다. 하지만 내 가슴의 응어리는 아버지가 우리를 떠나서 생긴 것이 아니라 어머니를 함부로 대해서 생겨났다. 나는 애써 시간과 노력을 들여서 아버지와의 관계를 돈독히 할 필요가 있는지 오랫동안 고민해왔다. 어쨌든 지금은 아버지와 전혀 관계를 유지하지 않는다. 지금까지 아버지와의 유일한 소통은 내 생일과 크리스마스에 통화하고 카드를 받는 정도였고……, 그나마 지금은 거의 카드만 받고 있다. 나는 늘 아버지에게서 전화가 오면 남에게 온 전화를 대신 받은 것처럼 통화했지만 그러는 사이에도 아버지는 내가 어떻게 사는지 물었다. 매번 전화를 끊고 나면 왜 아버지한테 소리를 지르고 아버지가 얼마나 나쁜 사람인지 쏘아붙이지 못했는지 후회한다.

내 부모님의 이혼이 자식들 모두의 삶에 막대한 영향을 미쳤고, 그 여파가 지금까지도 이어지는 건 엄연한 사실이다. 하지만 이혼의 영향이 꼭 부정적이기만 한 것은 아니다. 내가 기억하는 한 내 삶에서 아버지가 있었던 적이 없으므로 아버지가 없어서 섭섭하지는 않다. 그리고 어머니나 다른 형제자매들과의 관계가 아주 만족스럽고 긍정적이어서 지금까지와 다른 삶은 상상도 할 수 없다.

해설

이 사례는 한 청년이 아버지를 잃은 이야기이자 아버지가 외도 상대와 떠나면서 가족에게 큰 충격을 안겨준 이야기다. '아버지가 없다고 해서 섭섭하지 않다'는 마지막 말이 진심인지 아닌지는 모르겠다. 강하게 부정하는 말처럼 들리지만 실제로는 아버지가 자식의 삶에서 더 큰 자리를 차지하길 바라고, 하다못해 어머니와 형제자매들과 이 학생에게 보다 책임감 있는 태도를 보여주기를 바라는 듯하다. 그리고 이 학생은 어머니에게 감정이입하는 경향이 뚜렷하다. 어머니를 '삶에 지치고 피로하고 상처받은 여인'이라고 표현하면서, 여자로서 사랑받지 못해서 상처입고 남편이 자식들을 키울 생각 없이 책임을 방기해서 상처를 입었다고 어머니의 처지를 이해한다. 어머니에게 감정이입하는 내용은 특히 아버지를 상실했다고 느끼는 학생들의 사례에 자주 등장한다.

빨리 철들어야 한다는 강박관념

의과대학 예과에 재학 중인 22살 제시카는 이혼가정 자녀들이 느끼는 강박관념에 대해 말하고 있다. 그들은 삶의 난관과 부딪히기 위해서는 자신이 철이 들어야 하고 철들기까지 오래 걸려서도 안 된다고 생각한다.

> 나는 '이혼가정의 아이'다. '나는 알코올중독자입니다'라고 밝히는 것만큼이나 이 말을 입 밖에 내기가 어렵다. 부모님은 내가 고등학교 1학년일 때 별거를 시작했다. 그리고 내가 졸업반일 때 이혼서류에 도장을 찍었다. 가끔은 두 분이 아직 별거 중인 것만 같아서 나 스스로 이혼한 집 자식이라고 인정하기가 쉽지 않다. 길을 걷거나 음식점에 앉아 평범한 가족을 보고 있으면 더 괴롭다. 남들 부모님은 사이좋게 잘살고 자식들도 부모를 따로따로 만나지 않고 모두 모여 귀중한 시간을 보낸다. 때로는 기분 나빠지고 질투심에 허우적대기도 한다.
> 『슬픔의 말을 전하다Give Sorrow Words』(Harvey, J. H. (2000). Philadelphia : Brunner/Mazel)라는 책에서 저자인 하비 박사는 원가족family origin 혹은 '정상적인 삶의 조건'을 잃어버린 상실감에 대해 말한다. 나는 간혹 내가 이런 류의 상실감에 시달리며 정상적인 삶의 조건을 누리지 못한다는 생각이 든다. 우리도 남들처럼 정상적인 가족이어야 하지만, 우리는 정상적인 가족이 아니고 그건 남들도 마찬가지다. 정상적인 가족은 존재하지 않는다는 사실을 깨닫기까지 오래 걸렸다. 자기 가족은 정상과 거리가 멀다고 생각하면서도 자기 집 말고 남들은 다 정

상일 것이라고 짐작하기 때문이다. 내 삶은 정상적인 삶이 아니며, 가만히 살펴보면 내가 정상이라고 생각한 삶은 존재하지 않는다. 우리 가족은 별거에 들어가기 오래전부터 흔들리기 시작했지만 이혼서류에 도장을 찍기까지는 오랜 시간이 걸렸다.

부모님은 두 번 별거했다. 처음에는 아버지가 집을 나갔다. 그때부터 나는 버림받은 기분이 들었고, 아버지와의 관계도 서먹해졌다. 아버지는 온다간다 말도 없이 집을 나가서 거의 6개월 동안 전화 한 통 없었고 어디서 지내는지 소식도 전하지 않고 전화번호도 알려주지 않았다. 나는 철저히 버림받은 아이라서 세상 누구도 나를 원하지 않을 것만 같았다. 하물며 나를 낳아준 아버지가 나를 자기 삶에 들여놓을 생각이 없지 않는가? 아버지는 어째서 전화하지 않았을까? 무엇보다 괴로운 사실은 아버지가 동생들한테는 사는 곳도 알려주고 전화하면서도 나한테는 전화 한 통 걸지 않았다는 것이다. 아마 아버지는 내가 무슨 일인지 알 만큼 커서 나를 위해 말해주지 않기로 했을 것이다.

1년이 지나자 아버지는 집으로 돌아왔지만 나는 아버지와 한마디도 나누지 않았다. 너무 슬프고 아버지에게 분노가 치밀었다. 아버지가 집을 나갔을 때 나한테 연락할 수 없었다면 나도 연락할 필요가 없다는 생각이 들었다. '아빠니까 자식들에게 최선을 다해야 한다'고 생각했는데 아버지가 최선을 다하는 모습을 보이지 않자 나도 더는 아버지를 만나고 싶지 않았다. 아버지가 집으로 돌아오고 6개월 정도 지나서 이번에는 어머니가 집을 나갔다. 여동생과 내가 어머니와 함께 나가고 남동생은 아버지와 남았다. 남동생은 아버지가 첫 번째 별거에서 집을 나갔다가 들어올 때 데리고 들어온 아이였다.

어머니는 그러고도 2년이 지나서야 이혼을 신청했다. 이혼절차가 진행된 한 해 동안 우리는 부모님이 싸우는 틈바구니에서 자란 16, 17년의 세월보다 더 많이 시달렸다. 이혼은 지저분한 과정이었다. 돈 문제가 크게 걸려 있었고, 재산분배는 더 큰 문제였다. 어머니가 아버지에게 우리가 살던 집을 군말 없이 넘겨주었는데도 아버지는 자기가 더 억울하다고 생각했다. 그런 일이 벌어질 줄은 생각지도 못했다. 어쩌다 한 번 아버지를 만날 때마다 아버지는 어머니가 자기를 어떻게 골탕 먹였는지 늘어놓았고, 어머니는 어머니대로 아버지가 철 좀 들고 책임감을 길러야 한다고 하소연했다. 진흙탕 싸움은 끝날 줄 몰랐다. 욕설이 오가고 상반된 주장이 쏟아지면서 서로를 향한 비난이 수그러들 줄 몰랐다. 두 분이 똑같이 행동했고 3년이 흐른 지금도 여전하다. 나는 부모님이 하는 말을 그냥 무시하기로 했다.

이혼절차가 마무리되는 동안 나는 이제 다 끝나고 드라마 같은 상황도 끝이라고 생각했는데 결과는 그렇지 않았다. 몇 년에 걸쳐 서서히 나아졌다. 요즘도 어머니가 아버지 얘기를 꺼내려는 기미를 보이면 얼른 대화를 끝내야 한다. 어차피 험담이 쏟아질 게 뻔했다. 3년이나 지난 지금도 어머니와 말하다보면 어느새 아버지가 무슨 잘못을 저질렀는지 아느냐고 매번 새로운 이야기를 끄집어냈다. 그러면 나는 어머니가 아버지 원망만 늘어놓느라 학교 한 번 찾아온 적 없지 않느냐, 앞으로는 같이 있을 때 아버지 얘기는 꺼내지 말라고 쏘아붙인다. 나는 이제 아버지가 어떤 사람인지 잘 알고 기대하지 말아야 할 것이 무엇인지도 잘 알기 때문에 어머니가 자꾸 일깨워줄 필요도 없고 이제는 어머니도 그걸 알아줬으면 좋겠다.

어머니는 별거와 이혼을 거치고 그 후유증에 시달리는 동안 나한테 의지했다. 어머니에게는 말을 들어줄 사람이 필요했다. 하필 그 사람이 나라서 듣긴 듣지만 가끔은 지긋지긋하다. 어머니는 아버지가 약속해놓고 오지 않거나 계획을 세워 놓고 지키지 않거나 내게 전화하지 않는 등 그동안 아버지가 저지른 모든 잘못을 보상받으려고 발버둥을 친다. 어머니가 왜 그러는지는 이해하지만 아버지가 잘못했다고 해서 나한테서 아버지 자리를 지워버릴 수도 없다. 또 그런다고 어머니의 고통이 지워지는 것도 아니다. 어머니는 훌륭한 어머니이고 아버지 역시 좋은 아버지가 될 수도 있었겠지만, 아버지는 애초에 누군가의 아버지가 되어서는 안 될 사람이었던 것 같다.

지난 시간 동안 나는 아버지에 관해 여러 가지를 깨달았다. 아버지가 말도 없이 떠난 것까지는 용서했지만 내게 좋은 아버지가 되어주지 못한 것까지 용서하려면 아직 멀었다. 멋진 사람이고 같이 있으면 아주 유쾌하지만 그저 친구 같은 느낌이지, 아버지와 딸 사이는 아니다. 지금도 한두 달에 한 번 정도 통화할 뿐이지만 그나마도 대단한 발전이다. 예전에는 서로 한마디도 안 했으니까. 내가 대학에 들어가면서부터 우리의 관계도 달라지기 시작했다. 그해 여름 나는 아버지에게 화가 나고 적개심을 품었다. 무엇보다도 아버지가 내가 어디 사는지도 모르고 내 전화번호도 모른다는 말에 울화통이 터졌다. 부모가 자식 곁에 있어주는 것이 얼마나 중요한지 아느냐고 아버지한테 화를 낸 후로 아버지는 조금씩 달라지기 시작했다. 아주 느린 발걸음이지만 어쨌든 바람직한 방향으로 큰 걸음을 내딛은 셈이다.

물론 이혼 후유증이 하룻밤 새에 말끔히 사라지는 것도 아니고 모두가 만족할 만한 타협점을 찾기까지는 오랜 시간이 걸릴 것이다. 현재 여동생은 내가 고등학교 시절에 느끼던 감정에 허덕이고, 남동생과 나는 그냥 받아들이고 털고 일어나려고 애쓰고 있다. 남동생과 내가 결국 타협점을 찾으면 여동생에게도 우리 가족은 완벽하지 않다고 인정하도록 설득해야 할 것이다.

강의 중에 재스민이 경험담을 들려주었을 때 나는 마음 깊이 공감했다. 나는 자리에서 백번 공감한다는 듯 고개를 끄덕였다. 나도 그 심정을 잘 안다고 말해주고 싶었다. 처지는 다르지만 우리가 느끼는 감정은 다르지 않을 것이다. 재스민이 어머니에게 버림받은 기분이었다고 했듯이 나는 아버지에게 버림받은 기분이었다. 재스민이 여동생 때문에라도 강해져야 한다고 생각한 것처럼 나도 동생들을 위해 강해지고 싶었다. 나는 지금도 동생들을 위해 더욱 강해져야 한다고 생각하지만, 항상 강해 보일 필요는 없다는 것도 이제는 잘 알고 있다.

해설

이 사례에서는 서로 으르렁대면서 이혼한 사이는 시간이 지나도 좋아지지 않는다는 현실을 보여준다. 이 학생을 비롯해 이런 가정의 자녀들은 이혼 후에도 끝나지 않는 '진흙탕 싸움' 때문에 힘든 시간을 보낸다. 이 학생은 또한 날마다 불안과 상실감에 시달리면서도 가족의 옛 모습을 생생히 기억하고, 이혼하지 않았더라면 어떻게 살았을지 떠올린다. 사례에서도 언급했듯이 이 학생의 사연은 이혼가정 아이들의 경험 중에서도 드문 경험이 아니다. 이혼한 부부의 교류 형태 가운데 애런스(1994)가 '성난 동료'라고 표현한 양상이 이 학생의 가정에서 나타난다. 우리는 이 학생의 부모도 언젠가는 애런스가 '협조적 동료'라고 표현한, 보다 예의를 갖추고 결점을 보완하는 관계 유형으로 발전해서 함께 자식들의 요구를 채워주려고 노력하길 바랄 뿐이다.

새아버지 인정의 어려움

다음 사례에서는 21살 여학생이 결국에는 새아버지에게 고마움을 느끼는 과정을 소개한다. 이 이야기는 아이들이 부모의 이혼을 겪고 혼합가족에 편입되어 새로운 부모관계를 정립하는 동안 얼마나 힘든 시기를 보내는지 보여주는 전형적인 사례다.

> 나는 오늘날의 많은 아이들처럼 결손가정에서 자랐다. 어머니와 아버지는 만날 싸웠다. 초등학교 시절에는 아침마다 부모님이 싸우면서 그릇을 집어던지는 소리에 잠이 깨곤 했다. 무슨 일로 싸웠는지는 기억나지 않지만 항상 있는 일이었고, 아버지가 문을 쾅, 닫고 나간 후에야 다시 잠이 들었다. 나한테는 그런 게 인생이었고, 솔직히 말해서 진지하게 고민해본 적도 없었다. 부모는 원래 다 그런 줄 알았다. 그러다 느닷없이 부모님이 별거에 들어갔다. 나의 평범한 일상은 옛일이 되었고 나는 새로운 삶에 내던져졌다. 그 후 부모님이 이혼한다는 말을 들은 날엔 몹시 혼란스럽기는 했지만 겨우 9살이라 사태의 심각성을 깨닫지는 못했다. 부모님이 내게 어떻게 말했는지는 기억나지 않지만, 아버

지가 짐 싸는 것을 거들면서 친한 모든 사람에게 나는 아버지와 함께 가기로 했다고 말했던 기억이 난다. 얼마 후 나는 아버지와 주말만 함께 보내고 어머니는 (우리 학교) 교장선생님과 사귀었다.

그러고는 모든 일이 순식간에 스쳐갔다. 전체적인 느낌 말고는 기억에 남는 것이 없다. 어머니는 언니와 나도 어머니의 새로운 남자친구를 인정하고 자신만큼 사랑해주기를 바랐다. 내 안에서는 늘 두 마음이 싸웠다. 어머니를 사랑하고 기쁘게 해주고 싶으면서도 어머니의 남자친구가 싫었다. 내 갈등이 너무 커서 주변에서도 감당 못했는지, 나를 다른 학교로 전학시켰다. 내가 어머니의 애인인 교장선생님의 이름에 먹칠하지 못하게 하려고 그랬던 것 같다.

언니는 어떻게 순순히 받아들였는지 이해가 가지 않았다. 그 사람은 우리 아버지가 아니었고, 나는 그 사람을 원하지 않았고, 어머니의 소망과 달리 그 사람이 우리 아버지 자리를 차지하는 것은 불가능한 일이었다. 나는 점점 엇나가기 시작했다. 어머니의 애인에게 욕도 하고, 그 사람이 나한테 뭔가를 요구하거나 싫어하는 말을 할 때마다 내가 그를 얼마나 싫어하는지 퍼부었다. 그 무렵 우리는 한집에 살았는데 나는 자꾸 아버지의 아파트로 도망치거나 아버지에게 미친 듯이 전화해서 모조리 일러바쳤다. 그때는 내가 사람들에게 얼마나 상처를 주고 있는지 몰랐다.

그러자 가족들이 나를 상담소에 보내기 시작했다. 수요일마다 가서 내 기분을 설명해야 했다. 그 시간은 길지 않았다. 내가 일부러 말을 하지 않은 탓이었다. 그래도 상담시간을 기다린 이유는 내가 사람들을 당황하게 만든다는 사실을 알았고 그날은 웬디스 햄버거를 먹었기 때문이었다. 그 무렵 어머니, 어머니의 약혼자(교장선생님), 동생들과 함께 가족여행을 떠났다. 여행 중에 와이오밍의 휴양지에서 내가 큰 말썽을 부려서 어머니가 나를 집으로 돌려보내기도 했다.

어머니는 나이 든 교장선생님과 결혼했고, 우리 가족은 몬태나로 이사했다. 아버지에게서 몸만 멀어진 것이 아니라 마음까지 멀어진 기분이었다. 나는 어머니와 새아버지에게서 점점 더 멀어졌다. 내 멋대로 살면서 새로운 가족을 인정하지 않으려 했다. 새아버지가 하는 말은 귓등으로도 안 듣고 새아버지가 내게 무슨 말을 해주려고 하는지 깨닫지도 못했다.

고등학교 2학년이 되어서야 새아버지와 대화를 나누기 시작했고 진지하게 조언을 받아들일 수 있었다. 내가 느끼는 불안이 마음속 조화인 줄 알면서도 그때 나는 버림받았다는 생각에 사로잡혀 세상 누구도 내 말을 들어주지 않고 나 따위에는 관심도 없다고 생각했다. 그럴수록 내 안에 갇혀 고통을 키우면서 그것을 방어기제로 삼았다. 지금은 새아버지와 가까워졌고 과거의 모든 일을 견뎌내서 기쁘다.

해설

이 사례는 혼합가족이 가족으로서의 응집력을 얻기까지 얼마나 지난한 과정을 거치는지 보여준다. 이 학생이 새아버지와 어떻게 가까워졌는지는 자세히 나오지 않지만, 딸을 상담소에 보낼 만큼 가정에 여유가 있어서 훨씬 수월하게 가까워졌을 것이다. 아이들은 한쪽 부모나 양쪽 모두, 그리고 이혼 후 부모가 새로 사귀는 사람에게 상처받고 분노를 표출하는 단계를 반드시 거치게 된다.

'정상적인' 가족은 과연 존재할까

이 6장의 사례들은 복잡하든 탄탄하든 가족이 우리 삶의 중심이라고 강조한다. 가족은 본래 복잡하게 뒤엉키고 미묘하게 굴러가는 조직이다. 가족은 대부분 최상의 조건에서 이해하기 어렵다. 가족은 취약성과 회복탄력성을 동시에 보여준다. 가정에 불화가 심하고 분열할 조짐이 있을 때 어린 자식은 가족을 풀리지 않는 수수께끼이자 끝없는 고통의 원천이라고 받아들일 수 있다. 사람에게 사랑이 넘치고 화목한 가족만큼 든든한 것은 없다. 토머스 제퍼슨은 "내 삶에서 가장 행복한 순간은 가족의 품안에서 보낸 얼마 안 되는 순간이었다"라고 말했다.

따라서 이 6장의 많은 사례에서 나오듯이 학생들이 혼란에 빠졌다가 희망을 찾아가고 현재에 맞는 길을 찾아내는 모습에 찬사를 보낸다. 여러 사례를 관통하는 주제는 자신이 성숙해야 하고, 그것도 아주 빨리 성숙해져야 한다는 의식이다. 이혼가정 아이들도 또래친구들처럼 화목하고 말썽 없는 집에서 살고 싶었겠지만 안타깝게도 그런 호사를 누리지 못했다. 그래도 아이들은 폭풍이 몰아치는 환경에서도 자기 길을 잘 헤쳐 나가고 있었다.

이 6장의 사례에는 21세기 미국가정의 저변에 흐르는 여러 주제가 나온다. 혼합가족은 복합적인 관계로 이루어진다. 부모가 재혼해서 합쳐진 의붓부모가 그들 역시 이혼한 후에도 계속 아이의 성장기를 지켜보면서 아이가 어른이 되고 나서도 중요한 역할을 하기도 한다. 이혼으로 인한 분노와 응어리를 끝내 풀지 못하는 집도 많지만 굳은 의지로 서로 협력하는 가족도 있다.

이 6장의 서두에서 소개한 장문의 사례 두 편에서는 의붓부모를 비롯한 다양한 형태의 부모와 여러 의붓형제로 구성된 복합적인 가족의 모습을 제시하고, '가족'은 생물학적 혹은 법적 연결과 상관이 없을 때가 적지 않다고 결론을 내린다(첫 번째 사례의 학생은 새어머니였던 사람의 가족을 자신의 가장 가까운 가족으로 생각한다). 여러 차례의 이혼은 복잡다단한 인간사에서 중요한 역할을 한다. 두 번 이상 결혼한 사람들 중에도 이혼율이 높은 것으로 보아 다음 세기에도 복잡한 가족관계 속에서 살게 될 사람이 많을 것이라고 예상할 수밖에 없다.

한편 주목할 만한 부분은 학생들이 가족과 가족의 난관에 대한 감정을 명료하고 솔직하게 표현할 수 있다는 점이다. 그리고 학생들은 심리학에서 '부모화parentification'라고 부르는 모습을 보인다. 다시 말해 동생들을 돌보는 등 부모의 의무를 떠맡는다. 어린 나이에 너무 무거운 책임을 떠맡아서 앞으로 어떻게 될지 걱정도 된다. 반면에 학생들이 복잡한 가정환경에서도 힘과 용기를 잃지 않는 모습에서 희망도 엿보인다. 이 학생들은 대학 학위도 따고 다들 연애도 잘하며, 무엇보다도 이혼과 불안정한 가정으로 인한 상실감을 꿋꿋이 견디면서 삶을 멀리까지 내다보고 열린 마음으로 받아들일 줄 안다. 이 6장에서 사연을 소개한 한 여학생의 말을 다시 보자.

> 나는 '이혼가정의 아이'다. '나는 알코올중독자입니다'라고 밝히는 것만큼이나 이 말을 입 밖에 내기가 어렵다.

지난 20여 년 사이에
이혼의 낙인도 서서히 옅어졌다.
지난 몇 년 사이에 학생들은
주변에 이혼한 집 친구들이
많아졌다고 입을 모았다.
요컨대 젊은 세대 사이에는
이혼이 일반적이고 흔한 주제로
떠올랐다는 뜻이다.

7
최근의 다양한 사례와 '새로운 관점'

존 하비 교수는 2002년에서 2008년 사이에 수강생들에게서 사례 300여 편을 추가로 수집했다(1990년대 후반부터 수집한 사례를 더하면 모두 1,200편이다). 1차 수집 사례처럼 이번에도 학생들은 대학교 2학년~4학년, 19세~22세까지 분포되어 있다. 자료 수집 전반에도 해당하지만, 추가수집 사례의 가장 큰 한계는 강의계획서에 '이혼'을 다룬다고 명시한 강의의 수강생들로부터 사례를 수집했다는 점이다. 따라서 사례 제공자들은 같은 연령대의 비교집단에 비해 '이혼가정의 아이'라는 주제를 잘 알고 민감하게 반응한다고 볼 수 있다. 또한 1차 사례와 마찬가지로 주로 백인 중산층 학생들이라서 이혼가정의 아이 전체 모집단에 비해 인종과 계급 편향이 나타날 수 있다는 점을 다시금 밝혀둔다.

새로 추가된 사례에서 부각되는 주제는 1990년대부터 2002년 사이에 1차 수집한 900편의 사례에서 나타난 주제와 상당히 유사하다. 그뿐만 아니라 새로운 사례에서는 1차 사례의 주제가 더욱 섬세하게 다듬어졌다. 새로운 사례에도 앞서 소개한 절망과 희망, 가족의 혼란과 아버지 부재라는 주제가 등장한다. 하지만 아버지 부재라는 주제는 어머니가 자녀양육의 적극적인 역할에서 물러나고 혼자 자식을 키우는 아버지가 늘어나면서 의미가 확대됐다. 따라서 '아버지 부재' 대신 '부모 부재'라는 제목을 붙여야 마땅하다. 다음은 어머니가 부모 역할을 포기한 21살 여학생의 사례에서 발췌한 내용이다.

> 우리 집에서는 오랫동안 부부싸움이 끊이지 않았기에 고등학교 1학년 때 부모님이 이혼한다고 했을 때 나는 전혀 놀라지 않았다. 그 후 몇 년간 나는 엄마 집과 아빠 집을 오가면서 엄마와 아빠의 데이트 상대들을 만났다. 엄마하고는 진심으로 가까웠던 적이 없다. 이혼 후에는 엄마와 더 멀어졌다. 엄마는 내가 어울려 다니는 친구들을 좋아하지 않았다. 그리고 내가 엄마를 사랑한다고 생각하지 않았다. 내가 엄마보다 아빠를 더 챙긴다고 믿었다(그건 사실이 아니었다). 그래서 나도 엄마와 사귀거나 동거하는 남자들을 좋아하지 않았다. 얼마 후 엄마의 애인이 우리 집에 들어와 살기 시작하자 나는 아빠한테 갔다. 고등학교 후반부와 대학을 마칠 때까지 그렇게 지냈다. 아빠 집도 편하지 않은 건 마찬가지였지만 시카고로 돌아오면 찾아갈 곳은 아빠 집밖에 없었다. 그나마 아빠가 같이 사는 여자는 봐줄 만했다. 하지만 엄마와 함께 사는 남자는 도저히 용납이 되지 않았다. 내가 나중에

가정을 꾸리면 가족들과 친한 친구처럼 지내고 싶다. 엄마가 앞으로 내 삶이나 내 아이들의 삶에 들어올지도 모르겠다. 엄마가 가장 필요하던 시기에 엄마는 날 버렸다는 생각이 든다. 대학 때 나의 무모한 행동(음주와 무분별한 성생활)의 이면에는 이런 마음이 작용했던 것 같다. ……나는 우울증에 시달리고 자해를 하기도 했다. 하지만 전부 엄마나 이혼 탓으로 돌릴 수만은 없다. 나도 어른이 되었으니까 내 인생과 내 결정을 스스로 책임져야 한다. 언젠가 서른다섯이나 마흔 즈음에는 엄마와 아빠 모두와 가깝게 지내고 싶다.

해설

이 사례는 부모 중 한 사람과 한동안 사이가 멀어진 이야기다. 어머니와 딸의 사이가 멀어진 이유는 딸이 어머니의 새로운 애인들을 싫어하기 때문이다. 모르긴 몰라도 더 깊은 차원의 관계역동이 작용했을 테지만 결과적으로는 어머니가 몇 년간 딸을 보살피지 않았으므로 자식이 완전한 성인이 되기 전에 모녀관계를 회복해야 할 필요가 있다.

실용주의

이제 젊은 세대는 21세기 미국가정의 거대한 변화의 흐름을 읽고 점차 실용적인 태도를 보인다. 오늘날 가정을 보는 관점이 점차 실용적으로 바뀌는 분위기를 반영하듯이, 2002년 이후에 수집한 사례에는 '삶은 원래 혼란스러운 것'이라는 표현이 자주 나온다. 전체적으로 4장에서 논의한 희망의 주제를 반영하는 내용이 많다. 혼란을 오히려 단순하게 이해하는 관점은 21세기 가정의 복잡한 단면을 반영하는 심오한 태도에서 나온 것이다. 아이들은 대체로 마음속에 이상적인 가족의 도식을 그리면서 성장한다. 다시 말해, 아이들은 부모 모두가 자식들에게 적극 관심을 보이고, 가정과 직장생활을 잘 풀어가고, 가족들끼리 서로 사랑하고 보살펴주고(앞의 사례처럼 부모가 '친구'가 될 수 있거나, 되어야 하고), 조부모와 자주 연락하고, 친척들하고도 화목하게 지내는 바람직한 가족상을 상상하고 희망한다.

다행히 상당수의 학생이 가족의 미래에 불길한 구름 한 점 드리우지 않은 동화 같은 가정을 가졌다. 반면에 그만큼 많은 수의 학생들이 이혼이 가족에 가하는 타격을 직접 목격하거나 이혼이 다가오는 불길한 기운을 감지하면서 살아왔다. 그뿐만 아니라 부모가 번번이 바람을 피우거나 역기능적이고 무관심한 태도로 일관하면서 결혼생활을 끌어온 탓에 차라리 이혼을 원하는 학생도 많다. 마지막 집단의 상당수(존 하비는 10년 이상의 수집기간 중 사례를 제공한 학생들 가운데 25퍼센트로 추정한다)는 여러 차례의 결혼이나 부모의 연애나 친밀한 관계를 비롯한 훨씬 복잡한 상황을 경험해왔다.

우리네 삶과 가족관계가 때로는 몹시 혼란스러울 수 있다고 생각하는 것은 적응적 태도다. 냉정한 인식으로 현실을 정확히 꿰뚫어 볼 수 있는 관점이기도 하다. 사회사학자 스테파니 쿤츠Stephanie Coontz는 『우리가 한 번도 가보지 않은 길The way we never were』(1992)이라는 통찰력 있는 책에서 1950년대 미국가정의 모습으로 인식되는 목가적인 모습을 언급하고(여기서 쿤츠는 가끔씩 알코올중독이나 학대 같은 감춰진 모습을 들춰낸다. 두 제목의 차이를 비교해보라), 『우리가 걷는 길The way we are』(Coontz, 2000)에서는 현대가정의 단면으로 복잡다단한 삶의 모습을 보여준다. 쿤츠의 분석을 입증하듯이 현대의 교육받은 젊은이들은 예전만큼 가족의 모습을 지나치게 이상적으로 그리지 않는다. 따라서 2차 사례에서 특히 두드러진 주제는 실용주의다. 요즘 젊은이들은 가족의 복합적인 성격을 충분히 이해하고 어느 집이든 혼란스러운 시기를 겪는다고 생각한다.

2차 사례에서 두드러진 실용주의의 중요한 요소는, 어려운 시기에 든든한 버팀목이 되어주는 친구의 존재를 높이 평가한다는 점이다. 한 21살 여학생은 이렇게 말했다.

> 부모님이 싸우고 이혼하니 마니 하는 말들이 오가고 결국 이혼절차를 밟기까지의 기나긴 여정에서 (흉금을 털어놓을) 좋은 친구들이 없었다면 나는 어떻게 됐을까? 그 시절은 내게 가혹했다. 몇 안 되지만 좋은 친구들이 없었다면 내가 지금 이 자리에 과연 있을지 모르겠다. 이제는 진정한 친구가 어떤 존재인지 잘 안다. 꼭 가족이어야 하는 것은 아니다. 사실 가족이 아닐 때가 많다. 진정한 친구는 내가 가장 힘들고 나약할 때 옆에 있어주는 사람이다. 그리고 내 이야기에 귀 기울여 주는 사람이다.

해설

실용주의와 희망의 또 하나의 측면은 자기 인생(나아가 형제나 어머니 같은 다른 사람의 행복)을 스스로 책임을 진다는 점이다. 앞서 여러 사례에서 이혼가정의 아이들이 일찍부터 철이 들어 어른스럽게 행동하는 모습에 주목했다. 새로 추가된 사례에서도 개인의 책임감에 더욱 주목했다.

학생들은 이상적인 가족을 신중하게 생각할 뿐 아니라 나중에 결혼해서 가정을 꾸리면 부모님과 함께 살 때보다 훨씬 행복한 가정을 꾸릴 방법을 찾고 싶어 한다. 학생들의 사례에는 가족과 부모의 결혼과 이혼, 부모의 연애, 그밖에 여러 문제(특히 재산과 양육권 분쟁)를 고심하는 내용이 심심치 않게 나온다. 더불어 그 과정에서 얻은 교훈도 소개하고 부모를 괴롭히던 잠재적 위험을 자신은 얼마나 피하고 싶어 하는지 강조한다. 간혹 가족에게 힘든 고비가 찾아와서 오히려 다행이라고 말하는 학생도 있다. 어려운 시기를 견뎌낸 덕분에 남보다 빨리 성장하고 인간관계를 보다 현실적으로 분석하고 경험에서 얻은 교훈을 적용할 수 있었다고 말한다. 반면에 가족의 이혼을 몹시 고통스럽게 기억하면서 자기가 부모보다 원만한 결혼생활을 지켜낼 수 있을지 자신 없어 하는 학생도 존재한다.

다음은 20살 남학생의 사례를 간략히 발췌한 글로, 실용주의라는 주제를 반영하고 자녀의 이익을 위해서라도 이혼을 선택할 수 있다고 보는 입장을 밝히는 이야기다.

> 가족에게는 가끔 안 좋은 일도 생긴다. 우리 부모님은 이혼했다. 내가 살던 지역과 대학 동아리에는 이혼한 집이 많다. 그만큼 많은 아이가

상처를 입는다. 나도 상처를 입었지만 결국 극복했다. 나는 부모님의 이혼 덕분에 훨씬 현명해졌다. 나는 친구들보다 빨리 성숙해져야 했다. 현재 나는 건강하고 행복하게 꿈을 키우면서 대학교 3학년에 다니고 있고, 앞으로 임상심리학 박사과정을 밟을 예정이다. 아마도 부모님의 이혼을 경험해서가 아닐까?

우리 부모님은 애초에 결혼하지 말았어야 할 사람들이었다. 형과 나는 이혼 후 1년여 동안 경제적, 정신적 상실감에 시달렸다. 지금은 이혼한 지 5년이 지났다. 가족 모두 새로운 삶을 살고 있다. 나는 부모님이 왜 이혼했는지 충분히 이해한다. 부모님이 형과 나를 소홀히 하지 않으려고 노력해줘서 고맙다. 부모님 때문에 우리 형제가 큰 희생을 치른 것은 사실이다. 지금은 비록 떨어져 살지만 가족들 모두 지금의 생활에 그럭저럭 만족하는 것 같다. 부모님은 부모님대로 최선을 다한 것 같다. 형과 나는 나중에 결혼하면 이혼하지 않기를 바라고 있다. 그러나 설사 이혼한다 해도 아무것도 모르는 자식들을 보호할 수 있을 것 같다. 나 역시 그렇게 보호받았기 때문에 부모님과 각자의 새로운 배우자들에게 감사드린다. 모든 분이 자랑스럽다. 이제는 나도 이혼이 모두를 위한 최선의 선택이었다고 인정할 수 있다.

이혼의 현재와 미래—낙인은 옅어지는가?

학생들은 이혼에 관해 실용주의적 태도를 보이면서 그들이 사는 동안에는 이혼의 역동이 달라지지 않을 것이라고 생각한다. 이혼이 우리 사회를 비롯해 전 세계에서 막대한 영향을 미친다는 것도 잘 파악하고 있다. 이혼의 이유가 변하지 않고 앞으로도 이혼율이 크게 떨어지지는 않을 테니 그 영향도 크게 달라지지 않을 것이다.

사람들이 말하는 이혼 사유를 제외하고라도 더욱 행복한 결혼의 미래를 보장할 만큼 부부관계가 악화되는 과정이 급격히 변하지는 않았다. 그러나 결혼과 가족을 연결하는 응집력은 강력하고 쉽게 줄어들지 않는다. 게다가 지난 20여 년 사이에 이혼의 낙인도 서서히 옅어졌다. 지난 몇 년 사이에 학생들은 주변에 이혼한 집 친구들이 많아졌다고 입을 모았다. 아직 부모가 이혼하지 않은 친구들이 다수이기는 하지만 그런 친구들 역시 가족 전체로 확대해서 보면 형제가 이혼하거나 가까운 친지가 이혼하거나 친구들이 이혼했다고 보고한다. 요컨대 젊은 세대 사이에는 이혼이 일반적이고 흔한 주제로 떠올랐다는 뜻이다. 이혼은 젊은 세대의 사고방식의 한 부분을 차지하고, 명시적으로나 암시적으로 현대의 관계를 결정하는 데 영향을 주며, 미래를 계획하면서 고려해야 할 중요한 요소로 간주되는 것이다.

다음은 22살 여학생의 사례에서 발췌한 부분으로, 부모의 이혼으로 인해 낙인찍힌 기분을 그다지 느끼지 않는다는 내용이다.

> 나한테는 이혼이 큰 사건이 아니다. 내 주위에는 부모님이 아직 함께 사는 친구들이 몇 안 된다. 어떤 집은 별거 중이고, 어떤 집은 이혼했고, 어떤 집은 이혼을 고려하는 중이다. 부모님이 이혼했다고 밝혀도 친구들이 색안경을 끼고 보지는 않는다. 나는 지금까지 화목한 집에

서 자란 남자도 만나보고 이혼한 집에서 자란 남자도 만나보았다. 우리 부모님이 이혼했다는 이유로 남자들이 나한테 관심을 끊는 것 같지는 않다. 다만 내가 이혼을 어떻게 생각하는지에 대해선 관심을 보이는 것 같다. 하지만 이혼 때문에 사귀게 되거나 이혼 때문에 헤어지는 일은 없다. 몇몇 친구들과 마찬가지로 이혼 때문에 생긴 가장 큰 걱정거리는 졸업식이나 결혼식 때 부모님과 각자의 새로운 가족들이 한자리에 모이면 어떻게 해야 하나 싶은 것뿐이다.

이혼과 '즉석만남' 문화

새로 추가된 사례들에서 주목할 만한 변화가 하나 더 있다. 지금의 젊은 세대는 결혼 전에 이 사람 저 사람 많이 만나면서 다채로운 '연애경력'을 쌓는 데 관심이 많다는 점이다. 결혼 전에 충분히 탐색하는 이유는 특히 학생들보다 선배인 20대 후반과 30대 초반 세대에 결혼생활에 불화가 심한 예가 흔하기 때문이다. 젊은이들 사이에 이른바 즉석만남 문화가 유행하면서 이성을 가볍게 만나고 있다. 미국의 연애와 결혼 문화에서 새롭게 떠오른 현상이다.

즉석만남 문화란 무엇일까? 지난 20여 년 동안 특히 성인 초기의 젊은이들 사이에 유행하는 연애 형태로, 서로 천천히 마음을 알아가는 단계를 건너뛰고 곧바로 성관계를 맺기 위한 친밀한 행위를 시작하는 문화다. 이는 대학 캠퍼스에서 널리 유행하는 토론 주제이기도 하다. 마이스페이스와 페이스북 같은 소셜네트워크 테크놀로지가 등장하면서 더욱 가속화되는 현상이다. 즉석만남을 다룬 학술서와 대중서도 속속 출간되고 있다. 최근 몇몇 논문과 책에서 보고하듯이 즉석만남에서는 갖가지 친밀한 행위(키스나 진한 애무에서 오럴 섹스나 성관계까지)가 일어나고, 만남의 결과도 다양하며, 그중 부정적인 결과는 주로 여자들이 보고한다(Paul & Hayes, 2002; Paul, Wenzel, & Harvey, 2008). 특히 여자들은 즉석만남을 통해 원하지도 않았는데 강제로 성행위를 했다고 불만을 토로한다. 즉석만남은 '원나이트 스탠드'가 되기도 하지만 때로는 '애인 같은 이성친구', 말하자면 친구끼리 일상적으로 성관계는 하지만 서로에게 헌신하거나 애착을 형성하지 않는 관계가 되기도 한다. 원치 않는 임신은 특히 여성의 사례에서 즉석만남 문화를 논의할 때 자주 언급되는 주제다.

남녀 모두 즉석만남 문화의 긍정적인 결과도 말한다. 우선 즉석만남을 통해 연애관계와 친밀함에 관해 배우고, 한 사람에게 헌신하지 않고 여러 사람을 만나보고 나서 원하는 사람이 나타나면 이전 관계를 끝낼 수 있고, 가볍게 즐기거나 스쳐가는 편한 관계를 맺을 수 있다고 한다(Paul 등, 2008).

즉석만남 문화가 2차 사례에서 두드러진 주제와 어느 정도로 관련되는지 알아보기 위해 다음 몇 가지 질문에 초점을 맞춘다. (1) 젊은 세대에서 즉석만남을 원하는 이유는 부모의 이혼이나 사회 전반의 이혼 추세 때문인가? (2) 즉석만남을 여러 번 갖는 등 결혼 전 행동이 결혼 후 불화나 이혼과 관련이 있는가? (3) 개인이 '욕구를 해소하기 위해' 여러 사람과 성관계를 맺으면 결혼 후 문제가 되지 않는가? 이들 질문의 답을 밝힌 학술 연구는 (아직) 없다.

존 하비의 강의 시간에 이런 즉석만남 문화와 이혼의 연관성에 대해 토론했다. 이때 학생들은 즉석만남의 효과를 확신하기 어렵다고 말했다. 상당수의 학생들은 젊은이들이 즉석만남에 길들여지면서 '피상적인 친밀감'을 형성하는 습관을 들이고, 그런 습관이 결혼 후에도 크게 달라지지 않아 결국 불륜을 저지를 가능성이 높아진다고 말했다. 흥미롭게도 학생들은 토론의 범위를 넓혀서 이혼한 부모의 즉석만남과 연애 양태의 긍정적 결과와 부정적 결과까지 분석했다.

혼전연애나 성활동이 이혼 가능성에 어느 정도 영향을 주는지 논의하다 보면 반드시 주목해야 할 영역으로 넘어간다. 바로 혼전동거와 이혼 가능성의 연관성에 관한 연구다. 최근의 연구에 따르면, 결혼 전에 여러 사람과 동거하면 이혼 가능성도 높아지지만 한 사람과 동거하고 그 사람과 결혼하면 이혼 위험이 크지 않다고 한다(Teachman, 2003). 하지만 지금까지 이렇게 복잡한 질문을 중심으로 대인관계의 역동에 접근한 연구는 거의 없다. 학생들의 사례와 토론을 보면 그들이 이 문제를 진지하게 고민하고, 연애를 꿈꾸고 계획할 때 중요한 문제로 고려한다는 사실을 알 수 있다.

희망과 실용주의,
가족의 혼란에 대처하다

결론적으로 희망을 다룬 4장과 마찬가지로 2002년에서 2008년까지 6년간 추가로 수집한 사례에는 관계와 가족에 대해 실용적으로 이해하는 관점이 늘어났다. 실용주의는 학생들이 이혼 경험을 성숙하게 이해한다는 또 하나의 표식이다. 학생들은 부모의 이혼에 충격을 받고 연애관계에서도 부정적인 영향을 받았을 수도 있다. 하지만 대체로 관계를 원만하게 이끌어갈 수 있다고 자신했다. 어려울 때는 친구들에게 도움을 구하고 남달리 빨리 철들고 혼자 알아서 잘 컸다. 게다가 현대사회의 현실을 명확히 파악해서 대학을 졸업하고 안정된 경력을 쌓아 결혼생활에 대한 전망을 밝히려고 한다. 더욱이 결혼이 이혼으로 끝나서 생길 수 있는 경제적 어려움에도 웬만큼 면역력을 길렀다고 자신했다.

새로 추가된 사례들을 보면 4장에서 논의한 희망의 이야기들이 21세기 첫 10년이 끝날 무렵, 이혼가정의 아이들 사이에 자주 등장하는 것을 확인할 수 있다. 이들은 부모님 밑에서 자라면서 겪은 일들을 밑거름 삼아 자신의 가정에서는 잘못을 바로잡을 수 있다고 자신했다. 이혼한 사람 중에 아주 긍정적인 효과를 본 사람도 있다고 지적하면서 이혼을 적극 지지했다(Hetherington & Kelly, 2002 등의 학자들의 연구와 일치한다).

21세기의 첫 10년이 끝날 무렵 이혼가정의 아이들은 부모의 부재나 혼란스러운 가정 같은 문제에 직면해서 이전 세대보다 개인의 책임과 희망, 그리고 실천적인 발전의 방향을 고민했다. 젊은 세대는 점차 가족에게서 얻지 못하는 지지와 보살핌을 친구들에게서 찾는다. 사실 이혼가정 아이들에게는 친한 친구가 또 하나의 '가족'이다.

흥미롭게도 젊은 세대가 관계의 역동을 그리는 인지지도는 갈수록 관련 분야의 연구 자료나 치료자들이 그린 인지지도와 비슷해진

표 7.1 2002-2008 사례 표본의 주제

- 부모의 부재.
- 실용주의.
- 불화가 심하고 혼란스러운 가족.
- 친구들의 지지.
- 이혼의 낙인이 옅어지는 현상.
- 책임과 희망.
- 유동적인 관계의 만연(가정불화에서 즉석만남까지).
- 친밀한 관계유형에 대한 사회적 인식 증가.

다. 우리 책의 사례와 학생들이 강의시간에 제시한 의견은 상당히 수준이 높아서 이들이 장차 관계를 잘 풀어갈 것이라고 짐작할 수 있다. 이렇게 사고방식이 극적으로 변한 현상은 향후 연구할 가치가 높은 주제다. 학생들의 이해의 폭이 넓어졌다고 해서 이혼율이 떨어지지는 않겠지만, 그들이 앞으로 관계에서 현명한 결정을 내릴 것으로 기대할 수는 있다.

요컨대 지금의 젊은 세대는 결혼이 얼마나 취약한 제도이고, 가정이 얼마나 허물어지기 쉬운 조직인지 잘 안다. 그들은 결혼과 미래의 가족을 위해 탄탄한 기반을 다지고 싶어 했다. 하지만 우여곡절을 경험해봤고, 현재도 그렇고 멀지 않은 미래에도 그런 상황이 벌어진다는 사실을 잘 알기에 섣불리 자신하지는 못했다. 표 7.1에는 새로 추가된 사례에서 부각되는 대처방식에 관한 중요한 주제를 정리했다.

인생은 죽음과 이혼에서 질병과 상해에
이르기까지, 차별과 모욕의 희생자가
되기까지, 광범위한 상실의 연장선에
놓여 있다고 볼 수 있다. 이혼가정의
아이들은 그 연장선 위에 지나치게
많은 사건이 몰려 있는 지점에서
자신과 부모의 위치를 찾아 나선다.
우리는 그들이 누적된 상실의 경험에서
얻은 교훈을 소중히 간직하길 바란다.

8

결론
—생각과 감정을 표현하는 것의 중요성

마지막 8장에서는 이혼가정의 대학생들이 제공한 사례를 바탕으로 아이의 경험에 관한 결론을 끌어내고자 한다. 학생들의 생각과 느낌이 잘 담긴 사례를 통해 이혼이 그들의 삶에 어떤 영향을 미쳤는지 알 수 있을까? 물론 우리 책의 사례에서는 학생들의 적응수준에 관한 직접적인 정보를 제공하지는 않으며, 우울이나 자존감 정도, 대학 성적을 측정하면 어떤 결과가 나오는지 제시하지 않는다. 하지만 애초에 그런 '객관적인' 정보를 제시하는 것은 우리의 목적이 아니었다. 부모의 이혼을 경험한 학생들에게 속마음, 진심을 토로할 기회를 주자는 주된 목적에 맞게, 우리 책의 사례에서는 학생들이 이혼이나 여러 이혼 관련 현상을 어떻게 생각하는지가 잘 드러난다. 말하자면 자녀가 부모의 이혼과정을 어떻게 경험하는지, 단기간에는 이혼이 자녀에게 어떤 영향을 미치는지, 이혼 후 자녀의 삶은 어떻게 달라지는지 이해할 수 있다.

이 8장에서는 이혼가정 아이들의 경험을 엿볼 수 있는 기회를 바탕으로 세 가지에 주목했다. (1) 1장에서 제시한 몇몇 주제가 학생들의 사례에 나왔는지(혹은 나오지 않았는지) 탐색한다. (2) 현재까지 발표된 연구문헌을 넘어 이 책의 저자들이 직접 분석한 주제를 추가한다. (3) 부모의 이혼을 경험한 학생들에게 그에 대한 생각과 느낌을 함께 나누는 기회를 제공하는 것이 얼마나 중요한지 강조한다.

연구문헌과의 연관성

데모와 파인의 이혼 변동성과 유동성 모형

앞서 2장에서는 데모와 파인(2010)의 이혼 변동성과 유동성 모형(DVFM)을 소개하고 학생들의 사례에 담긴 의미를 이해하는 기준으로 삼겠다고 설명했다. 그림 2.1처럼 DVFM 모형은 이혼 적응력에 관한 두 가지 중요한 측면을 강조한다. (1) 아동, 청소년, 성인의 이혼 경험과 적응력의 폭넓은 변동성. (2) 이혼 경험과 적응력 두 가지 모두에서 시간의 흐름에 큰 변화가 일어나는 현상을 반영하는 이혼 적응력의 유동성.

3~6장에서 소개한 사례에서는 이혼 경험과 적응력의 변동성과 유동성이 모두 드러난다. 변동성 측정기준으로는 부모의 별거와 이혼을 둘러싼 환경, 이혼 후 같이 살지 않는 부모가 자식에게 관심을

보이는 정도, 부모가 새로운 연애를 시작한 효과, 학생 자신의 친밀한 관계에 대한 태도, 부모-자식 관계의 질과 성격, 그밖에 다양한 인지, 태도, 사회, 정서, 행동 변인이 있다.

한편 사례를 한 차례만 수집했지만 학생들의 사례 각각에는 시간에 따른 유동성과 변화가 큰 폭으로 나타났다. 대개 혼란이 줄어들고, 적응력이 강화되고, 사회적 지지망이 새롭게 형성되거나 더욱 탄탄해졌다. 반면에 유해한 가정환경이 개선되지 않고 이혼 경험에 대한 태도가 긍정적으로 바뀌지 않은 사례도 물론 있었다. 하지만 대체로 시간이 흐르면서 거주지, 사회경제적 지위, 부모와의 관계, 의붓부모나 부모의 새 연인과의 관계 등 여러 측면에서 보다 구체적인 변화가 일어난다. 그러나 DVFM 모형에서 지적하듯이, 이혼에 대한 반응을 한 번에 단편적으로 파악하는 데는 한계가 있으므로 장기적인 실험설계가 반드시 필요하다.

다시 에머리(1999)의 결론으로

1장에서 설명했듯이 에머리(1999)는 이혼이 아이에게 미치는 영향에 관해 균형 잡힌 결론을 끌어냈다.

첫째, 이혼은 아이에게 엄청난 스트레스를 유발한다. 우리 책의 사례에서도 이혼 전이나 중간, 이후에 스트레스를 자주 받았다는 내용이 나온다.

둘째, 이혼으로 인해 심리 문제를 경험할 위험이 커졌다. 우리 연구에서는 심리측정도구를 실시하지 않아서 학생들이 임상적으로 심각한 심리 문제를 겪는지 구체적으로 확인하지는 못하지만 사례에는 내면의 문제(우울, 불안, 남과 다르다는 느낌)와 대인관계 문제(사귀는 사람에 대한 불신, 결혼에 대한 회의적 시각, 순탄치 않은 연애관계)가 자주 언급됐다. 실제로 우리 연구에 참가한 학생들 중 일부는 단기간에 심리 문제를 경험한 적이 있다고 지각했다.

셋째, 이혼가정의 아이 대다수는 초혼가정의 아이만큼 원만하게 지낸다. 우리 책의 사례를 보면, 간혹 심리 문제를 경험한 적이 있다고 보고하지만 학생들 대다수가 이혼하지 않고 화목하게 사는 집 자녀 못지않게 높은 능력수준을 보여준다. 다만 모두 대학에 다니는 학생들이라 능력이 뛰어난 편이고 이혼가정 자녀의 전체 모집단을 대표하지 않을 수 있다.

넷째, 이혼가정의 아이는 상당한 수준의 아픔과 불행한 기억, 끝나지 않는 심리적 고통을 호소했다. 마찬가지로 우리 연구에서도 일부 학생들이 아프고 불쾌한 기억과 지속적인 고통을 호소하는 사례를 제공했다.

다섯 번째이자 마지막으로, 이혼 후 아이의 적응력은 개인차가 크고, 개인차는 이혼 후 가족의 다양한 특징에 영향을 받는다. 에머리의 제안처럼 개인차는 우리 책의 여러 사례에서도 자주 나타난다. 부모든 자녀든 공감과 성숙 정도, 예의 바르고 책임감 있는 태도의 정도는 개인마다 다르다. 게다가 이혼 후 가족의 생활에도 중요한 특징이 있다. 가령 부모가 자녀를 부부갈등의 중간에 세워두는 정도, 함께 살지 않는 부모가 자녀에게 관심을 보이는 정도, 새로운 어른(의붓부모)이 자녀의 삶에 관심을 보이는 정도, 같이 사는 부모와 자녀의 관계, 가족의 경제적 형편, 형제자매끼리 서로 의지하는 정도,

우울하거나 화가 난 부모를 돕기 위해 자녀가 '어른'의 역할을 떠맡는 정도, 이혼 후 가족들이 가까운 곳에 사는지의 여부를 중요한 특징으로 볼 수 있다. 그밖에도 일일이 열거하기 힘들 정도로 다양한 요인이 작용하기 때문에 이혼가정 아이들의 경험을 설명할 때는 '상황에 따라 다르다'는 조건이 중요하다. 특히 이혼 후 적응력은 이혼 전과 이혼 후 가족의 요인에 따라 크게 달라진다고 결론지을 수 있다.

'아이들에게 어떻게 할까?'

'아이들에게 어떻게 할까?'는 월러스틴과 블레이크슬리(2003)의 책 제목이다. 이 책에서는 현재 이혼하려고 하지만 자녀의 마음에 큰 상처를 입히지 않고 원만하게 넘기고 싶은 부모에게 주는 제안을 소개한다. 월러스틴과 블레이크슬리는 특히 부모가 크게 싸울 때 아이가 느끼는 상실감과 슬픔, 때로는 공포가 실로 엄청나다고 강조한다. 우리 책에도 이런 감정이 담긴 사례가 나온다. 월러스틴과 블레이크슬리는 아이를 키우기로 한 부모는 '자녀양육에 개입하지 않는' 부모도 존중해주어야 한다고 설득한다. 가령 이혼가정에서 아이에게 해주면 좋은 말로는 이런 말이 있다. "너희는 좋은 아이들이고 나는 너희가 자랑스럽다. 아빠가 계셨으면 아빠도 자랑스러워하셨을 거야." (83쪽)

월러스틴과 블레이크슬리(2003)에서는 또한 이혼 부모가 아이에게 과중한 부담을 지우지 않도록 각별히 주의해야 한다고 강조한다. 우리에게 사례를 제공한 학생들도 치열하게 싸우는 부모 사이에 끼어서 상처입고 절망한 경험을 자주 보고했다. 부모는 험난한 고비를 넘기는 동안에도 자녀의 발달적 요구를 잊지 말아야 한다. 부모 편에서도 이른바 부모화 경향(장남이나 장녀를 배우자나 '어린 부모 상'으로 대접하는 경향)을 경계해야 한다. 부모를 도우려 하고, 어릴 때부터 보고 익힌 양육기술을 능숙하게 활용하며, 부모를 사랑하는 마음으로 상처 입은 부모를 보살펴주려 하는 아이들이 많다. 하지만 부모는 자녀가 너무 깊이 개입해서 (비공식 심리치료사 역할을 비롯해) 과중한 의무를 떠안지 않도록 보호해주어야 한다.

요컨대 부모는 자신의 문제, 부부관계의 문제, 자녀 문제 사이에서 일정한 거리를 유지해야 한다. 아이들은 그들 나름의 발달적 요구와 어려움을 안고 있다. 우리 책의 사례에도 거듭 나오듯이 아이들은 가족이 와해되는 사이 사람과 인생에 관해 많은 것을 배우고 또래보다 훨씬 성숙해진다. 아무리 성숙한 아이라고 해도 친밀한 관계를 맺고 학교 공부에 매진하고 직업세계를 배우고 체력도 기르면서 나름의 난관을 헤쳐 나가야 하는 시기이기 때문에 부모와 같은 정도로 과중한 책임을 떠맡아서는 안 된다.

월러스틴과 블레이크슬리(2003)는 설득력 있게 결론을 끌어내면서 이혼가정에서는 부모가 자녀에게 모범을 보이고 민감하게 반응하고 공감해주어야 한다고 강조한다. 두 연구자는 이렇게 말한다.

> 이혼과정이나 이후에 아이들은 부모를 세심하게 살핀다. 아이들은 이혼으로 큰 충격을 받아 사랑도 덧없고 친밀한 관계도 결국 허물어진다고 걱정하기 때문에 부모가 잘 이끌어주기를 기대한다. 아이들은 부모가 삶을 이끌어줄 단서를 제시하고 사랑이 단단하고 영속적일 수

있다는 확신을 심어주길 바란다. 부모라면 언제까지나 자식을 보살펴 줄 것이라고 믿고 싶어 한다. ……사람은 서로에게 상처를 주었더라도 모두 용서하고 예의를 갖추어 서로를 대할 수 있다고 믿고 싶어 한다.(364쪽)

'그저 괜찮은 결혼'인가, '좋은 이혼'인가

월러스틴 등(2000b)의 연구에서 가장 크게 논란을 불러일으킨 주장은, 가정폭력이나 엄청난 희생, 심각한 정신질환 같은 문제만 아니라면 아이들은 부모의 '그저 괜찮은 결혼'으로도 만족한다는 내용이다. 이런 결혼을 유지하는 집안의 아이들은 원만하게 이혼한 집안의 아이들보다도 성인이 된 후 대인관계 적응력이 뛰어나다는 뜻이다. 우리 책에 실린 사례만으로 보자면 월러스틴의 주장에 선불리 동의하기 어렵다. 우리는 부모가 아직 결혼생활을 유지하는 학생들에게는 사례를 수집하지 않았기 때문이다. 하지만 몇몇 학생들은 사례에서 월러스틴 등(2000b)의 주장을 언급하면서 '그저 괜찮은 결혼'이라는 이들의 개념에 동의할 수 없다고 입을 모았다. 대체로 월러스틴 등(2000b)의 주장에 동의하지 않는 주된 이유는, 이혼하면 당장은 고통스럽고 불편하더라도 가정불화가 줄어들어서 점차 화목하고 안전한 가족관계가 유지되고 아동발달에 도움이 되는 건강한 가정환경이 조성되기 때문이라고 했다.

이와는 대조적으로, 애런스(1994)는 이혼도 건강한 방식으로 진행하면 장기적으로 자녀에게 도움이 된다고 주장했다. '좋은 이혼'이라는 개념은 우리 책의 사례에도 자주 등장한다. 이혼절차가 진행되는 중에도 부모가 가족의 요구를 세심하게 헤아리려고 노력한다면 장기적으로 아이를 위해 훨씬 평탄한 길을 닦아놓을 수 있다. 그러면 자식들은 이혼의 의미를 충분히 이해하고 새로운 환경에 쉽게 적응할 수 있다. 애런스는 이혼한 부부들 가운데 '협조적 동료'가 되는 부부가 많다면서 이런 부모들을 자녀의 적응을 도와주는 범주로 묶었다. 표 8.1에 정리된 것처럼 이혼한 부부 사이의 협조적 동료 유형은 부모가 서로 공조하는 전반적인 방향을 제시해준다.

애런스가 제안하는 '좋은 이혼'이라는 개념은, 이혼이 정상이라고 하고 심지어 이혼을 권장하는 것처럼 들린다고 비판을 받기도 했다. 애런스는 과거에도 이혼율이 높았고 앞으로도 줄어들지 않을 것이라는 현실을 냉정하게 고려했다. 어차피 이혼해야 한다면 이혼으로

표 8.1 애런스(1994)의 '협조적 동료'의 특징

- 이혼한 부부가 자녀양육 문제를 함께 해결한다.
- 명절에 자녀와 보내는 시간을 같이 나누고, 공동양육이나 방문권 같은 중요한 문제를 해결하고, 자녀의 요구를 들어줄 때 서로 조금씩 양보한다.
- 학교 공연이나 운동회, 졸업식, 결혼식 같은 행사가 있을 때 '이원 핵가족'(이혼 후 자녀를 연결고리로 두 가구가 한 가족처럼 지내는 구조) 형태로 함께 참가한다.
- 이전 결혼관계에 얽힌 문제와 장기적 양육의무에 관한 문제를 구별할 줄 안다.

인해 삶이 피폐해지는 사람들을 줄이는 쪽으로 이혼하는 법을 사회 전체가 배워야 한다. 애런스(1994)가 부모들에게 권하는 마지막 방법은 학생들이 말하는 요지와도 맥이 닿아 있다.

> 이혼과정의 속도를 늦추어야 한다. 아이들에게는 적응할 시간이 필요하다. 아이들에게는 부모 모두가 필요하다는, 양친의 보살핌을 받을 권리가 있다는 사실을 인정해야 한다. 오직 자식을 위해서라도 이혼한 배우자와 협력해야 한다. 제한적인 협력계약을 맺고 명확한 규칙을 정해야 한다. 의붓부모의 친척까지도 내 자식의 새로운 가족이라는 사실을 받아들여야 한다.(252쪽)

우리는 애런스의 조언에 전적으로 동의한다. 내 자식에게 이혼한 배우자이자 내게 큰 상처를 안겨준 장본인을 사랑하도록 허용하고 나아가 격려하는 행위는 대단한 관용을 베푸는 일이다. 하지만 누구나 할 수 있는 행동이고, 그런 결심이 나중에 자녀의 적응에 얼마나 도움이 되는지 깨달을 날이 올 것이다. 우리는 애런스의 독창적인 주장에 박수를 보낸다. 애런스가 이혼을 현실적으로 바라보는 것이지, 이혼을 부추긴다고는 생각하지 않는다.

애런스는 1994년에 출간된 자신의 책에서 연구한 표본집단을 다시 찾아 10년간 얼마나 잘살아왔는지 확인한 후, 좋은 이혼에 관한 연구서(2004)를 다시 출간했다. 1차 연구의 표본집단에서 무려 90퍼센트를 다시 찾아서 인터뷰했고, 전체 173명(1990년대에는 어렸지만 지금은 30대 후반이나 40대 초반) 가운데 4분의 3 정도가 이혼은 '바람직한 선택이었고 함께 살았을 경우보다 부모와 자식 모두가 더 잘살게 되었다'고 응답했다. 애런스는 아이들이 잦은 부부싸움에 예민하게 반응하고 속상해한다고 결론짓고 있다. 그리고 자식과 함께 보내는 시간의 양이 아니라 자식과 나누는 관계의 질이 중요하다는 점을 강조한다. 애런스는 신뢰성과 일관성, 아이의 삶에 진심으로 관심을 갖는 어른의 태도가 무엇보다도 중요하다고 주장한다.

헤더링턴의 『좋을 때나 나쁠 때나』

헤더링턴과 켈리(2002)는 아이와 가족을 대상으로 한 세 차례의 대규모 종적 연구를 분석해 에머리(1999)의 결론과 꽤나 유사한 결론을 끌어냈다. 요컨대 이혼은 파괴적이고 고통스러운 결과를 초래하기도 하지만, 장기적으로 보면 대다수 아이들이 원만하게 적응할 뿐 아니라 나아가 이혼도 상당히 '긍정적 효과'를 거둘 수 있다.(5쪽) 이혼의 긍정적 효과를 살펴보면 이혼은 우선 현실적인 예방효과(엄마와 딸이 폭력적이고 안전하지 못한 가정환경에서 탈출)를 제공할 뿐 아니라, '인생을 변화시키는 성장'의 기회를 주기도 한다. 헤더링턴과 켈리는 한편으로 '이혼혁명'에 주목하면서 이혼혁명 덕분에 선택과 결정의 폭이 훨씬 넓어졌고, 그 결과 1970년대의 일반적인 가족보다 훨씬 복잡하고 다채로운 가족상이 출현했다고 지적한다. 앞서 1장에서도 언급했듯이 현대의 가족상이 이렇게 다채롭기 때문에 '이혼이 자녀에게 해롭다'거나 '이혼은 장기적으로 부정적인 영향을 미친다'는 말은 지나친 단순화이며, 이혼을 경험하는 대다수 사람들에게 넓게 적용되지도 않는다. 이혼 적응에 영향을 미치는 수많은 상황 변인을 고려하지 않았기 때문이다.

우리 책의 사례들은 헤더링턴과 켈리(2002)의 여러 가지 주장에 상당히 근접하고 있다. 특히 학생들의 사례에는 '고통과 상실'이라는 주제가 거듭 등장하고, 우리도 이런 부정적 정서가 이혼가정의 아이들에게 미치는 영향을 축소할 생각은 없다. 하지만 어떤 학생들은 이혼 자체나 이혼으로 인한 변화 덕분에 좋은 기회를 얻었다고 설명하고 있다. 이혼으로 인해 좋은 기회가 생긴 데는 여러 요인이 작용했다. 가령 부모 중 한쪽이 재혼해서 건강하고 원만한 이성관계를 가까이서 지켜볼 기회가 생기고, 의붓부모가 들어와서 가계 수입원이 늘어나고, 부모가 이혼하지 않았다면 몰랐을 책임을 져야 하고(동생 돌보기), 이혼 후 집안이 훨씬 안정을 찾고, 형제자매가 새로 생겨서 서로 소통하면서 속마음을 털어놓을 수 있었다. 우리 책의 사례들에는 또한 헤더링턴과 켈리(2002)가 언급한 현대 가족의 복잡다단한 모습도 생생하게 담겨 있다. 이혼가정 아이들의 대규모 모집단에 비해 비교적 동질적인 표본(중서부지방 대학생)에서조차 가족구조가 크게 다르고(누가 함께 살고 누구를 가족으로 간주하는가), 변화가 자주 발생하는 것으로(다른 지방으로 이사하기, 새로운 가족이 들어오거나 원래 가족이 나가기, 한쪽 부모나 양쪽 모두가 재혼하거나 다시 이혼하기) 나타났다. 우리 연구에 참가한 학생들도 헤더링턴과 켈리의 결론을 자신들의 경험과 상당히 일치한다고 생각하는 것으로 보인다.

슈탈의 『그들이 잃어버린 사랑』

1장에서 설명했듯이 슈탈(2000)은 젊은 사람들을 인터뷰하여 그들이 삶에서 공백이 생겼다고 느끼는 이유가 어느 정도는 성공적이고 원만한 부부 모델을 접할 기회를 갖지 못한 탓이라고 밝혔다. 슈탈의 연구에 참가한 학생들은 그밖에도 여러 가지 부정적인 경험을 보고했다(표 1.2 참조). 예를 들어 감정을 느끼는 것에 대한 두려움(무감각), 사랑하는 사람에게 버림받는 것에 대한 공포, 가족에 거는 기대가 무너지면서 생기는 부정적 감정, 정상적인 어린 시절을 보내지 못했다는 생각, 연애를 결정할 때의 우유부단한 태도, 권위에 저항하는 행동양식, 양쪽 부모 모두와 관계를 이어가는 어려움, 특히 성장기에 돌봐주지 않은(혹은 무관심한) 부모를 다시 만나는 어려움을 보고했다. 긍정적인 측면을 꼽자면, 이혼가정의 아이는 남보다 일찍 철이 들고, 혹시 나중에 이혼하더라도 자녀의 요구와 감정을 존중해서 자기가 부모에게 받지 못한 방식으로 이혼과정을 이끌어갈 수 있다는 점이다.

우리 책의 사례에서는 슈탈(2000)의 인터뷰에서 드러난 주제를 보다 흥미롭게 소개한다. 가령 3장, 5장, 6장에서는 표 1.2로 정리한 부정적 주제에 관한 사례를 소개하고, 4장에서는 긍정적 주제에 관한 사례를 제시했다. 반면에 슈탈의 응답자와 일치하지 않는 주장도 나왔다. 특히 한쪽 부모(혹은 양쪽 모두)가 이혼 후 재혼한 덕분에 연애관계의 바람직한 역할 모델을 접할 수 있었다고 보고한 응답자가 많았다. 의붓부모가 '진짜' 부모가 된 사례는 여러 번 나왔고, 의붓부모가 주요 보호자 역할을 할 뿐 아니라 재혼했다가 다시 이혼해서 남남이 된 후에도 자녀에게 현재의 '가족'이 되어주는 사례도 하나 있었다. 혼합가족이 아이에게 미치는 영향에 관한 연구는 많지만

(Coleman 등, 2000 참조) 이혼 경험과 마찬가지로 성인 초기의 자녀가 혼합가족에서 의붓부모와 함께 사는 경험을 어떻게 해석하는지를 살펴본 연구는 현재로서는 거의 없다. 분명 이 주제에 관해 충분한 연구가 이루어져야 한다.

아마토와 부스의 『위기의 세대』

아마토와 부스(1997)는 『위기의 세대』라는 책을 출간하면서 큰 파장을 일으킨 여러 문제들을 탐색했다. 그렇다면 우리 책의 사례들은 위기 문제를 이해하는 데 도움이 될까? 어느 정도는 그런 것 같다. 두 연구자에 따르면 아이들은 이혼으로 부모의 친밀한 관계와 전반적인 가정 분위기가 불안정한 상황에서 몹시 고통스러워하면서도 교훈도 많이 얻는다. 간혹 강인한 사람으로 성장하기도 한다. 마찬가지로 우리도 특히 4장의 사례들 같은 '건강한 성장'을 강조하고 싶다.

물론 심하게 상처를 받고 이성을 사귀는 데 냉소적인 아이도 많다. 하지만 우리 책에서는 가장 냉소적인 사례에서조차 자신의 고통스런 가족사를 소개하면서 진지한 성찰과 유머를 보여주고 품위를 잃지 않는다. 따라서 대체로 어린 시절의 관계에서 불안정한 시기가 찾아오면 매우 위험해지는 것은 맞지만, 이혼 경험이나 이혼과 관련된 여러 요인(부모 사이의 갈등, 부모-자식간 소원한 관계, 자녀양육 소홀)으로 인해 얼마나 더 위험해지는지는 정확히 확인하기 어렵다. 성인 초기 학생들의 불안정한 생활이 쉽게 달라지지는 않는다. 하지만 다행히 우리 연구에 참가한 학생들은 연애 상대나 미래의 가족과 끈끈한 관계를 맺고 싶어 하고 꼭 그렇게 하겠다고 다짐하고 있다.

회복탄력성

우리 책에서 중요한 주제는 이혼가정 아이들의 회복탄력성이다. 아이들은 이혼을 최선의 선택으로 여기고, 이혼 경험이 생각과 감정과 행동에서 긍정적인 방식으로 유발한 에너지를 활용해왔다. 할리우드의 영화감독 스티븐 스필버그의 작품은 이혼과 상실의 에너지를 긍정적으로 발산한 대표적인 예다. 스필버그는 부모의 이혼을 경험했을 뿐 아니라 마찬가지로 자신도 이혼하면서 많은 교훈을 얻었고, 그 교훈 중 일부를 영화를 만드는 데 활용했다고 밝혔다. 스필버그는 부모의 이혼이 '나에게 아로새겨져 있다'면서 앞으로 계속 이혼에 관한 영화를 만들 것이라고 밝혔다.

스필버그는 직접 감독한 영화 〈캐치 미 이프 유 캔Catch Me If You Can〉을 예로 들어 부모의 이혼에 관해 이렇게 말했다.

> 물론 사람은 행복하게 살아야 합니다. ……우리 부모님은 실제로 이혼하기 5년 전에 벌써 그렇게 했다면 좋았을 겁니다. 5년간 두 분도 행복하지 않고 온 가족이 고통스러웠습니다. 진즉 갈라섰다면 우리도 5년간 안방에서 우리 방까지 연결된 환기구를 통해 부모님이 싸우고 서로에게 고함치는 소리를 듣지 않아도 됐을 겁니다. 지금 나는 그 어느 때보다 행복합니다. 나는 인생의 동반자이자 아내인 케이트 캡쇼와 함께 멋진 가정을 이루었습니다.
>
> —《시카고 트리뷴》의 영화기자 마크 카로와 한 인터뷰, MW섹션, 6쪽. (2002. 12. 26.)

이혼의 맥락에서 가족의 회복탄력성이라는 주제는 월시(Walsh, 2006)의 책에도 나온다. 이 책에서는 불화가 심해서 갈라서는 가족의 모습이 대중매체에 자주 등장하는 현실을 지적한다. 월시는 지나치게 단순화된 이미지라고 지적하고, 가족은 건강한 방식으로 스스로 복구하고 재구성할 수 있다고 주장하면서 동시에 21세기의 가족들 앞에 놓인 수많은 스트레스를 고려하면 사회적 지지가 필요하다고 강조했다.

기존 연구의 연장선—새롭게 등장한 주제들

이번에는 우리 연구 참가자의 사례에서 특히 주목할 만한 세 가지 주제를 자세히 살펴보겠다. (1) '진실'은 다채로운 색깔을 지닌다. (2) 이혼 전후 여러 시기에 다양한 형태로 극심한 고통에 시달린다. (3) '애도'라는 구성요소가 대다수 젊은 사람들의 경험에 적절히 반영된다.

이 세 가지 주제는 우리 책에서도 어느 정도 언급되고 몇몇 이혼 연구자들도 이런저런 방식으로 거론해왔지만 앞서 소개한 다른 주제들보다는 여지껏 학계에서 관심을 덜 받아왔다.

진실의 다채로운 색깔

7장에서 제시했듯이 우리 책의 사례들을 관통하는 주제는 '이혼 가정 아이들의 경험의 특징이라고 할 만한 단 하나의 진실이란 없다'는 것이다. 진실도 여러 가지이고 진실의 색깔 역시 시간이 흐르면서 변한다. 경험의 유형도 우울한 경험과 희망적인 경험, 그리고 중간 단계의 경험까지 다양하다. 어떤 아이들은 이혼으로 인한 상실감이 일상생활과 동떨어져서 부모의 이혼으로 큰 타격을 입지 않았다고 말한다. 그런가 하면 상실감이 지워지기는커녕 갈수록 또렷해진다고 말하는 아이들도 있다. 이런 아이들은 고통스런 생각과 경험에서 헤어나지 못할 것 같다고 호소한다.

이혼가정 아이들의 삶을 들여다본 우리의 방식에는 당연히 한계가 있다. 어느 한 시점에 사례를 수집했을 뿐 아니라 사례마다 이혼을 경험한 기간과 경험의 내용이 다르다. 1장에서 설명했듯이 아이들은 자라면서 연애도 하고 실연도 당해보면서 부모의 이혼도 새로운 눈으로 보기 시작한다. 어떤 학생들은 부모의 이혼을 보는 관점이 달라지는 과정을 사례에 자세히 기술하기도 했다. 이혼가정 출신의 거의 모든 학생이 부모를 보면서 관계의 어려운 측면을 경험해왔고, 갈등상황에 익숙한 터라 지금은 관계를 잘 풀어나가고 있다. 생각과 감정을 섬세하게 파악해서 오래 지속되는 관계를 유지한다. 한마디로 이들은 수준 높은 관계전문가로 성장해서 직접 체험한 내용을 바탕으로 가족과 부모의 사랑과 상실 경험을 설명할 줄 안다. 우리 책의 사례들에 따르면 이혼가정의 아이가 관계전문가로 발달할 수 있기까지는 중요한 요인이 작용했다. 부모는 결혼생활에 관해서나 오랜 세월 관계를 유지하면서 직면한 문제들에 관해 아이의 나이에 맞게 솔직하게 이야기를 나누었다. 아이들은 현재 무슨 일이 벌어지고 그런 일이 일어나는 이유에 관해 자기 생각을 솔직하게 이야기할 수만 있다면 이런 상황에서 흔히 나타나는 갖가지 행동을 조금씩 이해하는 것으로 보인다.

반대로 자녀가 집안사정을 거의 모르고 부모가 문제를 숨기고 회피한 탓에 늘 혼란스러워하는 경우도 있다. 흔히 문제를 말하지 않으면 고통이 빨리 줄어든다고 생각한다. 그러나 그것은 우리 책의 사례에는 적용되지 않는다. 학생들이 사례에서 강조하듯이, 이혼과 이혼의 의미에 관해 이야기하는 시간을 갖는 노력이 가장 중요하다. 부모는 자녀가 양쪽 부모의 이야기에 관심이 있다는 사실을 알아채고, 아이들이 이혼을 겪으면서 느끼는 고통과 상실감을 표출하도록 배려해주어야 한다.

고통의 선율

스티븐 스필버그처럼 이혼이 모두에게 최선의 선택이라고 생각하는 사람들에게도 이혼은 대체로 고통스러운 사건이다. 우리 책의 사례들에서도 고통과 절망의 선율이 들린다. 이혼하는 과정에서 사람들의 기대는 무참히 깨진다. 그것은 '완벽한 가족'에 대한 기대이기도 하고, 가족의 일상에 대한 기대이기도 하며, 아이의 삶에서 중요한 사건(졸업식, 운동회, 결혼식, 출산 등)이 있을 때 부모에게 거는 기대이기도 하다. 따라서 새로운 기대를 쌓아가야 한다. 그리고 부모의 새 애인, 의붓부모, 의붓형제를 비롯한 새로운 '선수들'이 자녀의 발달단계에 들어온다. 이렇게 달라진 가정환경에서 아이들이 인지적으로 새로운 틀을 짜고 동화하는 정도는 상당히 크다.

하지만 흥미롭게도 치열한 이혼분쟁과 혼란스러운 가정환경에서도 아이들은 살아남는다. 에머리(1999)의 분석에서 제시한 중요한 개념이다. 고통의 선율을 극복하는 반응은 우리 연구의 응답자들이 대학교육까지 받는다는 데서 분명히 드러난다. 이들은 대부분 대인관계도 원만했다. 성취도 영역에 따라 성공수준이 다양하긴 하지만 대체로 절망과 무력감에 굴복하지 않으려는 의지와 회복탄력성을 보여주었다. 그뿐만 아니라 상처가 심했던 학생들 중 일부는 사람들을 만나고 가정을 꾸릴 때 어린 시절에 지켜본 최악의 결혼과 가정생활을 되풀이하지 않겠다고 굳게 결심하는 의지력을 보여준다.

자녀가 부모의 이혼에 대처하는 현실 적응력을 나타내는 실용적 표현으로 '이게 현실이야'라는 말이 있다. 이런 현실인식은 그들 가족의 상황과 주변에 만연한 이혼을 목격하고 생긴 것이다. 그들은 현실의 연애와 결혼은 완벽과는 거리가 멀다고 생각한다. 그렇다고 해서 상실감을 느끼지 않는다거나, 훗날 이혼으로 끝나지 않으려고 노력하지 않는다는 뜻은 아니다.

애도에 관한 여러 이야기

우리 책의 사례에서는 애도하고 슬픔을 극복하는 모습에 주목한다. 이런 사례는 대부분 '상실과 외상'을 다루는 강의에서 수집했다(Harvey & Hofmann, 2002). 따라서 학생들이 부모의 이혼에서 느낀 상실감과 이혼에 대한 지속적인 감정을 탐색하고 글을 쓰는 데 자발적으로 먼저 관심을 가졌을 가능성이 높다. 흥미롭게도 학생들 대다수가 '이혼가정의 아이들'이란 강의 주제에 대해 공부하기 전에는 부모의 이혼을 겪으면서 상실감을 느끼고 슬퍼해야 하는지 몰랐다고 보고했다. 이처럼 상황을 자기한테 좋은 쪽으로 인식하는 마음가짐이

변하지 않기를 바라지만 불행히도 대부분 그렇지 못하다. 설사 서로 좋게 이혼했더라도 엄청난 상실감에 시달린다. 결국 상실감이 뚜렷해지면 애도하고픈 충동이 일어난다. 우리 강의를 듣는 학생들은 성인기의 초입에 벌써 관계의 실상을 본 듯하다.

학생들은 부모의 이혼으로 인한 상실감을 공부하면서 스스로 고통 받고 있고 고통을 표출할 권리가 있다고 배운다. 그러면서 부모의 이혼 '사유'를 구체적으로 알 권리가 있다는 사실도 깨닫는다. 하지만 그들은 무엇보다도 자기가 느끼는 상실감을 일반적인 상실의 맥락에서 이해하는 법을 배운다. 즉, 인생은 죽음과 이혼에서 질병과 상해에 이르기까지, 차별과 모욕의 희생자가 되기까지, 광범위한 상실의 연장선에 놓여 있다고 볼 수 있다. 이혼가정의 아이들은 그 연장선 위에 지나치게 많은 사건이 몰려 있는 지점에서 자신과 부모의 위치를 찾아 나선다. 우리는 그들이 누적된 상실의 경험에서 얻은 교훈을 소중히 간직하길 바란다.

상실과 외상을 다루는 우리 강의에서는 학생들에게 빅터 프랭클(Viktor Frankl, 1959)의 『죽음의 수용소에서』를 읽힌다. 프랭클이 나치 치하의 죽음의 수용소에서 얻은 경험과 상실을 소개한 회고록이다. 매우 긍정적인 작업의 결과물인 이 책에서, 프랭클은 그의 상실 경험을 살리고 이를 의미치료 이론(로고테라피)과 희망, 생존의지에 관한 심오한 철학으로 엮어서 세상 사람들에게 돌려주었다. 어찌 보면 이혼가정의 아이들은 흡사 심한 외상에서 살아남은 생존자와도 같다. 프랭클의 말처럼 우리는 더욱 의미 있게 사는 방법을 찾고 있다. 누군가에게는 그 과정이 유난히 험난하다. 마찬가지로 이혼가정의 아이들도 부모의 이혼과 이혼에 대한 자신의 반응을 이해하려고 발버둥 치면서 험한 가시밭길을 걷는다. 고난에 당당히 맞서는 아이들이 많다. 물론 고난 앞에 무릎 꿇는 아이도 있다. 중요한 상실에 대해 연구하면서 발견한 사실은 상실에 대처하는 노력은 평생의 과업이라는 점이다(Harvey, 2001; Harvey & Miller, 1998). 사람은 누구나 인생에 산적한 상실에 대처해야 한다. 꽤 이른 나이에 상실의 교훈을 깨달은 학생이 많았다. 그들이 프랭클처럼 살아남으려는 의지와 고난 속에서도 의미를 찾으려는 태도를 배우기를 바란다.

앞서 몇몇 사례에서 언급했듯이 학생들이 부모의 이혼에 직면해서 느끼는 상실감과 슬픔은 '인정받지 못하는 상실과 슬픔'이라는 개념과 유사하다(Doka, 2002 참조). 자녀의 상실감은 사회에서 인정하거나 지지해주지 않기 때문에 애도하고픈 충동 또한 제대로 인정받거나 지지받지 못한다. 이혼가정의 아이들은 흔히 사람들이(심지어 부모까지도) 얼마나 자신의 상실감이 크고 애도하고픈 충동이 큰지 이해해주지 않는다고 느낀다. 무엇보다도 사회적으로 이혼은 흔히 일어나는 현상이기 때문이다. 부모는 자식에게 중요한 상실과 슬픔을 견디도록 면역력을 길러줬다고 생각할지 몰라도 어느 누구도 타인의 삶에서 믿음과 희망이 깨지는 순간에 대비해 완벽하게 면역력을 길러주지는 못한다(Janoff-Bulman, 1992). 게다가 누구나 중요한 상실을 겪으면 애도하고픈 충동을 느낀다. 우리 연구에 참가한 학생들은 아마도 남들보다 슬픔의 욕구를 잘 인식했을 것이다. 그들은 비교적 이른 나이에 경험한 상실에 관해 글로 적었다. 이렇게 상실을 이야기로 풀어본 덕분에 부모의 이혼과 이후 지속되는 다양한 영향에도 아이들은 씩씩하게 잘 적응할 수 있을 것이다.

최종 결론—생각과 감정을 나누고 표현하라

우리의 책에서 가장 중요한 결론은, 10대와 20대의 젊은이들은 부모의 이혼이나 일반적인 이혼에 관해 자신의 생각이나 느낌을 표현할 수 있는 토론의 장을 간절히 원한다는 점이다. 이들은 경험을 이야기할 기회가 부족하다고 토로했다. 또한 이들의 삶에서 중요한 사람들(부모, 교사, 감독, 성직자)이 경험을 나누도록 대화를 이끌어주지 않았다고 보고했다. 게다가 또래친구들과도 대화하려 하지 않았다. 비슷한 동병상련의 경험을 해본 사람이라야 함께 탐색해볼 마음이 생기기 때문이다.

우리 책의 초판이 출간된 후 이와 같은 결론에 부합하는 몇 가지 사회적 개입이 그 전보다 많이 눈에 띄었다. 가장 주목할 만한 개입은 이혼하려는 부모를 대상으로 하는 프로그램이다. 부모들이야말로 자녀가 이혼에 원만하게 대처하도록 도와줄 사람들이다. 예를 들어, 이혼부모를 위한 부모교육 프로그램에서는 자녀를 이혼과 부부싸움의 한복판에 내몰지 않고 자녀가 이혼 스트레스를 견디고 솔직하게 경험을 털어놓도록 도와줄 방법을 알려준다. 이 프로그램은 큰 인기를 끌었고(Blaisure & Geasler, 2006) 전국 각지에서 미성년 자녀를 둔 이혼가정을 위해 실시되고 있다. 두 번째 개입으로는 이혼조정제도가 있다. 숙련된 전문가(변호사나 정신건강 전문가, 사회복지사)가 이혼하려는 부부와 함께 노력해서 양육권이나 방문권 같은 자녀와 관련된 쟁점을 해결하도록 도와주는 제도다(Sbarra & Emery, 2006). 이혼조정제도의 목표는 부모가 각자 변호사를 대동하고 적대적인 법적 절차를 통해 합의를 끌어내기보다는 이혼조정관이 나서서 자녀를 위해 보다 바람직한 합의를 끌어내도록 도와주는 데 있다.

이혼가정의 아이들은 이혼 경험에 관해 이야기하고 싶어 한다. 경험을 이야기하려면 스스로 분석하고 배우고, 공유하고 속내를 털어놓으려고 노력해야 한다. 자기 목소리를 내려면 배우고 공감하고, 자신처럼 부모 이혼의 고통을 겪은 사람들에게 도움이 되어 줄 수 있어야 한다. 콜스(Coles, 1989)가 강조하듯이, 이야기를 하는 능력은 인간의 타고난 능력이다. 그리고 자신에게 가장 큰 상실을 고백하도록 허용하는 일은 지극히 인간다운 행위다. 우리의 책에서 살펴보았듯이 문제를 털어놓고 상실감을 솔직하게 인정하는 능력은 이혼하는 부모와 아이 모두에게 꼭 필요하다.

감사의 글

우리에게 공동작업으로 이 책을 집필하도록 제안하고 필요한 지원을 아끼지 않은 루트리지/테일러앤프랜시스 출판사의 데브라 리거트Debra Riegert 편집장에게 감사드린다. 개정판 원고를 검토해준 웨스턴미시간대학교의 캐런 블레이저Karen Blaisure와 버지니아대학교의 로버트 에머리Robert Emery에게 감사드리고, 일찍이 초판 원고를 검토해준 데이비드 H. 데모David H. Demo, 로렌스 H. 가농Lawrence H. Ganong, 테리 L. 오버치Terri L. Orbuch에게 감사의 마음을 표한다. 또한 이 책을 집필하는 동안 아낌없이 도와준 테일러앤프랜시스 출판사의 에린 플래허티Erin Flaherty와 멋지게 편집해준 마사 헥트Marsha Hecht에게도 감사드린다.

이 연구를 진행하는 모든 시간 동안 적극 지지해준 소중한 우리의 가족에게도 감사의 마음을 전한다. 존 하비의 가족인 패트릭Patrick과 도나Donna, 고맙다. 마크 파인의 가족, 로린Loreen, 오브리Aubrey, 줄리아Julia, 키튼Keaton, 케년Kenyon에게도 고맙다는 말을 하고 싶다. 끝으로 헌사에서도 언급했듯이, 이야기의 가치를 믿고 자신의 가슴속 깊은 곳 이야기를 솔직하게 들려준 수많은 우리 학생들에게 무엇보다 깊은 감사의 뜻을 전한다.

존 H. 하비, 마크 A. 파인

도움이 될 자료

한국의 이혼통계

*한국의 이혼 상황을 비교하기 위한 자료로 첨부한다. (출처: 통계청, 2013년 4월 기준)

OECD 국가 중에서도 한국의 이혼율은 상당히 높은 편으로 상위에 위치한다. 2002년 이후 한국의 혼인건수는 매년 증가해왔다. 2007년 34만 건으로 가장 많았으며, 2012년 한국의 혼인건수는 32만 7천 건으로 전년보다 2천 건이 감소했다. 한편 이혼은 11만 4천여 건, 조이혼율(인구 1,000명당 이혼건수)은 2.3건으로 전년과 유사하다. 이는 1997년 2.0건 이후 최저수준이다.

[총 이혼건수와 조이혼율]

	2002	2003	2004	2005	2006	2007	2008	2009	2010	2011	2012
총 이혼 건수 (천건)	144.9	166.6	138.9	128.0	124.5	124.1	116.5	124.0	116.9	114.3	114.3
증감 (천건)	10.3	21.7	-27.7	-10.9	-3.5	-0.5	-7.5	7.5	-7.1	-2.6	0.0
증감률 (%)	7.7	15.0	-16.6	-7.8	-2.7	-0.4	-6.1	6.4	-5.8	-2.2	0.0
조이혼율	3.0	3.4	2.9	2.6	2.5	2.5	2.4	2.5	2.3	2.3	2.3

평균 이혼연령은 남자 45.9세, 여자 42.0세로 전년 대비 남녀 모두 0.5세 상승했고, 10년 전에 비해 남자는 5.3세(40.6→45.9세), 여자는 4.9세 상승(37.1→42.0세)했다. 이것은 황혼이혼의 가능성도 높아지는 추세를 반영한

다. 전체적으로 초혼연령과 이혼연령이 같이 높아지고 있다. 이혼사유는 2000년 이후에 성격차이가 1위이며, 그 뒤로 경제문제, 배우자 부정, 기타 문제, 가족간 불화, 정신적-육체적 학대 등이 차지하고 있다. 결혼기간이 20년 이상인 부부의 이혼사유 1위는 경제 문제였고, 10년 미만의 부부에게는 성격차이, 배우자 부정이 이혼을 결심하는 큰 이유다. 이혼부부의 평균 혼인지속 기간은 13.7년으로 전년 대비 0.5년, 10년 전 대비 2.4년 길어져 지속적인 증가세를 보인다. 대략 이혼하는 부부들이 14년쯤 살고 이혼을 선택하고 있다는 것이다.

[이혼건수 및 조이혼율 추이]

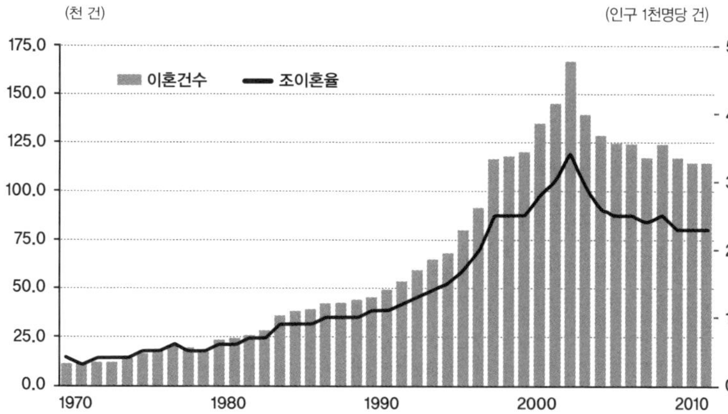

또한 미성년 자녀가 있는 부부의 이혼은 6만 3백 건으로 전체 이혼의 52.8% 수준으로 지속적인 감소세를 보이고 있다. 2008년 이혼숙려제 도입 이후, 협의이혼 건수는 크게 감소하다가, 전년 대비 소폭 증가했다. 이혼숙려제 도입으로 잠시 급감했다가 전년과 비슷하게 가는 추세임을 알 수 있다.

웹사이트

이혼가정의 아이들이나 결혼, 혹은 친밀한 관계를 개선하는 문제에 관해 특별히 유용한 웹사이트와 문헌 자료를 모은 것이다. 특히 심리치료사나 전문가, 부모, 자녀를 위한 자료로 도움이 될 것이다.

About
아버지 되는 법과 이혼에 대처하는 법을 제안한다.
http://fatherhood.about.com/cs/divorceddads/a/divorcekids.htm

American Academy of Child and Adolescent Psychiatry
가족들을 위한 여러 사례를 제공하고 이혼에 대처하는 방법을 제안한다.
http://www.aacap.org/cs/root/facts_for_families/children_and_divorce

American Association for Marriage and Family Therapy
아동과 이혼에 관한 소비자 정보를 제공한다. 여러 가지 가족 현실을 알려주는 소중한 사이트로, 이 분야의 참고문헌을 소개하고 있다.
http://www.therapistlocator.net/families/Consumer_Updates/Childrenand-Divorce.asp

American Bar Association family law section
가족법에 관한 정보를 제공하고 이혼이나 양육권 합의 같은 주제를 다룬다.
http://www.abanet.org/family/

Creative Commons
결혼을 준비하거나 결혼 후 부부관계를 굳건하게 하려는 젊은이들을 대상으로 실시한 하워드 마크맨의 연구에 관한 정보를 제공한다(Markman, Stanley, & Blumberg 1994 참조).

Divorce Net

양육비, 양육권, 방문권 같은 주제에 관해 유용한 정보를 제공한다.
http://www.divorcenet.com/

Divorce Online

이혼에 직면한 사람들을 위한 사이트. 이혼의 다양한 측면에 관한 논문과 자료를 무료로 제공한다. http://www.divorce-online.com

DivorceSupport

특히 이혼의 법적 측면에 관해 유용한 정보를 제공한다.
http://www.divorcesupport.com

The Gottman Institute

저명한 심리학자이자 심리치료 전문가인 존 가트맨 교수가 부부관계 개선에 관해 연구한 자료를 제공한다. http://www.gottman.com/marriage/

Helpguide

별거와 이혼에 관해 자녀와 대화하는 방법을 제안한다.
http://www.helpguide.org/mental/children_divorce.htm

KidsHealth

가족의 이혼을 감당해야 하는 아이들에게 유용한 정보를 제공한다.
http://kidshealth.org

Parents Without Partners

이혼에 적응하고 아이들을 키우고 새로운 지지집단을 구성하는 방법에 관해 함께 모여서 정보를 나누는 부모들을 위한 사이트.
http://www.parentswithoutpartners.org/

ShareKids

양육권 합의과정에서 분쟁을 최소한으로 줄이는 방법에 관한 정보를 제

공한다. http://www.sharekids.com/

Teen Advisor
부모의 이혼과 별거를 경험하는 청소년을 위한 웹사이트. 청소년들에게 이혼에 관해 조언하고 가족의 갈등과 별거를 둘러싼 문제에 대처하는 방법을 제공한다. http://www.teensadvisor.com/divorce/teen-guide.html

University of Missouri Extension
부모의 자녀가 이혼을 이해하도록 도와주는 방법과 자녀와 이혼에 관해 대화하는 방법을 제안한다.
http://extension.missouri.edu/publications/DisplayPub.aspx?P=GH6600

한국의 경우, 다음에 소개된 단체 이외에도 각 지역별 청소년상담센터나 지역사회기관을 활용할 수 있다.

한국가정문제상담소 http://www.fmck.kr/
혼인, 가족 문제 등에 관한 법률 및 정보 나눔, 교육지원, 컨설팅 등을 제공한다.

한국가족상담센터 http://www.familykorea.org/
부부/커플상담, 가족, 아동/청소년 등 가족상담 등을 지원한다.

한국가족상담협회 http://www.kafc.or.kr/
여성가족부 산하 기관으로 가족, 청소년 문제 등 다양한 상담을 지원한다.

한국청소년상담복지개발원 https://www.kyci.or.kr
전국 청소년상담과 복지 관련 기관을 총괄하는 국책기관으로 청소년 문제 전반에 대해 상담을 받을 수 있다.

책

Ahrons, C. (2004). *We're still family.* New York: HarperCollins.

Demo, D. H., & Fine, M. A. (2010). *Beyond the average divorce.* Thousand Oaks, CA: Sage.

Markman, H., Stanley, S., & Blumberg, S. (2001). *Fighting for your marriage.* San Francisco: Jossey-Bass.

Ricci, I. (1997). *Mom's house, Dad's house: Making two homes for your child.* New York: Fireside.

Stahl, P. (1999). *Complex issues in child custody evaluations.* Thousand Oaks, CA: Sage.

Thayer, E., & Zimmerman, J. (2001). *The co-parenting survival guide: Letting go of conflict after a difficult divorce.* Oakland, CA: New Harbinger.

Wallerstein, J., & Blakeslee, S. (2004). *What about the kids? Raising your children before, during and after your divorce.* New York: Hyperion

Wittman, J. (2001). *Custody chaos, personal peace: Sharing custody with an ex who is driving you crazy.* New York: Perigee.

참고문헌

Ahrons, C. (1994). *The good divorce.* New York: HarperCollins.

Ahrons, C. (2004). *We're still family.* New York: HarperCollins.

Amato, P. (2000). The consequences of divorce for adults and children. *Journal of Marriage and the Family, 62,* 1269-1287.

Amato, P. (2010). Research on divorce: Continuing trends and new Developments. *Journal of Marriage and the Family.*

Amato, P., & Booth, A. (1997). *A generation at risk: Growing up in an era of family upheaval.* Cambridge, MA: Harvard University Press.

Amato, P. R., & DeBoer, D. D. (2001). The transmission of marital instability across generations: Relationship skills or commitment to marriage. *Journal of Marriage and the Family, 63,* 1038-1051.

Amato, P. R., & Irving, S. (2006). Historical trends in divorce and dissolution in the United States. In M. A. Fine & J. H. Harvey (Eds.), *Handbook of divorce and relationship dissolution* (pp. 41-57). Mahwah, NJ: Erlbaum.

Amato, P. R., & Keith, B. (1991). Parental divorce and the well-being of children: A meta-analysis. *Psychological Bulletin, 110,* 26-46.

Barber, B. L., & Demo, D. H. (2006). The kids are alright (at least most of them): Links between divorce and child well-being. In M. A. Fine, & J. H. Harvey (Eds.), *Handbook of divorce and relationship dissolution* (pp. 41-57). Mahwah, NJ: Erlbaum.

Blaisure, K. R., & Geasler, M. J. (2006). Educational interventions for separating and divorcing parents. In M. A. Fine & J. H. Harvey (Eds.), *Handbook of divorce and relationship dissolution* (pp. 575-602). Mahwah, NJ: Erlbaum.

Blankenhorn, D. (1995). *Fatherless America.* New York: Basic Books.

Bochner, A. P., Ellis, C., & Tillmann-Healy, L. M. (1997). Relationships as stories. In S. Duck (Ed.), *Handbook of personal relationships* (2nd ed., pp. 307-324). Chichester, UK: Wiley.

Bogenschneider, K. (2000). Has family policy come of age? A decade review of the state of U.S. family policy in the 1990s. *Journal of Marriage and the Family, 62,* 1136-1159.

Bogenschneider, K., & Corbett, T. (in press). Family policy: Becoming a field of inquiry and subfield of social policy. *Journal of Marriage and the Family.*

Booth, P., & Amato, P. (2001). Parental predivorce relations and offspring post-divorce well-being. *Journal of Marriage and the Family, 63,* 197-212.

Braver, S. (1998). *Divorced dads: Shattering the myths.* New York: Tarcher.

Braver, S. L., & Cookston, J. T. (2003). Controversies, clarifications, and consequences of divorce's legacy: Introduction to the special collection. *Family Relations, 52,* 314-317.

Braver, S. L., Shapiro, J. R., & Goodman, M. R. (2006). Consequences of divorce for parents. In M. A. Fine & J. H. Harvey (Eds.), *Handbook of divorce and relationship dissolution* (pp. 313-337). Mahwah, NJ: Erlbaum.

Carver, R. (1989). What we talk about when we talk about love. New York: Vintage.

Cherlin, A. J. (2004). The deinstitutionalization of American marriage. *Journal of Marriage and the Family,* 66, 848-861.

Coleman, M., Ganong, L., & Fine, M. (2000). Reinvestigating remarriage: Another decade of progress. *Journal of Marriage and the Family, 62,* 1288-1307.

Coles, R. (1989). *The call of stories.* Boston: Houghton Mifflin.

Coontz, S. (1992). *The way we never were: American families and the nostalgia trap.* New Brunswick, NJ: Rutgers University Press.

Coontz, S. (2000). *The way we are.* New York: HarperCollins.

Demo, D. H., & Fine, M. A. (2010). *Beyond the average divorce.* Thousand Oaks, CA: Sage.

Doka, K. J. (Ed.). (2002). *Disenfranchised grief: New directions, challenges and strategies for practice.* Champaign, IL: Research Press.

Egeland, B., Carlson, E., & Stroufe, L.A. (1993). Resilience as process. *Development and Psychopathology, 5,* 517-528.

Ellis, C. (1995). *Final negotiations.* Philadelphia: Temple University Press.

Emery, R. E. (1999). *Marriage, divorce, and children's adjustment.* Thousand Oaks, CA: Sage.

Feng, D., Giarrusso, R., Bengtson, V. L., & Frye, N. (1999). Intergenerational transmission of marital quality and marital instability. *Journal of Marriage and the Family, 61,* 451-463.

Feng, P., & Fine, M. A. (2000). Evaluation of a research-based parenting education program for divorcing parents: The Focus on Kids program. *Journal of Divorce and Remarriage, 34,* 1-23.

Fine, M. A., & Demo, D. H. (2000). Divorce: Societal ill or normative transition? R. M. Milardo & S. W. Duck (Eds.), *Families as relationships* (pp. 135-156). Chichester, UK: Wiley.

Fine, M. A., Ganong, L. G., & Demo, D. H. (2010). Divorce: A risk and resilience perspective. In S. Price & P. McKenry (Eds.), *Families and change: Coping with stressful events and transitions* (4th ed.) (pp. 211-233). Thousand Oaks, CA: Sage.

Frankl, V. (1959). *Man's search for meaning.* New York: Washington Square Press.

Furstenberg, F. F., & Cherlin, A. (1991). *Divided families.* Newbury Park, CA: Sage.

Furstenberg, F. F., & Teitler, J. O. (1994). Reconsidering the effects of marital disruption: What happens to children of divorce in early childhood? *Journal of Family Psychology, 11*, 489-502.

Harvey, J. H. (1996). *Embracing their memory: Loss and the social psychology of story-telling.* Needham Heights, MA: Allyn & Bacon.

Harvey, J. H. (2001). The psychology of loss as a lens to a positive psychology. *American Behavioral Scientist, 44*, 838-853.

Harvey, J. H., & Hofmann, W. J. (2002). Teaching about loss: A special opportunity for psychology. *Teaching of Psychology, 29*, 319-320.

Harvey, J. H., & Miller, E. (1998). Toward a psychology of loss. *Psychological Science, 9*, 429-434.

Harvey, J. H., Weber, A. L., & Orbuch, T. L. (1990). *Interpersonal accounts: A social psychological perspective.* Oxford, UK: Blackwell.

Hawkins, A. J., Nock, S. L., Wilson, J. C., Sanchez, L., & Wright, J. D. (2002). Attitudes toward covenant marriage and divorce: Policy implications from a three-state comparison. *Family Relations, 51*, 166-175.

Heaton, T. B. (2002). Factors contributing to increasing marital stability in the United States. *Journal of Family Issues, 23*, 392-409.

Hetherington, E. M. (2006). The influence of conflict, marital problem solving and parenting on children's adjustment in nondivorced, divorced, and remarried families. In A. Clarke-Stewart & J. Dunn (Eds.), *Families count: Effect on child and adolescent development* (pp. 203-237). New York: Cambridge University Press.

Hetherington, E. M., & Kelly, J. (2002). *For better or for worse: Divorce reconsidered.* New York: Norton.

Hurley, D. (2005, August 19). Divorce rate: It's not as high as you think. *The New York Times.*

Janoff-Bulman, R. (1992). *Shattered assumptions.* New York: Free Press.

Kreider, R. M. (2007). *Living arrangements of children: 2004* (Current Population Reports P70-114). Washington, DC: U.S. Census Bureau.

Lansford, J. E., Ceballo, R., Abbey, A., & Stewart, A. (2001) Does family structure matter? *Journal of Marriage and the Family, 63*, 840-851.

Luthar, S. S. (1991). Vulnerability and resilience: A study of high-risk adolescents. *Child Development, 62*, 600-612.

Markman, H. J., Stanley, S. M., & Blumberg, S. L. (1994). *Fighting for your marriage*. San Francisco: Jossey-Bass.

McLanahan, S. S. (1999). Father absence and the welfare of children. In E. M. Hetherington (Ed.), *Coping with divorce, single parenting, and remarriage: A risk and resilience perspective* (pp. 117-145). Mahwah, NJ: Erlbaum.

Orbuch, T. L. (1997). People's accounts count: The sociology of accounts. *Annual Review of Sociology, 23*, 455-478.

Paul, E. L., & Hayes, K. A. (2002). The casualties of casual sex: A qualitative exploration of the phenomenology of college students' hookups. *Journal of Social and Personal Relationships, 19*, 639-661.

Paul, E. L., Wenzel, A. & Harvey, J. (2008). Hookups: A facilitator or a barrier to relationship initiation and intimacy development? In S. Sprecher, A. Wenzel, & J. Harvey (Eds.), *The handbook of relationship initiation* (pp. 375-390). Philadelphia: Taylor & Francis.

Pollitt, K. K. (2000, September 25). Is divorce getting a bum rap? *Time*, p.82.

Sayer, L. C. (2006). Economic aspects of divorce and relationship dissolution. In M. A. Fine & J. H. Harvey (Eds.), *Handbook of divorce and relationship dissolution* (pp. 385-406). Mahwah, NJ: Erlbaum.

Sbarra, D. A., & Emery, R. E. (2006). In the presence of grief: The role of cognitive-emotional adaptation in contemporary divorce mediation. In M. A. Fine, & J. H. Harvey (Eds.), *Handbook of divorce and relationship dissolution* (pp. 553-573). Mahwah, NJ: Erlbaum.

Snyder, C. R., & Lopez, S. J. (Eds.). (2002). *Handbook of positive psychology.* New York: Oxford University Press.

Stahl, S. (2000). *The love they lost: Living with the legacy of our parents' divorce.* New York: Delacorte Press.

Teachman, J. D. (2003). Premarital sex, premarital cohabitation, and the risk of subsequent marital dissolution among women. *Journal of Marriage and the Family, 65*, 444-456.

Wallerstein, J. S., & Blakeslee, S. (2003). *What about the kids?* New York: Hyperion.

Wallerstein, J. S., & Kelly, J. B. (1980). *Surviving the breakup.* New York: Basic Books.

Wallerstein, J. S., & Lewis, J. (1998). The long-term impact of divorce on children: A first report from a 25-year study. *Family & Conciliation Courts Review. 36*, 368-383.

Wallerstein, J., Lewis, J., & Blakeslee, S. (2000a, September 25). Fear of falling. *Time*, p.85.

Wallerstein, J. S., Lewis, J. M., & Blakeslee, S. (2000b). *The unexpected legacy of divorce: A 25-year landmark study.* New York: Hyperion.

Walsh, F. (2006). *Strengthening family resilience.* New York: Guilford.

Weiss, R. S. (1975). *Marital separation.* New York: Basic Books.

Whitehead, B. D. (1996). *The divorce culture.* New York: Vintage.

찾아보기

연구자

주제

옮긴이 문희경

서강대학교 사학과를 졸업하고, 가톨릭대학교 대학원에서 심리학을 전공했다. 옮긴 책으로는 『너브』, 『우리는 왜 빠져드는가』, 『유혹하는 심리학』, 『공감의 뿌리』, 『왜 학생들은 학교를 좋아하지 않을까?』, 『침묵으로 가르치기』, 『빅브레인』 등이 있다.

상처입은
가족을 위한
심리학

이혼가족을 위한 상실과 성장의 이야기

1판1쇄	2013년 12월 13일
1판2쇄	2021년 1월 26일

지은이	존 H. 하비, 마크 A. 파인
옮긴이	문희경
펴낸이	김정순
책임편집	이선희
디자인	김수진
마케팅	양혜림 이지혜

펴낸곳	(주)북하우스 퍼블리셔스
출판등록	1997년 9월 23일 (제406-2003-055호)
주소	04043 서울특별시 마포구 양화로 12길 16-9(서교동 북앤빌딩)
전자우편	editor@bookhouse.co.kr
홈페이지	www.bookhouse.co.kr
전화	02-3144-3123
팩스	02-3144-3121

ISBN 978-89-5605-705-7 (03180)